"十三五"普通高等教育本科系列教材

（第三版）

# 工程经济学

郭献芳　潘智峰　焦　俊　李奇会　合编
刘长滨　主审

中国电力出版社
CHINA ELECTRIC POWER PRESS

## 内 容 提 要

本书为“十三五”普通高等教育本科系列教材。全书在前两版的基础上，以建设项目的财务评价和经济评价为中心，系统阐述了工程经济学的基本理论和基本方法，同时介绍了工程经济学方法在设备更新决策等方面的应用，以及价值工程的基本理论和方法等。书中吸收编入了本学科发展的新成果、教学的新要求和新体会，应用性、实践性比前两版更强，内容更丰富。

本书主要作为高等院校经济类、管理类和工程类专业“工程经济学”或“技术经济学”课程教材，也可供从事规划设计、工程咨询、投融资、项目管理等领域的技术人员学习参考。

图书在版编目(CIP)数据

工程经济学/郭献芳等编. —3 版. —北京：中国电力出版社，2016.2（2022.8 重印）
“十三五”普通高等教育本科规划教材
ISBN 978-7-5123-8926-7

Ⅰ.①工…　Ⅱ.①郭…　Ⅲ.①工程经济学-高等学校-教材
Ⅳ.①F062.4

中国版本图书馆 CIP 数据核字(2016)第 023213 号

中国电力出版社出版、发行
（北京市东城区北京站西街 19 号　100005　http://www.cepp.sgcc.com.cn）
北京雁林吉兆印刷有限公司印刷
各地新华书店经售

*

2004 年 3 月第一版
2016 年 2 月第三版　　2022 年 8 月北京第十八次印刷
787 毫米×1092 毫米　16 开本　13 印张　312 千字
定价 40.00 元

# 前　言

《工程经济学》出版已经十余个年头了。得益于学习者们和教师们的抬爱，这株工程经济学的“幼苗”能够不断长大。在十余年的历程中，因为几万学习者的呵护，它发挥着编者所期待的“推动工程经济学科发展，增强建设项目经济评价的能动性”作用。正是源于其应在工程管理领域所呈现的价值，所以编者才果敢地再次修订。

《工程经济学（第三版）》的修编承袭了原版“坚持应用性”的原则，强调基本理论、基本方法在建设项目经济评价中的应用。在本次的修订中，认真考虑了《高等学校土木工程本科指导性专业规范》、《管理科学与工程类专业教学质量国家标准》、《高等学校工程管理本科指导性专业规范》等国家专业教育标准和指导性规范对工程经济学的基本要求，考虑了工程类专业和管理类专业的不同需求。本次修订是在原有体例基础上进行的，没有破坏原来的结构体系。修订使用学科发展的新成果、教学的新要求和新体会，对老的结构进行了“补强”，并用“对知识更准确的描述”、“易混淆问题更清晰的解释”、“易引发学习者思考”等新“材料”对老架构进行了新的“装饰”。

《工程经济学（第三版）》是在原编著基础上由常州工学院郭献芳完成的。尽管付出了艰辛，也抱有追求卓越的良好愿望，仍然难免谬误，恳请大家批评指正！

编　者

2015 年 12 月

# 前言

# 第一版前言

自1887年亚瑟·M·惠灵顿（Arther·M·Wellionton）发表《铁路布局的经济理论》奠基了工程经济学，百余年来，随着社会进步和经济发展，以工程和经济相结合规律为研究对象的工程经济学也得到了长足发展。

今天，由于迅猛发展的科学技术的强劲支撑，作为拉动和促进经济社会发展进步手段的工程，其规模越来越大，结构越来越复杂，涉及和影响的领域越来越广。这为工程经济学科的发展提供了肥沃的土壤，使这个学科迎来了发展的春天，吸引了大批人士投身到该学科领域中来。这是十分可喜的局面。本书就是在这样的背景下孕育成长的，旨在为繁荣学科发展，促进学科建设献上绵薄之力。

本书是在前辈和同仁研究基础上编写的，吸收了许多学术精华。它在讲清基本理论、基本概念基础上，侧重于方法论的介绍，突出学科的实用性，并按照教学的顺序编排章节，方便教学。工程经济学作为横跨工程学科和经济学科两大部类的交叉学科，不仅管理类、经济类专业的学生要学习，工程类专业的学生也应学习，以拓展知识领域，完善思维结构，增强“工程方案”的“目的性”。

本书由河北建工学院郭献芳、山东建工学院李奇会、福建工程学院潘智峰、山西大学工程学院焦俊等四位长期从事工程经济学教学研究的同志共同编写。郭献芳提出并最终确定全书章节内容设计安排，逐章逐节对初稿内容进行删改校阅，并负责全书总纂。具体分工为：郭献芳编写第一、二、五、六、七章；李奇会编写第四、十一章；潘智峰编写第三、九、十章；焦俊编写第八、十二、十三章。

本书邀请北京建工学院刘长滨教授担任主审。他以渊博的学识和严谨的治学作风给作者以宝贵的教诲与启示。在此，谨致衷心的谢意。

最后，向在本书编写过程中给予编者大力支持和帮助的河北建工学院、山东建工学院、福建工程学院和山西大学工程学院的同仁致以谢忱，对支持帮助成稿、出版的中国电力教育协会和中国电力出版社致以谢忱。没有他们的辛勤劳动，这株幼苗难以“破土”。

编　者

2003年6月

# 第二版前言

为贯彻落实教育部《关于进一步加强高等学校本科教学工作的若干意见》和《教育部关于以就业为导向深化高等职业教育改革的若干意见》的精神，加强教材建设，确保教材质量，中国电力教育协会组织制订了普通高等教育“十一五”教材规划。该规划强调适应不同层次、不同类型院校，满足学科发展和人才培养的需求，坚持专业基础课教材与教学急需的专业教材并重、新编与修订相结合。本书为修订教材。

本书自2004年3月出版以来，与中国社会经济一并经历了平稳、健康、快速发展的三年时间。

三年时间在历史的长河中，可能就是一瞬。但在我国工程经济发展历史上，这三年极不平凡。“西气东输”项目跨越九省区4000公里，把西域的天然气送到了祖国的东南。“西电东送”项目把内蒙古、陕西电力输送到了华北，把四川电力输送到了华东，把贵州、广西、云南电力输送到了华南，实现了几乎全域性的能源结构战略调整。“南水北调”项目通过西线、中线和东线建设，把长江上游、中游和下游的水引入了西北和华北。世界上海拔最高的青藏铁路顺利通车营运，京沪高速铁路开工建设。这些巨型项目的筹划、实施和运营，因其技术经济条件的复杂和对区域乃至于全局影响的巨大，而为包括工程经济学在内的诸学科提出了全新的课题。也为工程经济学科的发展产生巨大的推动作用。催动了工程经济学繁荣的春天。在这期间，作为工程经济界重要成果的《建设项目经济评价方法与参数（第三版）》也发布实施。

从工程经济学繁荣的春天，反思在全国举国上下抗击“非典”的日子里完成的这本书的第一版，有陈旧、有欠缺、有错误。不能谬以千里，这也是下决心再版的初衷。

这本书的再版由常州工学院郭献芳、福建工程学院潘智峰、山西大学工程学院焦俊、山东建筑大学李奇会共同编著。郭献芳提出并最终确定全书章节内容的设计安排，并负责全书统稿。具体分工为：郭献芳编写第一、第三、第五、第六、第七章；潘智峰编写第二、第九、第十一章；焦俊编写第八、第十二、第十三章，李奇会编写第四、第十章。

再版承袭了原版的风格，注重教学的适用性。其中，根据教学需要对部分章节作了调整。在内容上试图滤去陈旧、修复欠缺、更正错误，并展示最新成果。重点对工程经济分析基本经济要素、项目融资、项目财务评价、国民经济评价、不确定性分析和风险分析等内容进行了补充和完善。限于编著者水平、认识，恐其初衷难以实现，也有谬误之处。恳望前辈、同行、读者不吝赐教。

许多同仁、读者、学生对再版给予殷切期望，并提出了宝贵建议，在此一并致以谢忱。

再版也是在中国电力出版社同志的不断鞭策中完成的，对他们的敬业精神和负责态度表示由衷的谢意。

**郭献芳**

2007年5月于塞外

# 目　录

# 第一章　导　　论

## 第一节　基　本　概　念

### 一、工程与经济

（一）工程

与工程概念紧密相关的是科学、技术。

科学是人类通过探索而发现和认识的自然及社会的发展规律。科学的本质是人们对自然和社会变化发展客观规律的认知，所以科学属于“认识世界”范畴。人们把对客观规律的这种“认知”以一定的形式表现出来，这就是科学理论体系。

技术是基于科学理论的指导而发展成的改造自然及管理社会的技能、方法、程序、规则等及其物质载体。科学是技术存在的前提，技术是科学的具体化和应用。技术的本质是使用一定的方式方法对世界进行改造，它属于“改造世界”范畴。技术通常以物质形态、经验形态、信息形态和管理形态表现出来。物质形态比如机器设备及其系统等；经验形态比如操作者的智慧中“隐藏”的技巧技能等；信息形态比如以各种有形载体表现的规则、规程、标准、专利等；管理形态比如管理者在履行职责时体现出的管理理念、管理方略、管理艺术等。这是一个广义技术的概念，以此可以更深刻地理解“科学技术是第一生产力”重要思想的深刻内涵。

工程是人们利用科学技术改造客观世界的活动。它是技术的使用过程，是科学理论和思想在改造世界中的表现过程。所以在工程实践中闪耀着科学的光芒，展示着技术的魅力。工程立足于科学技术之上，科学技术因工程而充分表现。科学技术是工程的基础和前提条件，工程是科学技术的具体使用和现实结果。

（二）经济

经济有多种含义，在我国古代有“经邦济民”之意。现在人们对经济的理解主要有以下几种：第一，指社会生产关系的总和。人们在物质资料生产过程中，为了进行生产，便必然地、不以人的意志为转移地发生联系并建立关系，在这个范围内，才会有生产。它是人们一切社会关系的基础，即经济基础。它支撑着社会上层建筑。第二，指国民经济的总称或国民经济的具体组成部门。社会再生产构成了人类得以存在的基础，一国国内的社会再生产，即生产、流通、分配、消费形成了国民经济。第三，指节约、节省。即以较少的社会投入获取较多的社会回报。在工程经济学中，经济的上述含义均有所体现。

（三）工程与经济的关系

从推动人类社会进步与发展的意义上说，工程是实现人们理想的手段，经济是人们所追求所期待的目标。它们是手段和目的关系。工程建设是实现人们美好理想的手段。人们发挥自身的聪明才智，把科学技术积极应用到建设实践中来，使这个“手段”优化。这仅仅使手段先进了，还远远不够。还要看它是否有利于社会再生产，是否能带来经济发展，这才是目的。两者结合起来，就是工程的有效性，即技术的先进性和经济的合理性。技术是工程的前提，经济是工程的目的。我们从事或准备从事工程实践的人，必须要有这样的认识，防止过分追求技术的完美领先，本末倒置。

人们不断追求着“物质极大丰富，生活富庶幸福”的美好理想。这个理想的实现赖以工程技术的支持。没有工程基础，就失去了经济建设的舞台。没有工程活动，没有科学技术的实践活动，何谈社会再生产？又如何有“物质极大丰富，生活富庶幸福”的经济效果呢？归根到底，科学技术及作为其表现形式的工程是支撑经济发展的永恒动力，以其先进的生产力推动着经济的发展。

反过来，经济状况又制约和刺激着工程建设、技术进步。一方面，工程活动需要物质资料的投入保障。所以一个时期的经济状况影响着工程建设的范围、规模和强度，经济成为制约工程建设和技术进步的因素。另一方面，人们对于经济现状的永不满足，又成为刺激和拉动工程建设和技术进步的因素。

## 二、工程经济学

### （一）工程经济学的概念

工程经济学是研究工程与经济相结合的发展规律的学科，它以工程项目为主体，以工程——经济系统为核心，以实现工程中资源的合理配置和有效使用，提高工程有效性为目的的科学。工程经济学是工程科学与经济科学的交叉学科。

### （二）工程经济学的产生和发展

工程经济学源于1887年亚瑟·M·惠灵顿（Arther·M·Wellinton）的著作《铁路布局中的经济理论》（The Economic Theory of Rail Location）。他首次将成本分析方法应用于铁路的最佳长度和曲率选择上，开创了工程领域的经济评价工作的先河。他将工程经济学描述为“少花钱多办事的艺术”。

20世纪20年代，戈尔德曼（O·B·Goldman）在他的《财务工程学》（Financial Engineering）中，提出了决定相对价值的复利程序，并说：“有一种奇怪而遗憾的现象，就是许多作者在他们的工程学著作中，没有或很少考虑成本问题。实际上，工程师的最基本责任是分析成本，以达到真正的经济性，即赢得最大可能数量的货币，获得最佳财务效率。”

1930年，格兰特（E·L·Grant）在其《工程经济原理》（Principles of Engineering Economy）一书中指出了古典工程经济的局限性。他以复利计算为基础，讨论了判别因子和短期投资评价的重要性，以及资本长期投资的一般比较。他的许多观点得到了社会承认，为工程经济学的发展做出了突出贡献。因此，他被西方尊称为“工程经济分析之父”。

1982年工程经济学家里格斯（J·L·Riggs）教授出版了《工程经济学》一书，使工程经济学的学科体系更加完整与充实，从而成为国外许多高等学府的教材，使得工程经济学发展到了一个新高度。

我国是在20世纪70年代开始工程经济研究的，所以，工程经济学在我国尚属于新兴学科。尽管时间较短，但工程经济学的理论研究和实际应用出现了两旺的局面。

工程经济学以“工程——经济”系统为核心，站在关注工程活动的经济性，亦即“工程的有效性”的视角上。所以，不仅是经济领域关注的问题，也是工程领域关注的对象。目前有一批从事工程科学领域研究的学者投身到了工程经济的研究领域，在全国高校的绝大多数工程类专业也都开设了《工程经济学》课程，这些都是不断丰富和发展这个学科十分可喜的现象。

在现代社会，随着科学技术的快速发展和经济社会的长足进步，大型、巨型项目，诸如我国的三峡工程项目、京沪高速铁路项目等的实施，逾越了已往技术和经济的障碍，变成现实。这样一些大、巨型项目，不单单表现为投资巨大，建设和使用周期长久，更在于其系统的复杂性以及对区域乃至整个社会、经济系统影响的久远和巨大。同样，现代社会系统中的战略利益格局也在不断发生变化和调整，比如传统市场的零和竞争已为现代市场的双赢博弈所替代，在新的市场利益格局中，更加注重买卖互利、供需双赢。因此，国产的经济性不仅体现在生产——营销系统中，关注生产成本的优化，而更体现在生产——营销——使用系统中，关注全寿命成本的优化。这样一些新的课题，为工程经济学的学科发展提供了新的舞台，也将使工程经济学的独特作用表现得更加突出。

## 第二节　工程经济学的研究对象及分析方法

### 一、工程经济学的研究对象

研究对象是一个学科独立存在的首要问题，没有明确地研究领域和具体的研究对象，以及实现自身任务的理论和方法体系，就不能作为一独立学科存在。工程经济学的研究领域是工程与经济相结合的发展规律，既有工程学的规律问题，又有经济学的规律问题，更注重两者结合的规律问题。工程经济学的研究对象是“工程——经济”系统。具体地说是：经济对工程的影响问题和工程的经济评价问题。前者可从宏观和微观两个层面进行研究，探讨工程建设和经济发展的相互影响及协调发展，寻求两者的最佳结合点；后者侧重从微观方面进行研究，探讨有利于实现“工程中资源的合理配置和有效使用，提高工程有效性”目的的经济评价理论体系、方法体系和指标体系。后者也称为工程经济分析。本书主要介绍后者。

“工程——经济”系统的载体是建设项目。所以，工程经济分析的主体是建设项目，即需要投入一定社会资源来规划、设计、建设、运营的具有一定使用功能，有相应产出回报的技术方案。它可以是一个能独立运行的整体，比如一个工厂；也可以是整体当中的一部分，比如工厂的一个新产品方案，甚至于生产线上的一台设备。所以建设项目在工程经济学中是一个应广义理解的概念。

建设项目可以从不同分析角度分类。按照项目目标，可分为经营性项目和非经营性项目。通过投资以实现所有者权益的市场价值最大化为目标的项目是经营性项目，以投资牟利为行为趋向。不以营利为目标的项目是非经营性项目，包括本身就没有经营活动的项目和产出具有公共产品属性、价格不能通过市场机制形成的项目。

按照项目产出的属性，可分为公共产品项目和非公共产品项目。项目的产出直接表现为给社会公众提供基本生活需要的项目是公共产品项目。提供公共产品是政府公共财政的一项职能，以此增加公众社会福利。该类项目不具有营利性，即使向受益人收费，其价格也要政府干预，不能由市场价格机制形成。相对于“政府部门提供的物品”的公共产品，非公共产品是“私人部门提供的商品”，其厂商要通过投资从购买者获取回报。

按照项目与企业原有资产的关系，可分为新建项目和改、扩建项目。改、扩建项目不同程度地利用原有企业的资源，在于要使增量带动存量。

按照项目的融资主体，可分为新设法人项目和既有法人项目。新设法人项目由新设的项目法人为融资主体，承担融资责任。既有法人项目由现有的企业法人为项目融资，承担融资责任。

建设项目具有明确的目标和约束条件、一次性、长期性、复杂性等特征。项目从策划、规划、论证到设计、实施、运营，要占用和耗费大量社会经济资源，并且长期存在，对区域、产业经济产生相应的影响。这些都决定了项目必须通过科学论证评价而后决策实施。这也正是工程经济分析的使命所在。

### 二、工程经济分析的基本方法

#### （一）费用效益分析法

费用效益分析法是工程经济分析的基本方法。通过项目的投入（即费用）和产出（即效益）的对比分析，定量考察工程项目的费用、效益以及经济效益状况，研究建设项目的经济性。具体包括静态分析、动态分析和确定性分析、不确定性分析等。

#### （二）方案比较法

工程经济分析的一个突出特征是进行方案优选，优选的前提就是方案比较。通过对众多备选方案的费用、效益以及经济效益水平的比较，确定相对较优方案作为建议实施方案。

#### （三）预测法

工程经济分析主要是针对拟建项目进行的，要科学地把握未来项目的运行情况，准确地对方案做出评价，赖以科学的预测。用科学预测来揭示的事物的发展规律及具体发展规模、发展水平，为其他具体评价方法的使用提供未来项目信息支持。

#### （四）价值工程方法

价值工程是工程经济分析的专门方法，通过对价值工程对象的功能定义、功能分析、功能评价，全面系统地认识研究对象的功能结构及内在关系，提示完善功能设计、降低费用和提高研究对象价值的途径。

#### （五）系统分析法

项目的规划、设计、建设和运行是一项复杂的系统工程，其外在表现状况也反映在多个方面，既有技术的、经济的，也有环境的、社会的等等，因此对建设项目的考察不能局限在一个方面或几个方面，要作全面综合评价，进行系统分析。

## 第三节　工程经济分析的原则

### 一、经济效益原则

#### （一）经济效益的概念

经济效益是全部经济活动的中心，是工程经济分析的核心和基本依据。所谓经济效益是指有用的产出与投入的对比关系。经济效益的概念首先强调产出的有用性，即项目实施所带来的产品、服务及其他产出（广义的产品）是有利于市场、有利于经济、有利于社会的，是对繁荣市场、发展经济和推进社会文明进步有贡献的。这是经济效益质的规定性；其次强调产出与投入的对比关系，即以较少的社会资源投入，获取较多的社会产品的回报。这是经济效益量的规定性。最后，经济效益概念中的投入，不仅包括消耗的社会资源，还包括项目实施所占用的社会资源，是一个全面的概念。在经济学的意义上，由于资源的稀缺性，所以必须格外关注每一次、每一份资源的配置，应力求使稀缺的资源能发挥最大的效用。因而全面投入的概念更能准确地反映项目的经济性。

（二）经济效益的表达形式

经济效益主要有以下三种表达形式：

（1）净效益。其表达式为

经济效益＝产出（效益）－投入（耗费）

（2）效益耗费比

经济效益＝产出（效益）/投入（耗费）

（3）净效益耗费比

经济效益＝净效益/投入（耗费）

（三）经济效益的分类

（1）有形效益与无形效益。有形效益指可以货币量化的效益，即能实物量度量、有价格标准的效益。比如销售收入、利润等；无形效益指不能货币量化的效益。比如环保、就业、技术扩散等。

（2）直接效益与相关效益。直接效益是指项目所有人由于实施项目而直接得到的效益；相关效益是指项目所有人之外的其他方面从项目实施中得到的并且没有体现在项目所有人受益中的效益。比如，汽车制造公司实施节能汽车项目，由于汽车的节能性而增加的产销量、增加的销售收入即为直接效益。直接效益表现在项目（或企业）的财务边界之内；其他方面比如汽车用户、社会，由于节能汽车的使用而减少的营运开支、减少的社会资源消耗等即为相关效益。相关效益表现在项目（或企业）的财务边界之外，因而又称之为建设项目的外部效益。

（3）宏观效益与微观效益。宏观效益是站在国民经济立场上，以社会资源的合理配置和社会财富的增加为标准计算的效益。显然，有形效益、无形效益，直接效益、相关效益均属于宏观效益；微观效益是站在项目所有人立场上，以项目为边界，以所有人权益市场价值最大化为标准计算的效益。

（4）短期效益与长期效益。短期内可以实现的效益即短期效益；在未来较长时期可以实现的效益是长期效益。

## 二、可持续发展原则

进行工程经济分析必须立足于可持续发展，这是实践证明必须要坚持的一条原则。首先要注意资源的可持续利用。任何项目的实施都赖以社会经济资源的投入，离开了资源的可持续利用就不可能有可持续发展。所以，在项目分析评价中，应关注资源的合理配置，关注资源的节约、节省，关注资源的循环利用，关注紧缺资源的可替代使用等问题。其次，应注意项目和生态——社会系统的协调和优化。必须把项目置于生态——社会大系统中来考察项目的“有效性”。全面分析论证项目的投入、产出对生态、环境和社会系统的影响，致力于项目和其赖以存在的生态——社会系统的协调。再次，要从长远和全局的角度来分析问题、研究问题，不仅关注眼前的、局部的利益，更要关注未来的和全局的利益。

## 三、资源合理配置和有效使用原则

资源合理配置和有效使用是经济效益原则和可持续发展原则的必然要求。基于“资源稀缺性”的基本经济学命题和可持续发展的要求，务必要通过工程经济分析，科学地、合理地解决工程项目的“资源稀缺性”与人们日益增长的需要之间的矛盾，恰当遴选方案，慎重投资决策，努力实现资源的合理配置和有效使用，使资源的边际收益最大化和系统整体优化。

## 四、可比性原则

工程经济分析是一个优选过程，在多方案的评价中必须建立共同的比较基础，保证计算口径的一致。

### （一）满足需求可比

各备选方案应满足同样的需求，实现同一经济目标。这样方案之间才有相互替代性，才存在选择问题。例如房地产项目与厂房建设项目同是建设项目，但它们之间不具有可比性，因为前者是满足居住需要，后者是满足生产需要。需求的满足是以产品为特征的，需求可比就是要求各方案的产品具有可比性，这就要求产品在一定程度上是同质的；同时各产品要有替代性，这又要求产品之间存在一定的差异。因而满足需求可比关键是对有差异的产品进行等同化处理，即对各方案的产品在产量、品种、质量、性能等方面的差异因素进行修正和调整。例如在一个方案内可以主导产品为主，对各相关产品按照某个技术参数进行折算，然后在各个方案之间以主导产品为主进行比较。

### （二）价格可比

价格是工程经济分析中十分重要的一个参数，它可以综合反映产品的各种信息，如供求、质量、价值等。在市场经济条件下，以市场价格作为计价基础可以满足价格可比原则的要求。但由于目前我国市场经济还不成熟或不完善，有些领域的价格体系还没有理顺，价格作为资源配置的指导信号还有一定的问题。这时，如果按照现行价格进行方案的经济评价，可能会虚增或虚减项目运行效益，误导决策。因此有必要时，应以计算价格或理论价格作为市场价格的补充和替代，以避免因价格“失真”对计算结果的影响。

### （三）时间上可比

时间上可比包括两个方面，首先应采用相同的计算期作为比较的基础，如果相互比较的方案寿命期不相同，两方案是不能直接进行比较的，可以通过一定的处理，使方案之间的寿命期变为相等，然后再进行比较。

时间上的可比的另一方面是要考虑资金的时间价值问题，方案在不同时间点发生的费用和收益不能直接进行代数运算，必须进行时间价值换算后进行比较，才会得出正确结论。

## 五、“有无对比”原则

准确识别和估算项目的效益和费用是正确评价项目的前提。在识别和估算项目的效益和费用时，应遵循“有无对比”的原则。分别对“有项目”和“无项目”两种状态下项目的未来运行情况进行预测分析，而后通过对比分析确定项目的效益和费用，保证估算的准确性和可靠度。避免因为忽略“无项目”时状态自身的优化作用，而导致对项目效益估算的“虚增”或费用估算的“虚减”，夸大项目自身的经济效益水平；也要克服因为忽略“无项目”时状态自身的劣化作用，而导致对项目效益估算的“虚减”或费用估算的“虚增”，缩减项目自身的经济效益水平。

## 六、定量分析和定性分析相结合，定量为主原则

工程经济分析以定量分析为重点，力求把效益因素货币量化，以增强评价结论的科学性和说服力。但并不排斥、忽略定性分析，在进行量化计算之前，首先要对问题进行定性的描述，以把握问题的全貌，使工程经济分析更全面。同时，对难以量化的因素，也有必要定性分析。

### 七、静态评价与动态评价相结合，动态评价为主原则

静态评价就是在不考虑时间因素的前提下，用一定的指标考察工程项目的经济性的方法。由于其忽略了资金的时间价值，因而评价结论是粗略的，通常适用于项目初评。动态评价方法是指在考虑资金的时间因素前提下，定量计算工程项目经济效益，并对方案实施情况作出评价的方法。它反映了资金的运行规律，所以全面地评价了项目的经济效益状况，真实地反映了项目经济效益水平，因而是常用的评价方法。

### 八、统计预测和不确定分析相结合

工程经济分析主要是针对拟建项目，即未来项目进行的。因此，评价必须建立在科学统计预测的基础上，恰当地选择预测方法，以提高评价信息的质量。尽管在预测和统计的方法的选择上，力求完善和科学，但由于事物发展的不确定性的存在，使得评价本身就潜伏着风险，影响决策的有效性。所以在进行工程经济分析时，不仅通过确定性评价揭示项目收益，关注项目收益，还要通过不确定性分析和风险分析，揭示风险，关注风险。使得投资人在权衡了项目收益和风险后再行决策。

## 第四节　学科特点及学习中应遵循的原则

### 一、工程经济学的学科特点

#### （一）实用性

工程经济学属于应用经济学，侧重于经济理论的应用性研究，具有很强的实际应用性。例如，应用工程经济学的理论和方法，可以对具体建设项目的财务可行性和经济合理性作出评判，可以对设备的运行进行经济性分析，可以对产品方案进行价值判断等。所以，工程经济学是一门与工程实践紧密联系，具有很强实用性的学科。

#### （二）理论性

从特殊到一般，再从一般到特殊，是认识的基本规律。工程经济学是来源于“特殊”的“一般”理论，其方法又建立在一般理论基础上，赖以理论的具体指导。在强调其实用性，关注某一个具体项目的评价与选择问题时，不可对其理论性有丝毫的怀疑和懈怠，相反，必须牢牢把握其理论实质这个“牛鼻子”。

#### （三）边缘性

工程经济学是横跨自然科学和社会科学两大门类的边缘学科。它既研究自然科学中的工程技术，又研究社会科学中的经济性，更研究工程和经济的结合规律。

### 二、学习中应遵循的原则

#### （一）加强理论学习

学习工程经济学首先要系统学习其理论，准确把握每一个概念的含义，准确理解理论的内涵是学好工程经济学的基础和前提。从这个意义上讲，学习工程经济学没有捷径可循，必须一步一个脚印，脚踏实地。

#### （二）理论联系实际

工程经济学是实用性学科，所以在学习中要注意其应用性。通过案例分析、实证研究等学习方式，深刻理解每一个指标、每一种方法的使用背景，及其所揭示的问题、优缺点及其联系，从而把工程经济学理论融会贯通到具体的工程实践中。

（三）注意学科间的联系

对工程项目进行经济性评价，研究工程项目中资源合理配置和有效使用，提高工程建设效益问题，需要运用管理学、会计学、理财学、统计学、运筹学、创造学等相关学科的理论，需要把这些多学科的理论系统起来。因此在学习中，要注意学科之间的联系性，要善于系统应用多学科理论成果于工程经济分析中。

（四）注意定量分析与定性分析相结合

工程经济学作为一门需要精确计算的学科，定量分析项目的耗费和效益，准确地衡量项目的经济效益水平，是必不可少的，但不可偏颇。任何事物都有质的和量的两个方面。所以，定性的描述也是必需和必要的。

（五）注意系统分析

系统的观点就是全面的、联系的和发展的观点。工程经济分析需要对项目进行系统分析。全面分析项目的投入和产出，项目的经济效益、生态环境效益和社会效益，项目的投资主体、债权主体及其他相关各方利益等；要把项目的费用和效益，项目自身和其赖以为继的社会经济环境等联系起来，在一个统一的系统下分析；不仅要关注项目眼前的状况，更要有长远和可持续发展的观点。

1. 工程经济学的含义是什么？
2. 工程经济学的研究对象是什么？
3. 工程经济学的原则是什么？
4. 如何深刻理解经济效益的内涵？
5. 简述如何实现资源的合理配置和有效使用。

# 第二章　资金的时间价值

资金的时间价值反映了社会资金运动的客观规律。对于具有时间分布“长期性”特征的建设项目的评价，引入资金的时间价值十分必要。

## 第一节　基　本　概　念

### 一、资金时间价值的概念

（一）社会再生产与资金时间价值

社会再生产运动和资本再生产运动交织在一起，循环往复，永无休止，成为人类不断发展进步的源泉。社会再生产运动和资本再生产运动可分解三个阶段：购买阶段、生产阶段和销售阶段。在购买阶段，厂商用货币资本购买生产所需要的机器设备、原材料、燃料动力、技术等生产资料以及劳动，货币资本转换成为生产资本；在生产阶段，劳动作用于劳动对象，创造出商品，生产资本又转换成为商品资本；在销售阶段，商品经由商家的营销，出卖给使用者，商品资本也随之转换成了货币资本。在购买阶段，为劳动提供了机会和场所，搭建了劳动作用于劳动对象的平台；在生产阶段劳动作用于劳动对象，凸现了劳动的重要职能——创造了新价值，实现了个别劳动状态下的价值增量；在销售阶段使厂商的个别劳动被社会接受，价值增量得以在市场上实现。社会再生产和资本再生产运动如图 2-1 所示。

社会再生产和资本再生产的基本规律是，经过再生产的循环运动，能够产生比初始投入资本量大的资本产出量。这个相对于初始资金的增量资金，是资本在再生产运动中产生的增值。从表观上看，是随着时间的推移而产生的，随着时间的变化而变化，是时间的函数。所以，形象地称之为资金的时间价值。

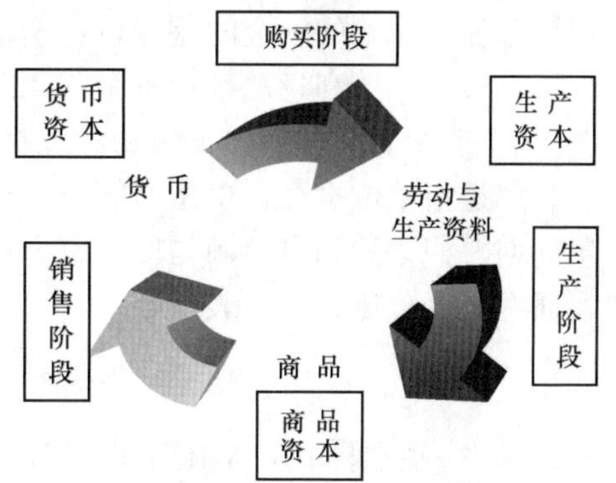

图 2-1　资本运动示意图

所谓资金的时间价值，是指资金在社会再生产和资本再生产过程中随着时间推移而产生的增值。

从社会再生产和资本再生产运动的过程不难看出，货币资本转换为生产资本，即资本进入社会生产再生产过程，是产生时间价值的前提；在生产资本的平台上，劳动作用于劳动对象是产生时间价值的本源，也就是说，从根本上资金的时间价值是由劳动者新创造的价值；生产资本经过销售阶段，使资金时间价值得以实现的条件。这就是资金时间价值的实质。

（二）研究资金时间价值的意义

在方案的经济评价中，时间是一项重要的因素，研究资金时间因素，就是研究时间因素对方案经济效果(或经济效益)的影响，从而正确评价投资方案的经济效果(或经济效益)问题。

具体来讲，在宏观方面可以促进有限的资金得到更加合理的利用。因为时间是市场经济的一个经济范畴，我国的建设资金有限，考虑资金的时间价值，可以充分发挥建设资金的效用；在微观方面，可以使方案评价更加合理、更加切合实际。

（三）引起资金时间价值的原因

资金的时间价值有两个含义：其一是将货币用于投资，通过资金的运动而使货币增值；其二是将货币存入银行，相当于个人失去对这些货币的使用权，按时间计算这种牺牲的代价。引起资金时间价值变化的原因很多。概括地讲，是基于以下两个原因：

从社会再生产的过程来讲，资金时间价值是当货币转化为资本后，经历一定时间的投资和再投资所增加的价值。

从流通的角度来讲，消费者或出资者将其拥有的资金用于投资，使消费推迟或失去使用权（占有权）所作出的现期消费的牺牲的必要补偿。

**二、资金时间价值的衡量尺度**

资金的时间价值一般用利息和利率来衡量。

（一）利息与利率的实质

马克思："利息不外是一部分利润的特别名称，特别项目。"也就是说，利息是利润的一部分，是利润的分解或再分配。

利率是指一定时期内积累的利息总额与原始资金的比值，即利息与本金之比。它是国家调控国民经济、协调部门经济的有效杠杆之一。

（二）衡量资金时间价值的绝对尺度——利息

利息是资金的时间价值的表现形式，是衡量资金时间价值的绝对尺度。利息有狭义与广义之分。狭义的利息，是指信贷利息，是放弃资金使用权所得的报酬或占用资金所付出的代价，即是指借款者支付给贷款者超出本金的那部分金额。广义的利息，是指一定时期内，资金积累总额与原始的资金的差额，包括信贷利息、盈利或净收益。即

利息总额＝资金积累总额－原始的资金＝本利和－本金

（三）衡量资金时间价值的相对尺度——利率

利率是指单位本金在单位时间（一个计息周期）产生的利息，即是指一定时期内（一个计息周期）积累的利息总额与原始资金的比值，即利息与本金之比。有年、月、日利率等，利率通常用百分比（%）表示，即

$$利率=\frac{一定时间的利息总额}{原始资金}\times 100\%$$

式中"一定时间"，是用于表示计算利息的时间单位，称为计息周期，如年、季、月等，通常用"年"表示。以年为计息周期的利率称年利率，以月为计息周期的利率称月利率等。

影响利率的因素有：社会平均利润率、借出资本所承担的风险、资本的供求关系、通货膨胀、借出资本期限的长短等。

设期初本金为 $P$，期利率为 $i$。单利法的计息过程见表 2-1。

**表 2-1** **单利法计算利息的过程**

| 计息期 ($n$) | 期初资金 ($P_j$) | 当期计息本金 ($P_0$) | 当期应计利息 ($I_j$) | 期末资金（本利和）($F_j$) |
|---|---|---|---|---|
| 1 | $P$ | $P$ | $Pi$ | $P(1+i)$ |

续表

| 计息期 ($n$) | 期初资金 ($P_j$) | 当期计息本金 ($P_0$) | 当期应计利息 ($I_j$) | 期末资金(本利和) ($F_j$) |
|---|---|---|---|---|
| 2 | $P(1+i)$ | $P$ | $Pi$ | $P(1+2i)$ |
| 3 | $P(1+2i)$ | $P$ | $Pi$ | $P(1+3i)$ |
| … | … | $P$ | … | … |
| $n$ | $P[1+(n-1)i]$ | $P$ | $Pi$ | $P(1+ni)$ |

## 三、单利与复利

利息的计算分为单利法与复利法两种。

### (一) 单利法

所谓单利，是指利息与时间成线性关系，即只计算本金的利息，而本金所产生的利息不再计算利息。

其计算一般式为

$$F = P(1 + ni)$$

式中　$F$——本利和；

$P$——本金；

$i$——利率；

$n$——期数。

注意：$i$ 与 $n$ 的吻合，即 $i$ 必须是计息周期的利率。

**【例 1】** 某人将 1000 元的款项存入银行，年利率为 10%，存款期限为 3 年，3 年后该存款者的本利和是多少？

**解**　$F = P(1 + in) = 1000(1 + 10\% \times 3) = 1300$(元)

也就是说，现在将 1000 元存入银行，3 年以后的本利和为 1300 元。

1000 元款项的运动过程见表 2-2。

**表 2-2　单利法计算利息的过程**

| 计息期 ($n$) | 期初资金 ($P_j$) | 当期计息本金 ($P_0$) | 当期应计利息 ($I_j$) | 期末资金（本利和） ($F_j$) |
|---|---|---|---|---|
| 1 | 1000 | 1000 | 100 | 1100 |
| 2 | 1100 | 1000 | 100 | 1200 |
| 3 | 1200 | 1000 | 100 | 1300 |

### (二) 复利法

所谓复利，即不但对初始本金计算利息，而且对期间产生的利息也计算利息的计息方式。即“利生利”、“利滚利”。

设期初本金为 $P$，期利率为 $i$。复利法的计息过程见表 2-3。

表 2-3　　复利法计算利息的过程

| 计息期 ($n$) | 期初本金 ($P_j$) | 当期计息本金 ($P_j$) | 当期应计利息 ($I_j$) | 期末资金（本利和）($F_j$) |
|---|---|---|---|---|
| 1 | $P$ | $P$ | $Pi$ | $P(1+i)$ |
| 2 | $P(1+i)$ | $P(1+i)$ | $P(1+i)i$ | $P(1+i)^2$ |
| 3 | $P(1+i)^2$ | $P(1+i)^2$ | $P(1+i)^2 i$ | $P(1+i)^3$ |
| … | … | … | … | … |
| $n$ | $P(1+i)^{n-1}$ | $P(1+i)^{n-1}$ | $P(1+i)^{n-1}i$ | $P(1+i)^n$ |

其计算一般式为

$$F = P(1+i)^n$$

注意：$i$ 与 $n$ 的吻合，即 $i$ 必须是计息周期的利率。

**【例 2】** 现在把 1000 元钱存入银行，年利率为 10%，问 3 年后账上有存款多少元？

**解** $F=1000\times(1+0.1)^3=1331$（元）

即，三年后账上有存款 1331 元。

1000 元款项的运动过程见表 2-4。

表 2-4　　复利法计算利息的过程

| 计息期 ($n$) | 期初资金 ($P_j$) | 当期计息本金 ($P_0$) | 当期应计利息 ($I_j$) | 期末资金（本利和 $F_j$） |
|---|---|---|---|---|
| 1 | 1000 | 1000 | 100 | 1100 |
| 2 | 1100 | 1100 | 110 | 1210 |
| 3 | 1210 | 1210 | 121 | 1331 |

读者可以通过表 2-2 与表 2-4，自行比较单利法计息和复利法计息的区别。

## 四、间断计息与连续计息

间断计息是指计息周期为一确定的时间（如年、季、月），在经过这个确定的时间段后才对本金计息，在时间段期间不计息。通常在工程经济评价中选用间断计息方式。

连续计息是指没有确定的计息时间段，或计息时间段无限缩短。按连续复利计算，实际利率 $i = e^r - 1$ 。连续计息更贴切地反映了资金的时间价值规律，但计算较为烦琐。

## 五、现金流量图

（一）现金流量（cash flow）

所谓现金流量，是指拟建项目在建设或运营中实际发生的以现金或现金等价物表现的资金流入和资金流出的总称。某个时点上实际发生的现金流入（cash inflows）与现金流出（cosh outflows）的差额（CI—CO）称为净现金流量（net cash flow）。

现金流是工程经济分析的基本工具，现金流折现分析方法是工程经济分析的基本方式。工程经济分析选择现金流作为基本分析工具，在于现金具有“流动性强、易于变现且价值转换风险小”特征。现金是所有形态资产中价值风险最小的。所以，用现金流分析比其他工具更稳妥地反映了项目的投入产出或费用效益状况，在此基础上得出的评价结论和决策建议也会更加稳健。

建设项目的现金流量一般由三部分组成，即运营活动现金流、投资活动现金流和筹资活动现金流。每一种活动的现金流又分别揭示现金流入和现金流出。项目运营活动现金流主要包括购销商品、提供服务、经营性租赁、缴纳税款、负担经营费用等活动形成的现金流入和现金流出。

筹资活动发生的现金流量主要包括吸收投资、发行股票、发行债券、借款、分配利润、偿还债务资金等筹措资金活动而形成的现金流。

投资活动产生的现金流量主要包括购建和处置固定资产、无形资产等长期资产，以及取得和收回不包括在现金等价物范围内的各种股权与债权投资等收到和付出的现金。

需要指出的是，在建设项目经济评价中，鉴于经济评价的事先性，确认项目现金流量发生时点和产生数额，应借鉴权责发生制原则，以现金流入、现金流出权利和责任的确立作为归期依据。

在工程经济分析实务中，一般认为：建设项目的投资活动现金流（比如建设投资、流动资金投资等）发生在期初，建设项目的生产活动现金流（比如营业收入、经营成本等）发生在期末。

建设项目的现金流量是以项目作为一个独立系统，反映项目整个计算期内的实际收入或实际支出的现金活动。

项目计算期也称项目寿命期，是指对拟建项目进行现金流量分析时应确定的项目的服务年限。一般分为四个期间：建设期、投产期、达产期和回收处理期。

确定现金流量应注意如下问题：①发生时点；②实际发生；③不同的角度有不同的结果（如税收，从企业角度来看是现金流出；从国家角度来看都不是）。

（二）现金流量图（cash flow diagram）

现金流量图是描述现金流量作为时间函数的图形，它能表示现金在不同时点上流入与流出的情况，表明一个项目或一个方案在整个计算期内的现金流量的运动状态。这种用图示的方法将现金流入与流出、量值的大小、发生的时点描绘出来的图就称为现金流量图。

现金流量图包括三个要素：大小——现金流量的数额；流向——现金流入或流出；时点——现金流入或流出所发生的时间点。现金流量图的一般形式如图 2-2 所示。

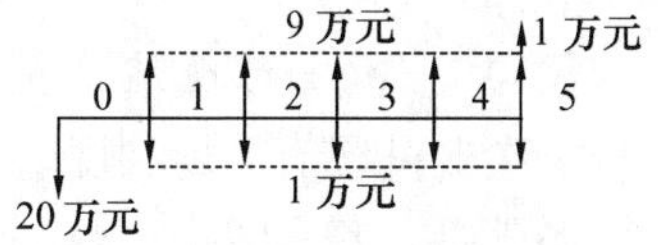

9 万元　1 万元
0　1　2　3　4　5
1 万元
20 万元

图 2-2　现金流量图

**六、几个重要概念**

在进行资金时间价值的计算之前，应先明确几个相关的概念及其含义。

（一）现值——$P$（present value）

现值表示资金在序列始点即 0 时点上的价值，也可以表示相对于确定的未来某时点之前任一时点的价值。将未来的现金流量等值折算到 0 时点，称为折现或贴现。折现计算是评价建设项目经济效果时经常采用的一种基本方法。

（二）终值——$F$（future value）

终值又叫未来值，表示资金在时间序列终点即 n 时点上的价值，也可以表示相对于确定的现在某时点之后任一时点的价值。

（三）年金——$A$

年金表示连续发生在每期期末，且绝对值相等的一组现金流量。可以分为普通年金和永续年金。

普通年金是指每期期末发生且有确定的发生期间的年金。永续年金是指每期期末发生且无确定发生期间（理论上指现金流量的发生在时间上趋于无限，实务中通常指发生的期间年限较长）的年金。

（四）等值

由于资金时间价值的存在，不同时点上的绝对值不同的资金具有相同的经济价值时，称之为资金等值。

影响资金等值的因素有：资金的数额、资金发生的时点及一定的利率。

利用等值的概念，把在不同时点发生的资金金额换算成同一时点的等值金额，这一过程叫作资金等值换算。

## 第二节 复 利 计 算

### 一、复利计算的基本公式

（一）一次支付终值（复利终值）公式

一次支付终值（复利终值）公式，就是复利法的本利和的计算公式。

条件是：已知 $P$、$i$、$n$，求终值 $F$。

现金流量图如图 2-3 所示：

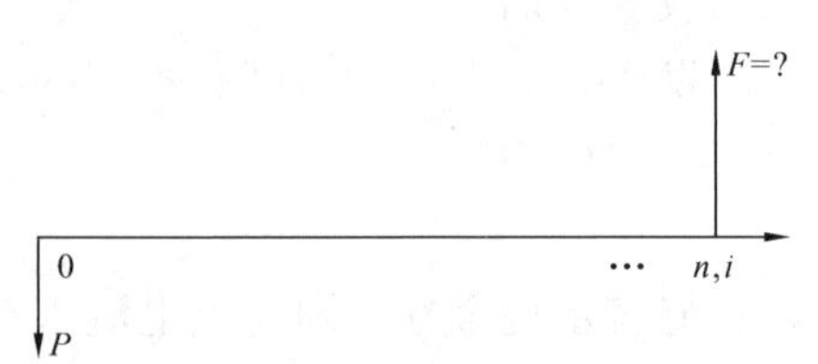

图 2-3 一次支付终值现金流量图

计算公式

$$F = P(1+i)^n = P(F/P,i,n)$$

式中 $(1+i)^n$——一次支付终值（复利终值）系数，计为（$F/P$，$i$，$n$）。终值系数可查系数表获得。

（二）一次支付现值（复利现值）公式

一次支付现值（复利现值）公式，可以通过一次支付终值（复利终值）公式进行变换获得。

条件是：已知 $F$、$i$、$n$，求本利和 $P$。

现金流量图如图 2-4 所示。

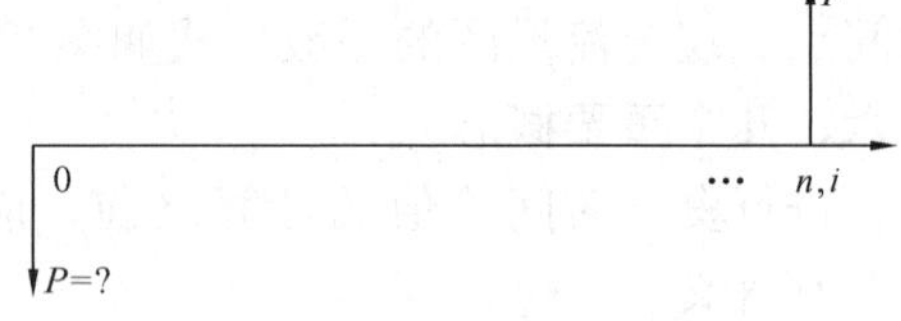

图 2-4 一次支付现值现金流量图

计算公式

$$P = F/(1+i)^n = F(P/F,i,n)$$

式中 $1/(1+i)^n$——一次支付现值（复利现值）系数，计为（$P/F$，$i$，$n$）。现值系数可查系数表获得。

**【例 3】** 假设希望在第 5 年末得到 1000 元钱的存款本息，银行年利率为 8%，现在你应当在银行里存入多少钱？

**解** $P$=1000（$P/F$，8%，5）=680.58（元）

即，现在应当在银行里存入 680.58 元。

（三）年金终值公式

条件是：已知 $A$、$i$、$n$，求终值 $F$。

现金流量图如图 2-5 所示。

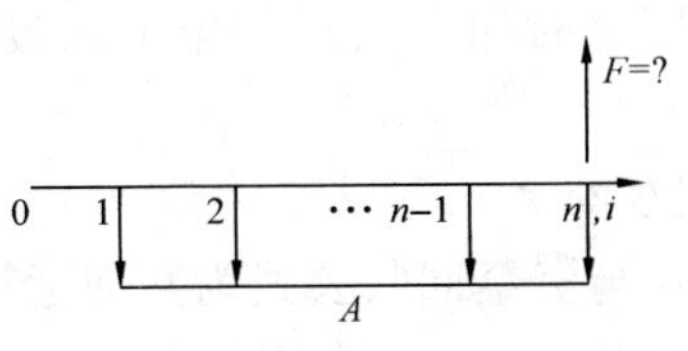


图 2-5　年金终值现金流量图

计算公式的推导：

根据复利终值公式逐一计算累加可得

$$F=A+A(1+i)+A(1+i)^2+\cdots+A(1+i)^{n-2}+A(1+i)^{n-1}$$
$$=A[1+(1+i)+(1+i)^2+\cdots+(1+i)^{n-1}]$$
$$=A[(1+i)^n-1]/i$$
$$=A(F/A,i,n)$$

式中：$[(1+i)^n-1]/i$，称为年金终值系数，计为（$F/A$，$i$，$n$）。年金终值系数可查系数表获得。

**【例 4】** 某人在 7 年内每年末存入银行 10000 元款项，若存款利率为 8%，则第 7 年末银行存款额为多少？

**解**　$F=10000\times(F/A, 8\%, 7)=10000\times8.9228=89228$（元）

即，第 7 年末银行存款额为 89228 元。

（四）偿债基金公式

偿债基金公式与等额支付序列年金终值公式为互逆运算。

条件是：已知 $F$、$i$、$n$，求年金 $A$。

现金流量图如图 2-6 所示。

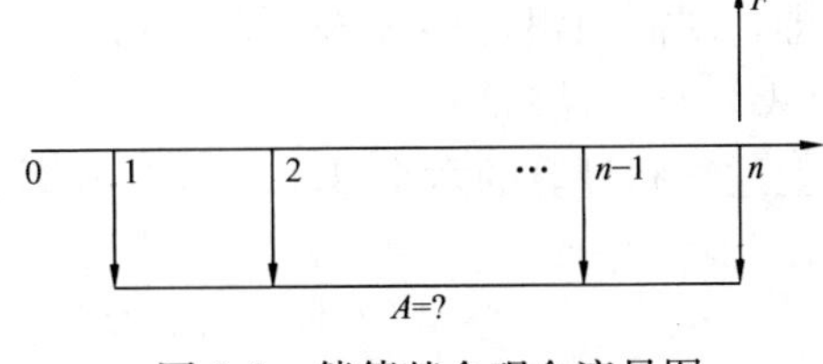


图 2-6　偿债基金现金流量图

根据年金终值公式变换得

$$A=F[i/(1+i)^n-1]=F(A/F,i,n)$$

式中　$[i/(1+i)^n-1]$ ——偿债基金系数，计为（$A/F$，$i$，$n$）。偿债基金系数可查系数表获得。

**【例 5】** 某人在 7 年后需要 10000 元款项，打算每年末存入银行一定数额的款项，若存款利率为 8%，则每年末应存款多少？

**解**　$A=10000\times(A/F, 8\%, 7)=10000\times0.1121=1121$（元）

即，每年末存款额应为 1121 元。

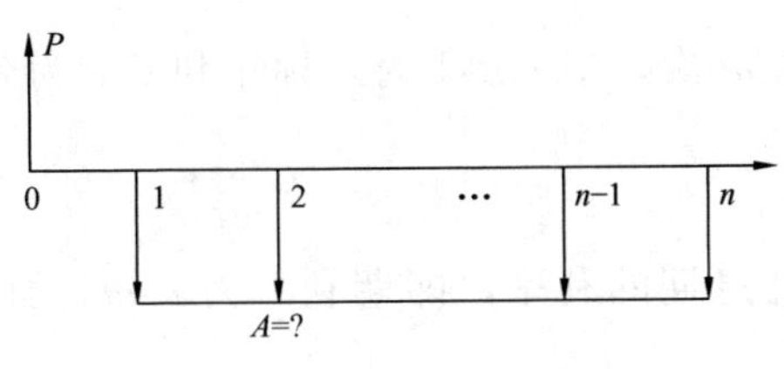


图 2-7　资金回收现金流量图

（五）资金回收公式

条件是：已知 $P$、$i$、$n$，求本利和 $A$。

资金回收公式可以通过复利终值公式与年金终值公式，以 $n$ 时间点为等值转换点变换求得。

现金流量图如图 2-7 所示。

计算公式的推导

$$A=F[i/(1+i)^n-1]=P(1+i)^n[i/(1+i)^n-1]=P(A/P,i,n)$$

式中　$(1+i)^n/[i/(1+i)^n-1]$ ——资金回收系数，计为（$A/P$，$i$，$n$）。资金回收系数可查系数表获得。

**【例 6】** 某设备初期投资为 20000 元，若该设备使用年限为 10 年，年利率为 10%，则年均设备费用为多少？

**解** $A=20000\times(A/P,10\%,10)=20000\times0.1628=3256$（元）

即，考虑了资金时间价值后的年平均设备费用为 3256 元。

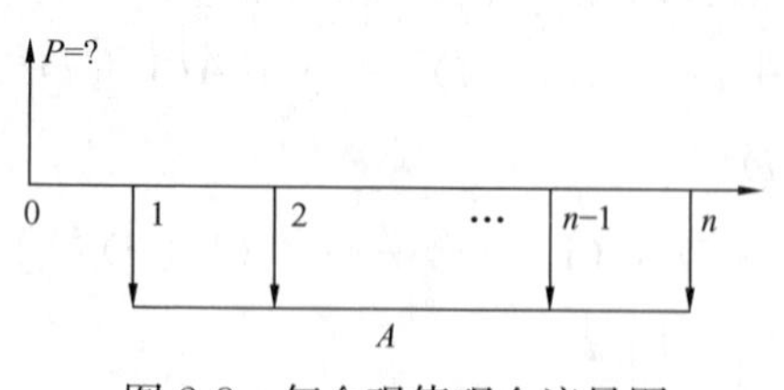

图 2-8 年金现值现金流量图

（六）年金现值公式

年金现值公式与资金回收公式为互逆运算。

条件是：已知 A、$i$、$n$，求现值 $P$。

现金流量图如图 2-8 所示。

计算公式的推导

$$P=A[(1+i)^n-1]/i(1+i)^n=A(P/A,i,n)$$

式中 $[(1+i)^n-1]/i(1+i)^n$——年金现值系数，计为 $(P/A,i,n)$。年金现值系数可查系数表获得。

当 $n\to\infty$ 时，$A$ 称为永久年金，通过极限求解得：$P=A/i$。

**【例 7】** 为在未来的 10 年中，每年年末取回 5 万元，以年利率 8%现需向银行存入多少现金？

**解** $P=5\times(P/A,8\%,10)=33.55$（万元）

即，现需向银行存入 33.55 万元。

（七）公式总结

上述复利计算的六个基本公式，其系数存在以下关系：

1. 倒数关系

$$(P/F,i,n)=1/(F/P,i,n)$$
$$(P/A,i,n)=1/(A/P,i,n)$$
$$(F/A,i,n)=1/(A/F,i,n)$$

2. 乘积关系

$$(F/P,i,n)(P/A,i,n)=(F/A,i,n)$$
$$(F/A,i,n)(A/P,i,n)=(F/P,i,n)$$
$$(A/F,i,n)+i=(A/P,i,n)$$

## 二、名义利率与实际利率

（一）名义利率与实际利率的概念

名义利率即非实际利率。年利率为 $r$，每年计息 $m$ 次，当 $m\neq1$ 时，称年利率 $r$ 为名义利率。此时实际计息的年利率不是 $r$。

（二）名义利率与实际利率的换算关系

名义利率为 $r$，每年计息期数为 $m$，则每一个计息期的利率，即期利率为 $r/m$。所以，实际年利率

$$i=(F-P)/P=(1+r/m)^m-1$$

名义利率越大，周期越短，实际利率与名义利率的差值就越大。

**【例 8】** 某厂向外商订购设备，有两个银行可以提供贷款，甲银行年利率为 17%，计息周期为年，乙银行年利率为 16%，计息周期为一个月，试比较向哪家银行贷款较优。

**解** 甲行的实际利率

$$i=17\%$$

乙行的实际利率

$$i = [(1+16/12)^{12} - 1] = 17.27\%$$

因为乙行的实际利率略高于甲行的实际利率，故应向甲行贷款为宜。

**三、复利公式的应用举例**

**【例 9】** 现投资 1000 元，已知年利率为 8%，每季度计息一次，求 10 年末的将来值。

**解** 年有效利率 $i$ 为：

$$i = (1+2\%)^4 - 1 = 8.2432\%$$

$$F = 1000(F/P, 8.2432\%, 10) = 2208(\text{元})$$

或

$$F = 1000(F/P, 2\%, 40) = 1000 \times 2.2080 = 2208(\text{元})$$

**【例 10】** 某人按揭贷款 10 万元，年利率为 10%。采用利息照付，本金在借款后的 5 年内等额偿还。问每年还款本金和利息分别为多少？

**解** 借款还本付息过程见表 2-5。

**表 2-5**　**借款还本付息计算表**

| 计息期 | 期初资金 | 当期计息 | 当期付息 | 当期还本 | 期末资金 |
|---|---|---|---|---|---|
| 1 | 10 | 1 | 1 | 2 | 8 |
| 2 | 8 | 0.8 | 0.8 | 2 | 6 |
| 3 | 6 | 0.6 | 0.6 | 2 | 4 |
| 4 | 4 | 0.4 | 0.4 | 2 | 2 |
| 5 | 2 | 0.2 | 0.2 | 2 | 0 |

表 2-5 中，“当期计息”体现的是资金运动规律，与借贷及还款无关。亦即，无论这笔款项是否付出（偿还），根据资金增值规律，其增值都已经发生，所以应该记载下来。“当期付息”是按权责发生制，应该在当期归集的借贷利息付出。

**【例 11】** 某人按揭贷款 10 万元，年利率为 10%。采用在借款后的 5 年内等额偿还本息的方式还贷。问每年还款本金和利息分别为多少？

**解** 依题意，每年还本付息额构成一组年金序列，

所以

$$A = P[A/P, i, n] = 10[A/P, 0.1, 5] = 2.638(\text{万元})$$

借款还本付息过程见表 2-6。

**表 2-6**　**借款还本付息计算表**

| 计息期 | 期初资金 | 当期计息 | 当期付息 | 当期还本 | 期末资金 |
|---|---|---|---|---|---|
| 1 | 10 | 1 | 1 | 1.638 | 8.362 |
| 2 | 8.362 | 0.8362 | 0.8362 | 1.802 | 6.560 |
| 3 | 6.560 | 0.6560 | 0.6560 | 1.982 | 4.578 |
| 4 | 4.578 | 0.4578 | 0.4578 | 2.180 | 2.398 |
| 5 | 2.398 | 0.2398 | 0.2398 | 2.398 | 0 |

## 思考题

1. 试述资金时间价值的概念，并举例说明资金为什么会有时间价值。

2. 衡量资金时间价值的尺度有哪些？其基本含义是多少？

3. 举例说明单利、复利的区别。

4. 现金流量包括哪些内容？如何绘制现金流量图？

5. 试述等值的概念及等值的三要素。

6. 试述名义利率与实际利率的概念及相互关系。

7. 政府将5000元的扶贫资金购买粮、油等生活消费品，提供给生活困难群众，一年后受助者依然贫困。后来政府转变扶贫方式，用扶贫资金购买了一头奶牛送给生活困难群众。一年后，受助者通过卖牛奶实现了脱困。试用资金时间价值理论对此案例进行分析。

## 练习题

1. 甲方案在三年内每年初付款100元，乙方案在三年内每年末付款100元，若年利率为10%，则二者在第三年末的终值相差多少？

2. 某企业借入年利率10%按季计息的贷款10000元，问5年后需还贷多少？

3. 某人将1000元存入银行，年利率为5%。若一年计息一次，5年后本利和为多少？若半年计息一次，5年后本利和又是多少？此时的实际利率为多少？

4. 某公司需用一台设备，买价120000元，可使用10年；如租赁此设备，则每年末需付租金18000元，连续付10年。假设利率为6%，问该公司购买设备还是租赁设备更划算？

5. 建一临时仓库需8000元，一旦拆除即毫无价值，假定每年能得净收益1260元。若其使用寿命为8年，其投资收益率为多少？若希望得到10%的收益率，则仓库至少应使用多少年才值得投资？

6. 某企业为了建一项目，以12%的年利率贷到180万元，拟按15年年末等额支付还清本利。在归还了10次后，该企业想把余额一次性还清，问在第10年末企业应准备多少钱才能将余款还清？

7. 某企业与银行签订了信贷协议：银行按年利率5%复利计息，第一年初贷给企业3000万元，第二年初再贷2500万元。企业从第三年末开始至第10年末，等额偿还本利。问企业每年末应偿还多少？

8. 借款16000元，从得到借款后的第一年年末开始归还，连续8年等额还清，年利率7%，每半年计息一次，问每年年末应归还多少？

# 第三章　工程经济分析的基本经济要素

工程经济分析的基本经济要素是构成现金流的基本单元，是进行工程经济分析的基本单位。准确界定每一个经济要素的概念，把握其特征，是做好工程经济分析的基础和前提。

## 第一节　投　　资

### 一、投资的概念

投资是指为获得未来期望收益而进行的资本投放活动。对于具体的工程经济分析对象——建设项目（或技术方案）而言，投资是维持其存在的基础。通过投资活动使得其项目具备和维持基本的运营条件，以支撑其作为投资者及其他相关各方获益方式的存在。在项目的存续期间，投资活动维系着投资者的这种获益方式，并保持使其效能不致劣化。所以，从经济效益的意义讲，投资是反映劳动占用的耗费类指标。

### 二、投资的分类

1. 直接投资和间接投资

直接投资是指把资金投放于生产经营性资产，以便获取利润的投资。在非金融性企业中，直接投资所占比重很大。间接投资又称证券投资，是指把资金投放于证券等金融资产，以便取得股利和利息收入的投资。随着我国金融市场的完善和多渠道筹资的形成，企业间接投资将越来越广泛。

2. 长期投资和短期投资

长期投资是指一年以上才能收回的投资，主要指对厂房、机器设备等固定资产的投资，也包括对专利权、商标权等无形资产的投资。由于长期投资中固定资产占的比重最大，所以，长期投资有时专指固定资产投资。短期投资又称流动资产投资，是指能够并且也准备在一年以内收回的投资，主要指对现金、应收账款、存货、短期有价证券等的投资，长期有价证券如能随时变现亦可用于短期投资。

3. 对内投资和对外投资

对内投资是指把资金投在企业内部，购置各种生产经营用资产的投资。对外投资是指企业以现金、实物、无形资产等方式或者以买股票、债券等有价证券方式向其他单位的投资。

4. 初创投资和后续投资

初创投资是在建立新企业时所进行的各种投资。它的特点是投入的资金通过建设形成企业的原始资产，为企业的生产、经营创造必备的条件。后续投资则是指为巩固和发展企业再生产所进行的各种投资，主要包括为维持企业简单再生产所进行的更新性投资，为实现扩大再生产所进行的追加性投资，为调整生产经营方向所进行的转移性投资。

### 三、建设项目的投资构成

建设项目总投资是指从项目规划开始到项目运营终止，整个寿命期内所发生的投资总和。项目总投资包括建设投资、建设期利息和流动资金三部分。如图 3-1 所示。

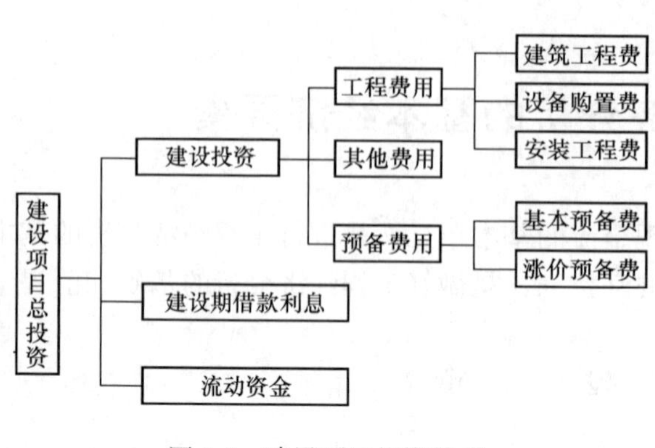

图 3-1 建设项目投资构成

### （一）建设投资

建设投资是指按拟订的建设规模、产品方案、工程技术方案和建设内容进行建设所需的费用。它包括工程费用、工程建设其他费用和预备费用。建设投资是投资中重要组成部分，是项目工程经济分析基础数据。

按照概算法的费用归集形式，建设投资可分为：工程费用、其他费用和预备费用。

#### 1. 工程费用

工程费用指构成固定资产实体的各项投资，包括生产工程、辅助生产工程、公用工程、服务工程、环境治理工程等。按性质划分，包括建筑工程费、设备购置费和安装工程费。

建筑工程费是指为建造永久性建筑物和构筑物所需要的费用。包括建筑物、构筑物自身的建造费用、列入建筑工程预算的供水、供电、供暖、通风、煤气、卫生等设备费用、列入建筑工程预算的管道、线缆等费用、施工场地清理、平整费用、建设环境绿化、美化费用等。

设备及工器具购置费是指为购置生产运营设备及辅助生产设备、工具、器具而发生的费用。主要包括设备及工器具的购置费、运输装卸费、包装费、采购费等。

安装工程费是指为安装定位生产运营设备所需要的费用。主要包括设备的装配费用、与设备连接的工作台、梯子、栏杆等装设费用、设备管线的敷设费用、调试运行费用等。

#### 2. 其他费用

其他费用指建设投资中未包含在建筑工程费、设备及工器具购置费、安装工程费中的，与工程建设相关的其他费用，它包括项目可行性研究与评估费用、土地使用费、建设单位管理费、勘察设计费、研究试验费、工程建设监理费、工程保险费、前期工作费、职工培训费、办公及生活家具购置费等。

#### 3. 预备费用

预备费用是指为工程顺利开展，避免不可预见因素造成的投资估计不足而预先安排的费用。包括基本预备费和涨价预备费。基本预备费也称工程建设不可预见费，是指项目实施中可能发生的难以预料又需要事先预留的费用，主要包括设计变更费、工程变更费等。涨价预备费，也称价格变动不可预见费，是对建设期内由于物价上涨、汇率变化等因素引起投资增加而预留的费用。

按照形成资产法的费用归集形式，建设投资可分为：形成固定资产的投资、形成无形资产的投资、形成其他资产的投资及预备费用。

工程费用、固定资产其他费用以及建设期利息形成固定资产。工程建设其他费用中用于取得专利权、商标权、土地使用权、非专利技术使用权、商誉等无形资产的费用形成无形资产。其他形成其他资产。

固定资产是指使用期限超过一年，单位价值量在规定标准以上，在使用过程中其物质形态不发生变化的资产。固定资产构成了项目生产经营的基本条件。固定资产在使用过程中因磨损而性能不断劣化，价值量逐渐减少。为维持项目基本的生产运营条件，在项目投产运营后用折旧的方式对其贬值的价值量予以弥补。在项目终了时，固定资产的残值被回收。

无形资产和其他资产在项目投产运营后，在规定的年限内摊销。

（二）建设期利息

建设期利息是指因筹措债务资金而在建设期发生的并按规定允许在项目实施后计入固定资产原值的利息。就这笔利息，需要强调两点：一是它是按照借贷约定应予付出的利息（简称应付利息），二是这笔应付利息的应付时点在建设期内。由于这笔利息按规定最终应归入资产原值，所以称为资本化利息。它包括银行借款、其他机构借款、发行的债券等所有债务资金应计的利息以及手续费、承诺费、管理费、信贷保险费等财务费用。

需要注意的是，对于分期建成投产的项目，应按各期投产运营时间分别停止借款利息的资本化，即投产后继续发生的借款费用不再作为建设期利息计入固定资产原值，而应作为运营期利息计入总成本费用。

（三）流动资金

流动资金是指项目投产运营后，为维持项目正常生产运营所占用的全部周转资金。它是在生产期内为了保持生产经营的永续性和连续状态而垫付的资金，是伴随着固定资产投资而发生的永久性流动资产投资。主要包括用于购买原材料、燃料、动力的费用、支付工资以及相关开支的费用、其他经营费用等。

流动资金是流动资产与流动负债的差额。流动资产是指在一年或超过一年的一个营业周期内变现或耗用的资产，包括现金、应收款、预付款、存货等。流动负债是指将在一年或超过一年的一个营业周期内偿还的债务，包括短期借款、应付账款、预收账款、应付工资、应交税金、应付利润、其他应付款、预提费用等。即

流动资金＝流动资产－流动负债

流动资产＝现金＋应收款＋预付款＋存货

流动负债＝短期借款＋应付账款＋预收账款＋应付工资＋应交税金＋应付利润＋其他应付款＋预提费用

在工程经济分析中，流动资金是指建设项目必须准备的基本运营资金，不包括运营中需要的临时性运营资金。在工程经济分析实务中，流动负债一般只考虑应付账款和预收账款。

流动资金主要起周转作用，通过流动资金维持项目运行周转。如图 3-2 所示。

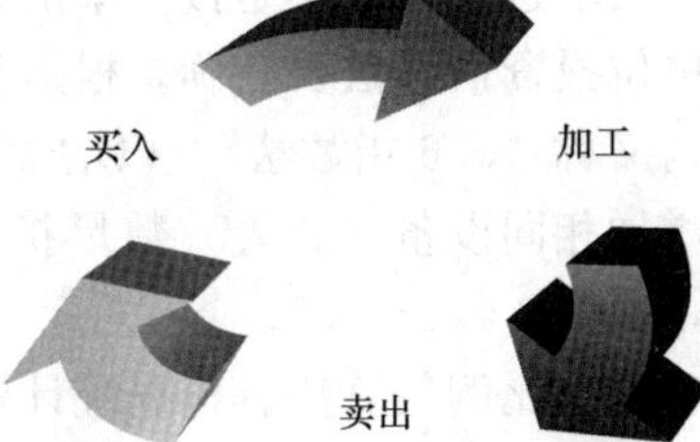

图 3-2　流动资金周转示意图

生产性实体项目的运营过程可简化为如图 3-2 所示的过程。流动资金就是支持项目“买入”（原材料、燃料动力等）、“加工”（人工、半成品、在制品等）、“卖出”（库存商品等）过程而投入的资金。

流动资金在生产经营期间被项目长期占用，在项目终了时被全额回收。

## 四、投资估算

投资估算是进行项目经济性评价的基础，投资估算的精度高低直接影响对项目经济效益评价的结论，进而影响着项目投资决策。同时投资估算也是资金筹措的依据。估算方法可根据项目研究的不同阶段、对投资估算的不同精度要求以及具体的相关规定选择。

(一) 固定资产投资估算

1. 扩大指标估算法

(1) 单位生产能力投资估算法。根据类似企业单位生产能力投资指标估算拟建项目的固定资产投资。单位生产能力投资用类似企业的固定资产投资除以生产能力求得。例如每公里铁路投资、每千瓦发电能力的电站投资、每吨煤生产能力的煤矿投资等。计算公式为

$$I_2 = X_2(I_1/X_1)$$

式中 $X_1$——类似企业的生产能力；

$X_2$——拟建项目的生产能力；

$I_1$——类似企业的固定资产投资额；

$I_2$——拟建企业的固定资产投资额。

这种方法把项目的固定资产投资与其生产能力的关系视为简单的线性关系，估算精确度较差。使用这种方法时要注意拟建项目的生产能力和类似企业的可比性，其他条件也应相似，否则误差很大。由于在实际工作中不易找到与拟建项目完全类似的企业，通常是把项目按其下属的车间、设施和装置进行分解，分别套用类似车间、设施和装置的单位生产能力投资指标计算，然后加和，求得项目总投资。或根据拟建项目的规模和建设条件，将投资进行适当调整后估算项目的投资额。

(2) 生产能力指数估算法。根据实际统计资料，生产能力不同的两个同类企业其投资与生产能力之比的幂成正比。其表达式为

$$I_2 = I_1(X_2/X_1)^n$$

式中 $X_1$——类似企业的生产能力；

$X_2$——拟建项目的生产能力；

$I_1$——类似企业的固定资产投资额；

$I_2$——拟建企业的固定资产投资额；

$n$——生产能力指数。

其中 $n$ 的数值根据不同类型企业的统计资料确定。

由于这个方法不是按简单的线性关系，而是根据实际求得的指数关系来估算投资，所以比单位投资估算法要精确。根据某些化工项目的统计资料，$n$ 的平均值大约在 0.6 左右，因此，又称“0.6 指数法”。以增加相同设备（装置）容量扩大生产规模时，$n$ 值取 0.6～0.7；以增加相同设备（装置）数量扩大生产规模时，$n$ 值取 0.8～1.0；高温高压的工业生产项目，$n$ 值取 0.3～0.5。

(3) 比例估算法。根据统计资料，先求出已有同类企业主要设备投资占全厂固定资产投资的比例，然后再估算出拟建项目的主要设备投资，即可按比例求出拟建项目的固定资产投资（$I$）。其表达式为

$$I = (1/K)\sum_{i=1}^{n} Q_i p_i$$

式中 $I$——拟建项目的固定资产投资；

$K$——主要设备投资占项目固定资产投资的比例；

$n$——设备种类数；

$Q_i$——第 $i$ 种设备的数量；

$p_i$——第 $i$ 种设备的单价（到厂价格）。

2. 概算指标估算法（国内一般项目）

为了提高建设投资估算工作质量，目前项目可行性研究中的投资估算，可参照概算指标的方法进行。

第一部分　工程费用

（1）建筑工程费。建筑工程系指矿建工程和土建工程。包括房屋建筑工程、大型土石方和场地平整，以及特殊构筑物工程等。

建筑工程费由直接费、间接费、计划利润和税金构成。

直接费包括人工费、材料费、施工机械使用费和其他直接费。可按建筑工程量和当地建筑工程概算综合指标计算。

间接费包括施工管理费和其他间接费。一般以直接费为基础，按间接费率计算。

计划利润以建筑工程的直接费和间接费之和为基础，参照规定的费率计取。

税金包括营业税、城市维护建设税和教育费附加。

（2）设备购置费用。设备费用包括需要安装和不需要安装的全部设备、工器具及生产用家具购置费等。后者系指新建项目为保证初期正常生产所必须购置的第一套不够固定资产标准的设备、仪器、工卡模具、器具等的费用，不包括备品备件购置费，该费应随同有关设备列入设备费中。

设备购置费＝设备原价×［1＋设备运杂费率（包括设备成套公司的成套服务费）］

工器具及生产家具购置费＝设备购置费×费率（或按规定的金额计算）

（3）安装工程费。安装工程费用包括设备及室内外管线安装等费用，由直接费、间接费、计划利润和税金四部分组成。直接费按每吨设备、每台设备或占设备原价的百分比估算。间接费按照间接费率计算。计划利润以安装工程的直接费与间接费之和为基数，按照一定的费率计取。税金包括营业税、城市维护建设税和教育费附加。

第二部分　其他费用

其他费用按照行业主管部门和地方的取费标准或按建筑工程费的百分比计算。

第三部分　预备费用

预备费用按建筑工程、设备投资和其他费用之和的一定百分比计算，一般取上述之和的5％～8％。

（二）流动资金估算

1. 扩大指标估算法

（1）按产值（或销售收入）资金率估算。一般加工工业项目多采用产值（或销售收入）资金率进行估算。

流动资金额＝年产值（年销售收入）×产值（销售收入）资金率

（2）按经营成本（或总成本）资金率估算。由于经营成本（或总成本）是一项综合性指标，能反映项目的物质消耗、生产技术和经营管理水平以及自然资源禀赋条件的差异等实际状况，一些采掘工业项目常采用经营成本（或总成本）资金率估算流动资金。

流动资金额＝年经营成本（或总成本）×经营成本（总成本）资金率

（3）按固定资产价值资金率估算。有些项目可按固定资产价值资金率估算流动资金。

流动资金额＝固定资产价值总额×固定资产价值资金率

固定资产价值资金率是流动资金占固定资产价值总额的百分比。

(4) 按单位产量资金率估算。有些项目如煤矿，按吨煤资金率估算流动资金。

流动资金额＝年生产能力×单位产量资金率

2. 分项详细估算法

分项详细估算流动资金，是指分别对流动资产和流动负债的主要构成要素分项估算，而后计算流动资金。

首先需确定各分项最低周转天数，计算出周转次数，而后分项估算。

(1) 周转次数。

周转次数＝360天/最低周转天数

各类流动资产和流动负债的最低周转天数参照同类项目平均周转天数并结合项目特点确定。应考虑储存天数、在途天数、保险余量等。

(2) 流动资产估算。

1) 存货的估算。存货是指企业在日常生产经营过程中持有备售，或者仍处于生产过程，或者在生产经营过程中将消耗的材料或物料等，包括各类材料、商品、在产品、半成品和产成品等。

在工程经济分析实务中，一般简化计算，仅考虑外购原材料、燃料动力、在产品和产成品。

外购原材料、燃料动力＝年外购原材料、燃料动力费用/分项周转次数

在产品＝(年外购原材料、燃料动力费用＋年工资及福利费＋年修理费＋年其他制造费）/在产品周转次数

产成品＝（年经营成本－年其他营业费用）/产成品周转次数

2) 应收账款估算。应收账款指对外销售商品、提供服务而尚未收回的资金。

应收账款＝年经营成本/应收账款周转次数

3) 预付账款估算。预付账款是指企业为购买各类商品或接受服务所预先支付的款项。

预付账款＝外购商品或服务年费用/预付款周转次数

4) 现金估算。现金是指为维持项目正常生产运营必须预留的货币资金。

现金＝（年工资及福利费＋年其他费用）/现金周转次数

其中

年其他费用＝制造费用＋管理费用＋营业费用－（上述费用中包含的工资及福利费、折旧摊销费、修理费）

(3) 流动负债估算。

1) 应付账款估算。应付账款是指外购原材料、燃料动力以及其他材料已经完成，应该向采购方支付的款项。

应付款＝外购原材料、燃料动力以及其他材料费用/应付账款周转次数

2) 预收账款估算。预收账款是指企业在采购方为获得商品时而预先从对方获得的营业收入。

预收账款＝预收营业收入年金额/预收账款周转次数

(三) 建设期利息估算

估算建设期利息，应在确定投资计划和资金筹措方案基础上进行。首先根据项目进度计

划，确定建设期分年度的投资计划，明确每年需要的总投资额以及外币和本币数额。再依据资金筹措计划，确定建设资金的债务资金比例和具体债务资金的筹资条件。

在工程经济分析实务中，计算建设期利息时，为简化计算，通常假定借款均发生在年中，借款当年按半年计息。即，某年应计利息为

某年应计利息＝（年初借款资金累计＋当年借款/2）×借款年利率

需要注意的是，若采用单利计息，年初借款资金累计为借款本金累计值；采用复利计息时，年初借款资金累计为借款本金和期间产生的利息的累计值。

## 第二节　成　　本

### 一、成本的概念

成本是指以货币形式表现的消耗在产品或服务中的物化劳动价值和活劳动价值之和。概括地说，成本是使产品（服务）得以实现而消耗的生产力要素。其消耗性体现在生产力要素的原材料、燃料动力、设备、技术、人力等形态转变为特定功能价值的产品形态上。从经济效益的意义上讲，成本是反映劳动消耗的耗费类指标。

### 二、成本的分类

成本是项目经济评价中很重要的一个经济要素，在项目经济评价中有多种作用。基于不同的作用和需要，成本具有不同的分类或特定的含义。

#### （一）要素成本

要素成本是按生产费用的经济性质划分为各种费用要素。即按制造产品时所耗费用的原始形态划分，不论这些费用的生产用途和发生地点如何，只要经济性质相同都归为一类。成本要素一般包括下列内容：

1. 外购原材料

包括构成产品实体的各种外购原料与主要材料以及生产与企业管理中所消耗的各种辅助材料，但在生产过程中产生和回收的废料应扣除。

2. 外购燃料、动力

专指生产所消耗的各种外购燃料和外购动力。

3. 工资及福利

支付职工的全部工资以及按规定提取的职工福利费。

4. 固定资产折旧

对生产使用的固定资产、生活以及福利事业用的固定资产，按规定的折旧方法提取的折旧。

5. 修理费

为保持固定资产的正常运转和使用，对其进行必要的修理所花费的费用。

6. 无形资产及其他资产摊销

按规定的摊销方法（一般采用平均年限法，不计残值）提取的摊销。

7. 利息支出

也称财务费用。指为项目实施筹措债务资金而发生的费用。包括利息支出、汇兑损失以及相关费用。

8. 其他费用

包括其他制造费、其他管理费和其他营业费。是指在制造费、管理费和营业费中分别扣除工资及福利费、折旧费、摊销费、修理费之后的部分。

（二）经营成本

经营成本是工程经济分析中使用的特定概念。经营成本的概念在确定项目计算期内的现金流量中十分重要。现金流量计算与成本核算（会计方法）不同，按照现金流量的定义，只计算现金收支，不计算非现金收支。固定资产折旧费及无形资产、其他资产摊销费只是项目系统内部建设投资的现金转移，而非现金支出。因此，经营成本中不包括折旧费和摊销费。另外，在进行融资前项目评价时，全部投资均假定为项目自有资金，因此经营成本中不包括财务费用（借款利息、汇兑损失及手续费等）。经营成本的计算公式应为

$$经营成本=总成本-折旧费-摊销费-财务费用$$

或

$$经营成本=外购原材料、燃料、动力费+工资及福利费+修理费+其他费用$$

其他费用的含义与成本生产要素当中的其他费用相同。

**【例 1】** 某项目使用 1000 万元建设投资（其中固定资产投资 200 万元）进行建设。其中，借款 300 万元。借款年利率为 8%，利息照付，本金从第三年开始还，3 年内等额偿还。固定资产净残值率 2%，其他资产无残值，均 5 年内线性折旧和摊销。项目建设信息见表 3-1。求各年总成本。

**表 3-1 项目建设信息**

| 年　份 | 1 | 2 | 3 | 4 | 5 | 6 | 7 |
|---|---|---|---|---|---|---|---|
| 建设投资 | 800 | 200 | | | | | |
| 其中：借款 | 300 | | | | | | |
| 经营成本 | | | 100 | 140 | 140 | 140 | 140 |

**解**

（1）计算各年应付利息，见表 3-2。

**表 3-2 借款还本付息计算表**

| 年份 | 期初资金 | 当期应计利息 | 当期应付利息 | 当期还本 | 期末资金 | 备　注 |
|---|---|---|---|---|---|---|
| 1 | 300 | 24 | 24 | 0 | 300 | 建设期 |
| 2 | 300 | 24 | 24 | 0 | 300 | |
| 3 | 300 | 24 | 24 | 100 | 200 | 运营期 |
| 4 | 200 | 16 | 16 | 100 | 100 | |
| 5 | 100 | 8 | 8 | 100 | 0 | |

（2）计算资产原值。

固定资产　$K_0=$ 固定资产投资＋建设期利息

$=800+48$

$=848$（万元）

$$其他资产=其他资产投资=200（万元）$$

（3）计算折旧、摊销。

$$
\begin{aligned}
固定资产折旧\ D &= K_0(1-f_s)/N \\
&= 848\times(1-2\%)/5 \\
&= 166.2(万元) \\
其他资产摊销\ D' &= K_0'/N \\
&= 200/5 \\
&= 40(万元)
\end{aligned}
$$

（4）计算总成本，见表 3-3。

**表 3-3　　总成本计算表**

| 年　份 | 3 | 4 | 5 | 6 | 7 |
|---|---|---|---|---|---|
| 经营成本 | 100 | 140 | 140 | 140 | 140 |
| 折　　旧 | 166.2 | 166.2 | 166.2 | 166.2 | 166.2 |
| 摊　　销 | 40 | 40 | 40 | 40 | 40 |
| 利　　息 | 24 | 16 | 8 | | |
| 总 成 本 | 330.2 | 322.2 | 314.2 | 306.2 | 306.2 |

（三）变动成本与固定成本

依据成本和工作量的数量关系可把成本分为变动成本和固定成本。变动成本指其大小与工作量成正比例变化的成本要素。原材料、燃料动力、计件工资一般属于变动成本。固定成本指其大小与工作量无关的成本要素，工资及福利、固定资产折旧、无形资产和其他资产摊销、修理费一般是固定成本。在成本构成要素中，还有一些介于变动成本和固定成本之间，称为半可变（半固定）成本。在项目经济评价中，根据需要，可用回归分析法等数学方法把总成本分解为变动成本和固定成本，也可把半可变（半固定）成本分解为变动成本部分和固定成本部分。

（四）沉没成本

沉没成本是发生在决策之前，与决策问题无关的费用。沉没成本发生在决策以前，是决策事项的历史成本，不论对目前的决策事项做何抉择，它都是一笔“已然”状态的支出，因而对目前的决策不构成影响。所以在进行方案优选时，对沉没成本不予考虑。

（五）生产成本与期间费用

生产成本指为生产产品或提供服务而发生的各项直接指出，包括直接材料、直接工资、其他直接费用以及按一定标准分配计入的间接支出。

期间费用包括销售费用、管理费用和财务费用。销售费用包括销售或者提供劳务过程中发生的应当由企业负担的运输费、装卸费、包装费、保险费、展览费、广告费，以及专设销售机构的人员工资和其他经费。管理费用包括由企业统一负担的公司经费、工会经费、职工教育经费、劳动保险费、董事会会费、咨询费、诉讼费、税金、土地使用费、技术转让费、技术开发费、无形资产及开办费摊销、坏账损失及其他管理费。财务费用包括企业经营期间发生的利息净支出、汇兑净损失及借贷手续费等。

（六）机会成本

机会成本是由于放弃某个投资机会而付出的代价。机会成本的概念确立在资源稀缺性基本原理的框架下。所谓资源的稀缺性是指社会经济资源相对于人们的需求欲望总是稀少和短缺的。因此必须高度重视资源的合理配置和有效使用问题，应力求把稀缺的资源配置在最佳的位置上——最能发挥其效能的地方，以满足人类社会的发展需求。基于这样的认识，对于稀缺的资源，任何一个投放机会的选定都意味着许多其他机会即被放弃，并因而放弃与之相伴的可能收益。那么在该选定机会上的所付出的代价，即机会成本，就是诸多其他投资机会中可能收益的最大值——最佳替代用途价值。

显然，在对建设项目进行经济性评价，研究资源的合理配置和有效使用问题时，引入机会成本的概念是十分必要的。基于此标准，有助于实现资源配置的合理。

**三、成本的估算**

从投入的角度，投资和成本都是维系项目的现金流出，初学者极易混淆。因为不能正确辨识投资和成本，会影响对基本经济要素的正确估计，并贻误项目的正确评价。所以在此特别提示，可以通过追踪现金流出的最终去向做出正确判断。如果投入的最终去向是形成了投资者运营所需的资产，则该项投入为投资；如果最终去向是形成了供投资者直接出售的产品（或服务），则该项投入为成本。比如，投入1000万元建设了一处厂房作为生产场所，则这1000万元的投入谓之投资；若1000万元建设了一栋房产供出售，则1000万元的投入谓之成本。

成本估算通常采用生产要素法。即依据成本的构成要素，分别就外购原材料、外购燃料动力、工资及福利费、固定资产折旧、无形和其他资产摊销、修理费、利息支出和其他费用等逐项进行估算，而后汇总即为总成本。即

总成本费用＝外购原材料＋外购燃料动力＋工资及福利费＋固定资产折旧＋无形和其他资产摊销＋修理费＋利息支出＋其他费用

成本估算也可以采用生产成本加期间费用估算方法。分别逐项估算生产成本和期间费用，而后汇总。即

总成本费用＝生产成本＋期间费用

其中

生产成本＝直接材料＋直接燃料、动力＋直接工资＋其他直接费＋制造费用

期间费用＝管理费用＋营业费用＋财务费用

成本估算中，应注意价格体系的选择，价格体系和价格时点应与营业收入估算所选定的一致。应考虑国家对折旧、摊销、修理费、利息、工资及相关福利、社会保险费用等的相关制度和规定以及同行企业费用状况，结合项目特点确定。

## 第三节 税收及税金

**一、税收的概念及其职能**

（一）税收的概念

税收是国家为了实现其职能，凭借政治权利参与国民收入分配和再分配，按照法律规定的标准，无偿取得财政收入的一种形式。它是调整国民经济的重要杠杆。税收的突出特

征是：

1. 强制性

税收是国家依据税法的规定强制征收的，缴纳税金是纳税人的法定义务，如有违反，就要受到国家法律的制裁。

2. 无偿性

国家征税后，税款即成为国家的财政收入，为国家所有，不再归还各纳税人，也不付给其任何对价或报酬。

3. 固定性

税收是国家按照法律预先规定的范围、标准和环节征收的。税法的规定具有相对稳定性。

（二）税收的职能

在社会主义市场经济条件下，税收既是国家参与社会产品再分配、组织财政收入的手段，又是国家直接掌握的调节社会再生产各个环节的重要经济杠杆。在社会主义市场经济条件下，国民经济运行中一些带有根本性的重大问题，不能全靠市场机制的作用去完成，而必须依赖于国家的宏观调控。由于税收具备的法律地位和调节功能，必然成为市场经济中国家所掌握的最主要的一种宏观调控手段。因此市场经济下税收的职能可概括为以下三个方面：

1. 积累资金

为国家聚集财政资金，是税收最基本的职能。

2. 宏观调控

税收通过税收法制，贯彻统一税法和适度集中税权，对市场的发展进行引导；调节、限制盲目性，以保证宏观管理。同时，税收又要通过自身的优势，充分发挥市场的作用，促进微观搞活。税收的宏观调控具体体现在调节分配和调整市场结构两个方面。

3. 服务经济

服务经济一方面是市场经济对税收的客观要求，另一方面也是税收在市场经济条件下特有的职能。税收服务于经济就是为了推动市场经济的发展，为创造一个平等的市场环境，体现公平税负，促进市场竞争。

（三）税收法律关系及税金

税收法律关系是国家通过税务机关与纳税人之间建立的税收征纳权利义务关系。在这个法律关系中，国家税务机关是税收征管的权利主体，纳税人是向国家缴纳税金的义务主体。税金是纳税人依国家税法的要求以货币或实物形式向国家交纳的一定数量的税款。

## 二、工程经济中的主要税种

工程经济中涉及的税种主要有关税、增值税、营业税、消费税、所得税、资源税、城市维护建设税和教育费附加，房地产开发项目还包括土地增值税。

（一）关税

关税是以进出口的应税货物为纳税对象的税种，在应税货物进口、出口或过境环节征收。建设项目涉及引进设备、技术和进口原材料或出口相应货物时，对其进行评价涉及正确处理的关税税费。

目前我国主要征收进口环节关税，对大多数货物出口免征关税。

按计税标准不同，关税可分为从价关税、从量关税、复合关税和滑动关税。

（1）从价关税，即以货物的价格作为计税依据而计算征收的关税。我国对进口商品基本上都实行从价税。

（2）从量关税，即以货物的重量、长度、容量、面积等计量单位为计税依据而计算征收的关税。

（3）复合关税，即对同一种进口货物同时使用从价和从量计征的一种关税。

（4）滑动关税，或称滑准税，是一种关税税率随进口货物价格由高到低而由低到高设置计征关税的方法。进口货物价格越高，其进口关税税率越低，进口货物价格越低，其进口关税税率越高。

（二）增值税

增值税是指以应税产品所增加的价值，即增值额为征税对象的一种税。增值额就是一个生产环节的销售收入额，扣除同期消耗了的外购原材料、燃料动力和计入成本的包装物金额后的数额。1993 年 12 月 15 日国务院颁布了《中华人民共和国增值税暂行条例》，据此全面推行增值税。

增值税纳税主体是在我国境内销售货物或者提供加工修理修配劳务以及进口货物的单位和个人。其征税对象是纳税人取得商品的生产、批发、零售和进口收入中的增殖额。采用比例税率，除部分货物外，纳税人销售、进口货物或者提供加工、修理修配劳务，税率为17%。出口货物除国务院有特别规定外，税率为零。

增值税实行价外征收的办法，实行根据发票注明税金进行税款抵扣的制度。

**【例 2】** 某项目年产某产品 2.3 万吨，销售价格为 15400 元。外购原材料 15748 万元、燃料动力 2052 万元。产品征收增值税，税率为 17%。问，该项目每年缴纳增值税金为多少？

**解** 销项税＝销售额(不含税)×增值税率
＝[销售额(含税)/(1＋增值税率)]×增值税率
＝[2.3×15400/(1＋17%)]×17%
＝5146.50(万元)

进项税＝进项额(不含税)×增值税率
＝[进项额(含税)/(1＋增值税率)]×增值税率
＝[(15748＋2052)/(1＋17)]×17%
＝ 2586.33(万元)

增值税＝销项税－进项税
＝5146.50－2586.33
＝2560.17(万元)

即该项目每年缴纳增值税金 2560.17 万元。

在工程经济分析中须注意，在建设期进行投资估算（包括建设投资、流动资金等的估算）时应采用含税价格；在项目运营期，销售收入（营业收入）和外购原材料、外购燃料动力等成本要素的估算可以采用含（增值）税价，也可以采用不含（增值）税价。不论采用哪种价格，效益估算和费用估算所采用的价格体系应一致。在采用含税价时，在现金流量表和利润与利润分配表中应增加增值税科目。

（三）营业税

营业税是指对在我国境内从事提供应税劳务、转让无形资产或者销售不动产的单位和个人就其营业收入额征收的一种税。1993 年 12 月 15 日国务院颁布了《中华人民共和国营业税暂行条例》。凡在我国境内从事交通运输、金融保险、邮电通信、建筑安装、文化娱乐业以及转让无形资产或者销售不动产的单位和个人均为纳税主体。税目有 9 个。交通运输业、建筑业、邮电通信业、文化体育业税率为 3%；金融保险业、服务业、转让无形资产、销售不动产税率为 5%；娱乐业税率为 5%～20%。

营业税是价内税，营业税税金包含在项目的营业收入中。

**【例 3】** 某项目主要原材料 2012 年价格为 7800 元，2013 年相对价格上涨为 2%，通胀率为 3%。在进行财务评价时，2013 年该材料的价格是多少？

**解** 以 2012 年为基年，$P_b=7800$ 元。根据价格选取原则，盈利能力评价采用实价，偿债能力分析应采用时价。

$$
\begin{aligned}
P_{rn} &= P_b(1+r_j) \\
&= 7800\times(1+2\%) \\
&= 7956(\text{元}) \\
P_{cn} &= P_b(1+r_j)(1+f_n) \\
&= 7800\times(1+2\%)\times(1+3\%) \\
&= 8194.68(\text{元})
\end{aligned}
$$

即在进行财务盈利和偿债能力分析时，2013 年该材料应采用的价格分别是 7956 元和 8194.68 元。

（四）营业税附加

营业税附加包括城市建设维护税和教育费附加。

城市维护建设税是基于特定目的在流转税（包括增值税、营业税和消费税）基础上开征的一个地方附加税种，现行税制条件下，实行地域差别税率：纳税人在市区的为 7%，在县城、镇的为 5%，其他为 1%。

教育费附加是基于特定目的以流转税为依据由地方征收的专项费用。税率由地方确定。

（五）消费税

消费税是对一些特定消费品和消费行为征收的一个税种。国务院于 1993 年 12 月 13 日颁布了《中华人民共和国消费税暂行条例》，于 1994 年 1 月 1 日开征消费税。

在境内生产、委托加工和进口应税消费品的单位和个人，以及在境内从事金银首饰商业零售的单位和个人，为消费税的纳税义务人。

征税范围包括：烟、酒及酒精、化妆品、护肤护发品、贵重首饰及珠宝玉石、鞭炮焰火、汽油、柴油、汽车轮胎、摩托车、小汽车等 11 种商品。共有 14 个档次的税率，最低为 3%，最高为 45%。

消费税分别采用从价和从量两种计税方法计征。

（六）资源税

资源税是对在我国境内从事原油、天然气、煤炭、其他非金矿、黑色金属矿原矿、有色金属矿原矿等特定矿产品开采以及生产盐的行为计征的一个税种。依据国务院 1993 年 12 月 15 日发布的《资源税暂行条例》征收。

资源税一般从量计征。

（七）企业所得税

企业所得税是对在我国境内的企业和其他取得收入的组织的应税所得开征的一个税种。2007 年 3 月 16 日第十届全国人大五次会议通过了新修订的《中华人民共和国企业所得税法》，于 2008 年 1 月 1 日实施。在境内的企业和其他取得应税收入的组织，不论出资人国籍身份、企业形态，统一适用《企业所得税法》。个人独资企业、合伙企业不适用本法。

企业所得税的税率为 25%。征税依据为纳税人每一纳税年度的利润总额扣减准予扣除的与纳税人取得利润有关的成本、费用和损失后的余额。

在工程经济分析中，估算项目的税费时，应准确理解税法、税则对纳税环节、税款计算、税收优惠等方面的具体规定，客观公正的进行税务处理。

## 第四节　营业收入和利润

### 一、营业收入

营业收入是指以货币形式表示的项目销售产品或提供服务取得的收入。它是反映项目总量劳动成果的效益类指标，是营业数量和价格的乘积。

营业收入的估算应在建设项目目标市场有效需求分析和制订项目运营计划的基础上进行。要根据项目的建设规模、产品和服务方案，准确地确定目标市场，客观分析市场渗透能力。应根据技术成熟程度、市场开发程度、产品寿命期特征等因素，合理确定分年运营负荷计划。

营业收入估算应确立合理的价格体系和选择合理的价格基点。

### 二、价格

价格是进行项目经济评价的基础数据，其选取是否合理，将直接影响评价结论。

（一）市场价格和影子价格

在对项目进行国民经济评价时，基于社会资源合理配置的原则，从国民经济角度考察项目的效益和费用，价格采用完全市场条件下的价格体系——实务中用影子价格模拟，以克服由于市场价格体系下“价格”失真或扭曲所造成的对项目效益和费用估算的不客观和不真实。影子价格体系包括影子工资、影子汇率和一般商品影子价格（具体介绍请参阅第八章）。影子价格反映了对商品价值和商品供应关系的真实度量。

在对项目进行财务评价时，基于考察项目自身的财务盈利能力、清偿能力和财务生存能力的目的，采用现行市场价格体系，即市场价格基础上的预测价格。

（二）绝对价格和相对价格

绝对价格是指用货币的绝对值表示的商品的价值。绝对价格变动是所有商品价格普遍的上涨或下跌。绝对价格变动是由于通货膨胀或通货紧缩的原因。

相对价格是指用一种商品表示另一种商品的价值，即商品之间的比价关系。引起相对价格变化的主要因素是：劳动生产效率的变化、供求关系的变化、价格政策的变化等。

（三）基价、实价和时价

基价（Base year price）是指以基年价格水平表示的，不考虑其后价格相对变动和通货膨胀影响的不变价格。也称固定价格（Constant price）。基价是工程经济分析中，进行投资估算和确定各种预测价格的基础。

实价（Real price）是指以基年价格水平表示的，只考虑相对价格变动因素影响的价格。实价是剔出了时价中的物价总水平变动因素（绝对价格变动）之后的变动价格。即

$$P_{rn} = P_{cn}/(1+f_n)$$

式中　$P_{rn}$——第 $n$ 年的实价；

$P_{cn}$——第 $n$ 年的时价；

$f_n$——物价总水平变动率。

时价（Current price）是指某时点的市场价格，它包含了相对价格变动和绝对价格变动的影响。即

$$P_{cn} = P_b(1+c_1)(1+c_2)\cdots(1+c_n)$$

式中　$P_b$——基价；

$c_n$——第 $n$ 年的时价变动率。

显然，$c_n$取决于市场相对价格变动（实价变动）和物价总水平变动（绝对价格变动）。

在进行建设项目财务评价时，价格选取应遵守以下原则：

进行项目财务盈利能力分析时，运营期内各年采用的预测价格，是在基价基础上预测得到的。只考虑相对价格变化，不考虑物价总水平变动因素，以消除通货膨胀等因素对盈利性指标的影响。

进行项目财务清偿能力分析时，计算期内各年采用的预测价格，除考虑相对价格的变化外，还要考虑物价总水平的上涨因素，以反映通货膨胀因素对偿债能力的影响。

为了简化，在工程经济分析实务中，可以进行如下处理：在建设期既考虑物价总水平变动（通过涨价预备费科目），又考虑相对价格变化。在运营期内，盈利能力分析和偿债能力分析可采用同一套价格，即预测的运营期价格。预测的运营期价格可根据项目具体情况，采用固定价格（各年价格不变），也可以采用考虑了相对价格变动的变动价格。

**三、利润**

利润包括营业利润、投资净收益以及营业外收支净额。它是反映劳动净成果的效益类指标。营业利润是指营业收入扣除生产成本、期间费用、营业税及附加税费后的余额。

营业利润＝营业收入－生产成本－期间费用－营业税及附加税费

投资净收益是投资收益扣除投资损失后的余额。

营业外收支净额指营业外收入减去营业外支出后的数额。

利润总额＝营业利润＋投资净收益＋营业外收支净额

净利润＝利润总额－所得税

1. 何谓投资？简述投资的组成。
2. 简述固定资产、流动资产在工程经济分析中的特征。
3. 简述投资估算的方法。
4. 成本的含义及意义是什么？
5. 为什么在工程经济分析中要使用经营成本？

6. 机会成本的概念及其意义？

7. 工程经济分析中的价格如何选取？

8. 工程经济分析中增值税处理中应注意哪些问题？

## 练习题

1. 某项目使用1000万元建设投资（含其他资产200万元）进行建设。其中，借款300万元。借款利率为8%。从第三年开始还贷款，3年内等额偿还本息。固定资产净残值率2%，其他资产无残值，均线性折旧和摊销，见表3-4。求各年总成本。

表3-4 万元

| 年　份 | 1 | 2 | 3 | 4 | 5 | 6 | 7 |
|---|---|---|---|---|---|---|---|
| 建设投资 | 800 | 200 | | | | | |
| 其中：借款 | 300 | | | | | | |
| 经营成本 | | | 100 | 140 | 140 | 140 | 140 |

2. 某项目使用1000万元固定资产投资进行建设。其中，借款300万元。借款利率为8%。从第三年开始还贷款，3年内利息照付，等额偿还本金。流动资金借款200万，见表3-5，年利率6%，第三年投入。固定资产净残值率2%，线性折旧。忽略其他资产。项目计征营业税，税率5%。企业所得税率25%。求各年净利润。

表3-5 万元

| 年　份 | 1 | 2 | 3 | 4 | 5 | 6 | 7 |
|---|---|---|---|---|---|---|---|
| 建设投资 | 800 | 200 | | | | | |
| 其中：借款 | 300 | | | | | | |
| 流动资金 | | | 200 | | | | |
| 营业收入 | | | 500 | 600 | 600 | 600 | 600 |
| 经营成本 | | | 100 | 140 | 140 | 140 | 140 |

3. 上题中，若项目计征增值税，税率为17%，营业收入为含税收入，经营成本中的外购原材料和燃料动力费用见表3-6。

表3-6 万元

| 年　份 | 3 | 4 | 5 | 6 | 7 |
|---|---|---|---|---|---|
| 外购原材料 | 40 | 60 | 60 | 60 | 60 |
| 外购燃料动力 | 20 | 30 | 30 | 30 | 30 |

其他条件不变，求各年净利润。

# 第四章　建设项目经济性评价指标

对建设项目进行经济评价，必须事先确立一套评价尺度，这就是建设项目的经济性评价指标体系。用这样一个客观尺度来衡量建设项目的经济性，据此进行项目的可行性和合理性评价。

## 第一节　概　　述

可以用来评价建设项目经济性的指标很多，它们分别从不同角度反映着项目的经济性，又各有其优缺点。由于工程项目的复杂性和评价目标的多样性，因而在方案的经济性评价时，一要根据需要科学恰当地选用具体评价指标，以保证准确衡量方案的经济效益状况；二要把多个指标结合起来使用，从而使不同指标可取长补短，达到全面评价的目的。国内外提出的建设项目的经济评价指标有许多，本章重点介绍几种常用的评价指标。

经济评价指标可以按不同标准进行分类。按是否考虑时间因素，可以把经济评价指标分为静态评价指标和动态评价指标。静态评价指标不考虑时间因素，忽略资金运动中的增值作用；动态指标则考虑时间因素，在评价指标的计算过程中必须把资金的时间价值计算进去。静态指标计算简单，但因其忽略资金的时间价值，所以反映方案的经济效益不准确，因而一般只作为辅助指标使用；动态指标虽计算烦琐，但因其体现了资金的增值规律，准确反映了方案的经济效益状况，所以是目前常用的评价指标。静态指标和动态指标关系见表 4-1。

**表 4-1　建设项目经济评价指标关系（按时间分类）**

| 建设项目经济评价指标 | |
|---|---|
| | 静态评价指标：投资收益率、资本金利润率、静态投资回收期等 |
| | 动态评价指标：净现值、内部收益率、动态投资回收期等 |

评价指标按其经济性质可分为时间型指标、价值型指标和效率型指标。时间型指标以时间衡量方案的经济效益状况；价值型指标以货币量（价值量）为衡量方案经济效益的尺度；效率型指标反映方案消耗或占用资源的使用效率。本章即以这种方式介绍建设项目的经济性评价指标。见表 4-2。

**表 4-2　建设项目经济评价指标关系（按经济性质分类）**

| 建设项目经济评价指标 | |
|---|---|
| | 时间型指标：投资回收期、借款偿还期等 |
| | 价值型指标：净现值、净年值等 |
| | 效率型指标：内部收益率、净现值率等 |

以考察方案经济性的不同方面，可把评价指标分为盈利能力指标、偿债能力指标和财务生存能力指标。盈利能力指标反映方案所具有获取回报的能力，其高低反映着方案占用资源的增值能力，即回报能力；偿债能力指标反映方案在运行中清偿债务资本的能力。财务生存能力指标反映项目财务现状支持项目运营的能力。见表 4-3。

**表 4-3　建设项目经济评价指标关系（按考察方案经济性的不同方面分类）**

建设项目经济评价指标
- 盈利能力指标：净现值、内部收益率、投资回收期等
- 偿债能力指标：利息备付率、偿债备付率等
- 财务生存能力指标：项目投资计划累计净现金流量

反映项目经济效益状况的指标众多，又各有其特点。在工程经济分析实践中，可根据项目评价阶段、评价深度的要求和项目的特征具体选用。

## 第二节　时 间 型 指 标

时间型指标以时间为计量单位，来考察建设项目的经济效益状况。主要有投资回收期和借款偿还期。投资回收期又分为动态回收期和静态回收期两种。

### 一、投资回收期

（一）投资回收期的概念

从项目投资开始（第 0 年）算起，用投产后项目净收益回收全部投资所需的时间，称为投资回收期，一般以年为单位计。如果从投产年或达产年算起，应予注明。投资回收期反映了方案的增值能力和方案运行中的风险，因而是常用的评价指标。一般认为，投资回收期越短，则实施方案的增值能力越强，运行风险越小。

（二）静态投资回收期的计算

所谓静态投资回收期即不考虑资金的时间价值因素的回收期。因静态投资回收期不考虑资金的时间价值，所以项目投资的回收过程就是方案现金流的算术累加过程，累计净现金流为“0”时所对应的年份即为投资回收期。其计算公式可表示为

$$\sum_{t=0}^{P_t}(CI-CO)_t=0$$

式中　$P_t$——投资回收期；

$CI$——现金流入量；

$CO$——现金流出量；

$(CI-CO)_t$——第 $t$ 年的净现金流量。

一般地

$$P_t=T-1+\frac{\text{第}(T-1)\text{年净现金流累计值的绝对值}}{\text{第 }T\text{ 年的现金流}}$$

式中：$T$ 为累积净现金流量首次为非负值所对应的年份。

如果投资在期初一次投入，且每年的净收益固定不变，则静态回收期公式可简化为

$$P_t=\frac{K}{R}$$

式中　$K$——投资总额；

$R$——年收益。

（三）动态投资回收期

所谓动态投资回收期即考虑资金时间价值因素的投资回收期。由于动态回收期包含资金的时间价值，所以在考察资金的回收过程，即用收益补偿投资的过程时，应注意分布在不同

时间点的现金流的时间价值差异。体现在动态投资回收期的计算上，应注意不同时点现金流的等值换算。其一般表达式式为

$$\sum_{t=0}^{P_t} NCF_t(1+i_c)^{-t}=0$$

动态投资回收期通常用累计法求得，计算公式为

$$P_t=T-1+\frac{\text{第}(T-1)\text{年净现金流现值累计值的绝对值}}{\text{第 }T\text{ 年净现金流的现值}}$$

式中：$T$ 为累积净现金流量现值首次为非负值所对应的年份。

特别地，当建设项目仅有初始投资且年收益数额相等时，动态投资回收期可用资金回收公式求得。即

$$R=K[A/P,i_c,P_t]$$

（四）投资回收期的评价标准

用投资回收期评价建设项目的经济可行性，其评价标准是

$$P_t\leqslant P_c$$

$P_c$称为基准回收期，它是行业或国家可以接受的最长投资回收期，由行业或国家发布。若某方案的 $P_t\leqslant P_c$，表明该方案达到了行业或国家的基本经济要求，在经济上是可行的；反之，则不可行。

**【例 1】** 某方案的年净现金流见表 4-4，已知基准折现率为 10%，基准回收期为 5 年，试判别该方案的经济可行性。

**表 4-4　　某方案现金流量表**

| 年　份 | 1 | 2 | 3 | 4 | 5 | 6 |
|---|---|---|---|---|---|---|
| 年净现金流 | −100 | 20 | 30 | 60 | 60 | 60 |
| 年净现金流现值 | −100 | 18.2 | 24.8 | 45.1 | 41.0 | 37.3 |
| 现值累计值 | −100 | −81.8 | −57.0 | −11.9 | 29.1 | |

**解**　由表 4-1 计算结果可得

$$P_t=5-1+11.9/41.0=4.29(\text{年})$$

因 $P_t<P_c=5$，所以，该方案经济上可行。

（五）对投资回收期的评价

投资回收期优点在于概念明确，简单易算；既反映方案的盈利性又反映方案的风险。投资回收期缺点是，它只反映了项目投资回收前的盈利情况，而不能反映投资回收后的盈利情况，因而对项目在整个寿命期内的经济效益反映是不全面的。因此，投资回收期通常不能独立判断项目是否可行，一般作为辅助评价指标来使用。

## 二、借款偿还期

借款偿还期是指在国家财政规定及项目具体财务条件下，以项目投产后可用于还款的资金偿还建设投资借款本金和建设期利息（不包括已用自有资金支付的建设期利息）所需要的时间。其一般表达式为

$$\sum_{t=1}^{P_d} R_t-I_d=0$$

式中　$I_d$——建设投资借款本金和建设期利息（不包括已用自有资金支付的部分）之和；

$P_d$——建设投资借款偿还期（从借款开始年计算，当从投产年算起时，应予注明）；

$R_t$——第 $t$ 年可用于还款的资金，包括净利润、折旧、摊销及其他还款资金。

通常，借款偿还期按已约定或确定的偿还期限和偿还方式计算。

计算出借款偿还期后，要与贷款机构要求的还款期限进行对比，满足贷款机构提出的要求期限时，即认为项目是有清偿能力的。否则，认为项目没有清偿能力。从清偿能力角度考虑，则认为项目是不可行的。

## 第三节 价 值 型 指 标

价值型指标以货币量来反映建设项目的经济效益状况，符合投资者追求的目标，所以是常用的重要评价指标。

### 一、净现值（Net Present Value，*NPV*）

（一）净现值的概念

净现值是指建设项目在整个寿命期内，各年的净现金流按给定的折现率折算到计算期初（第 0 年）的现值之和。其一般表达式为

$$NPV = \sum_{t=0}^{n} NCF_t(F/P,i_c,t)$$

式中 $i_c$——基准折现率；

$n$——计算期。

（二）净现值的评价标准

用净现值指标评价建设项目的经济可行性，其评价标准是

$$NPV \geqslant 0$$

若方案 $NPV \geqslant 0$，表明该项目在既定的折现率基础上达到了投资者的基本经济要求，因而其实施在经济上是可行合理的；反之，则表明方案达不到基本经济要求，因而不可行。

（三）折现率的取值

对某一特定建设项目净现值的大小很重要的影响因素是折现率，通常选取基准折现率作为计算参数。基准折现率是行业或国家可以接受的最低期望收益率。它是一个重要的经济杠杆参数。从它作为度量方案经济可行性的标准的角度，它是行业或社会的最低期望时间价值，从理论上讲，其大小应当是边际方案的边际收益率。在现行投资体制下，进行建设项目财务评价时，对于政府投资项目，选择行业基准折现率。对于私人投资项目，选择期望收益率；在进行国民经济评价时，选用社会折现率。实务中，折现率的大小一般综合考虑资金成本、通货膨胀率和投资风险系数来确定，作为国家参数，由有关部门定期制定并发布。

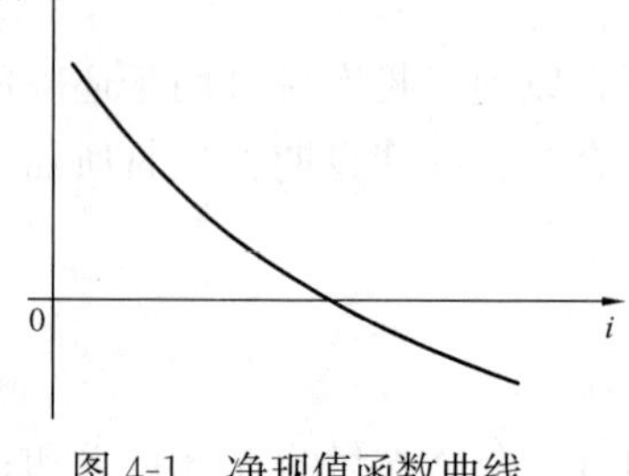

图 4-1 净现值函数曲线

（四）净现值函数

净现值函数是用来表示净现值与折现率之间变化关系的函数。对于既定方案，$NPV$ 随着 $i$ 的变化表现出某种变化规律。一般随着 $i$ 的增加，$NPV$ 逐渐变小，$NPV=f(i)$ 呈减函数变化趋势。如图 4-1 所示。

（五）对净现值指标的评价

净现值指标的优点是：考虑了建设项目在整个寿命期内的运营状况，反映项目的经济效益状况较为全面；动态指标，考察项目的经济效益状况较为客观；直接以货币量表示项目的盈利能力，经济意义明确直观，符合投资者及其他相关各方的追求。

其缺点主要是：只反映资金的总量使用效果，而不反映资金的使用效率；需要预先设定折现率，从而使得对方案的经济性评价受到外在因素影响。

**【例 2】** 某项目现金流量图如图 4-2 所示，已知 $i_c=10\%$，试用 *NPV* 评价方案的经济可行性。

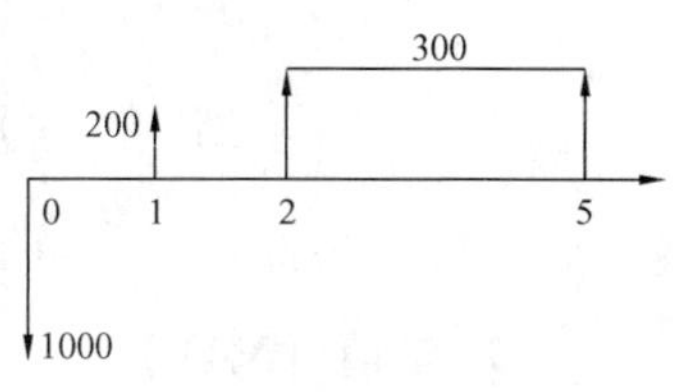

图 4-2　某方案现金流量图

**解**　依题意

$$NPV=-1000+300(P/A,10\%,4)(P/F,10\%,1)+200(P/F,10\%,1)=46.36$$

根据判断标准，由于 $NPV>0$，所以此方案经济上可行。

（六）净现值的电算

在 Excel 平台上，可以实现净现值的电算。具体操作步骤是：

（1）进入 Excel 界面，在电子表格上输入拟计算项目的各年净现金流（*NCF*）数值。如图 4-3 所示。

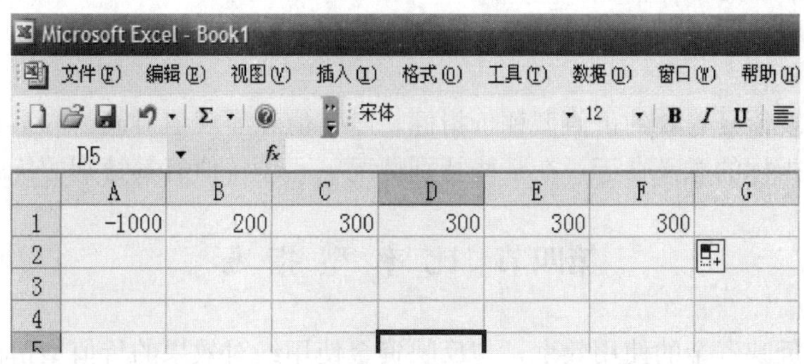

图 4-3　Excel 界面上净现金流（*NCF*）数值

（2）选择 *NPV* 函数。左键点击 $f_x$——插入函数，进入插入函数对话框。左键点击“选择类别”下拉菜单，选中“财务”。尔后在“选择函数”框内选中 *NPV*。如图 4-4 所示。

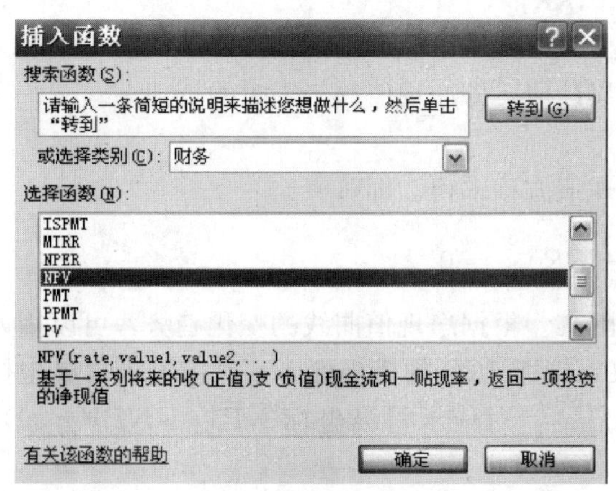

图 4-4　选择 *NPV* 函数

（3）净现值的电算。在“选择函数”框内点击“确定”后，出现“函数参数”对话框。如图 4-5 所示。在对话框的数值条内输入 Rate（期利率），通过在电子表格上用左键涂黑拟计算项目的各年净现金流（*NCF*）数值输入 Value（分布在期末的净现金流），然后点击“确定”即得净现值的电算结果。

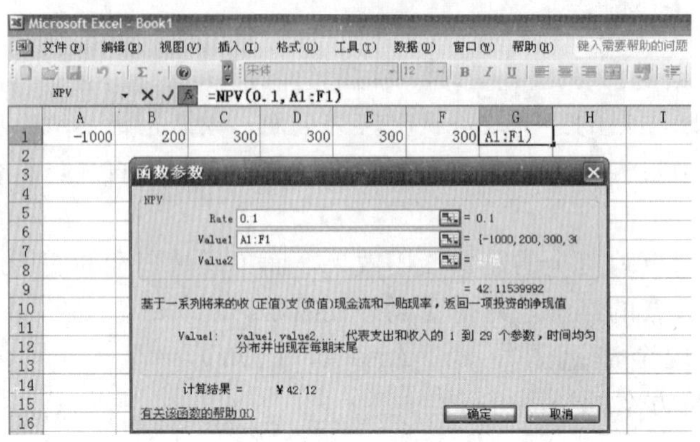

图 4-5 在“函数参数”对话框输入相关信息

## 二、净年值（NAV）

### （一）净年值的概念

净年值是方案在寿命期内的年净现金流量按给定的折现率折算的年均值。其一般表达式为

$$NAV = NPV(A/P, i_c, n)$$

### （二）净年值的评价标准

由净年值的概念不难看出，$NAV$ 与 $NPV$ 是等效的经济评价指标。与净现值指标的评价标准一样，净年值的评价标准是：$NAV \geqslant 0$。若某方案 $NPV \geqslant 0$，则该方案经济上可行，反之，则方案不可行。

净年值和净现值是等效的价值型评价指标，净年值和净现值对同一方案有着相同评价结论。介绍净年值指标的意义在于，在某些特别情况下，净年值有其特别的优越性。

# 第四节 比 率 型 指 标

比率型指标反映资金的使用效率，与反映资金使用绝对效果的价值型指标互为补充。因此，比率型指标在评价建设项目的经济性方面也是十分重要的。

## 一、内部收益率（Internal Rate of Return，*IRR*）

### （一）内部收益率的定义

使得项目计算期内各年净现金流量的现值累计值，即净现值等于零时的折现率。

### （二）内部收益率的计算

依内部收益率的定义，内部收益率可用净现值方程求得。即

$$\sum_{t=0}^{n} NCF_t (1 + IRR)^{-t} = 0$$

但一般情况下，解这样一个高次方程比较困难。根据净现值曲线的变化趋势，可以用人工试算线性内插法求解内部收益率。首先选取一接近 $IRR$ 的横坐标 $i_1$，对应可求得纵坐标值 $NPV_1$（$NPV_1 > 0$），而后再选取一横坐标点 $i_2$，对应求得纵坐标 $NPV_2$（$NPV_2 < 0$），用两点连线与横轴的交点可近似的表示 $IRR$。

如图 4-6 所示。

$$IRR = i_1 + \frac{NPV_1}{NPV_1 + |NPV_2|}(i_2 - i_1)$$

为保证计算的精度，一般要求 $i_2 - i_1 < 5\%$。

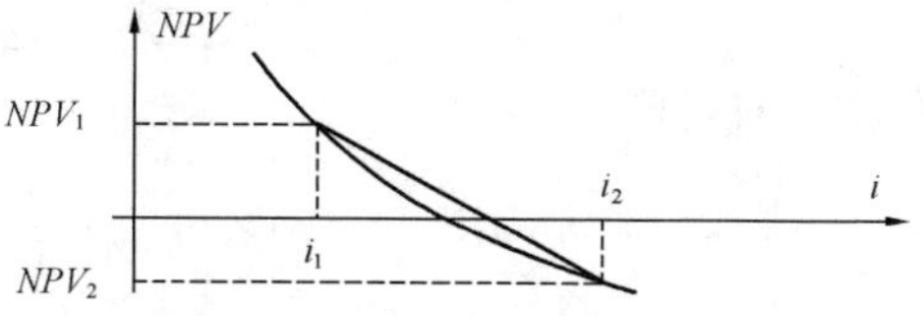

图 4-6　求解 IRR 的线性内插法示意图

（三）内部收益率的经济意义

内部收益率表示方案未被回收（即尚存于方案中）的投资的盈利（收益）能力。在 IRR 大小的利率水平下，在方案的整个寿命期内，方案所占用的资金一直处于不断被回收状态，在寿命终结时，被全部收回。因此，IRR 表示方案对未被回收资金的回收能力。

**【例 3】** 某方案寿命 3 年，现金流量图如图 4-7 所示。

依据内部收益率定义，令

$$NPV = -100 + 40(P/F, i, 1) + 47(P/F, i, 2) + 33(P/F, i, 3) = 0$$

求得 $IRR = 10\%$。表示方案未被回收的资金（第一年为 100，第二年为 70，第三年为 30）的盈利能力（收益能力）为 10%。

图 4-8 可形象地反映项目未被回收的投资的回收过程。

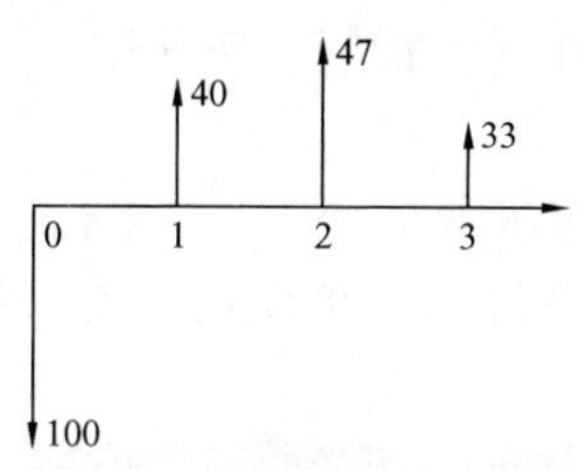

图 4-7　某方案现金流量图

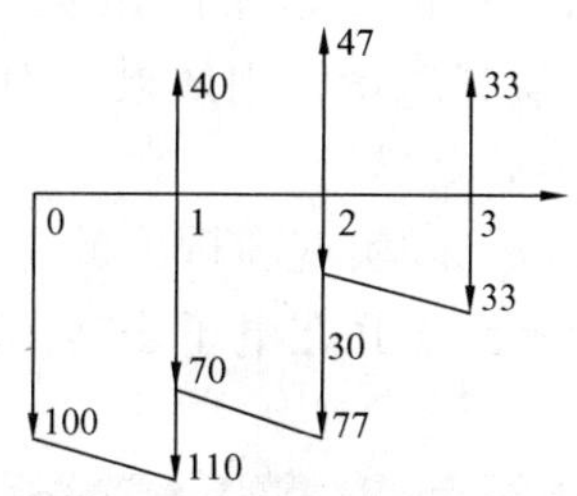

图 4-8　资金回收过程图

需要注意的是，内部收益率反映了存在于项目内部资金（亦即未被回收的资金）的收益能力，它不能反映全部投资的收益能力。应将内部收益率（IRR）和投资收益率（ROI）区别开来。

（四）内部收益率的评价标准

以内部收益率指标评价建设项目的经济可行性，其评价标准为

$$IRR \geqslant i_c$$

若方案 $IRR \geqslant i_c$，则表明达到了行业或国家的基本经济要求，因而经济上可行；反之，则不可行。

**【例 4】** 某项目现金流量见表 4-5，设基准收益率为 12%，试用内部收益率判断该项目是否可行。

**表 4-5**　**某项目现金流量表**

| 年　末 | 0 | 1 | 2 | 3 | 4 | 5 |
|---|---|---|---|---|---|---|
| 净现金流量 | −200 | 40 | 50 | 60 | 70 | 80 |

**解**　依题意

$$NPV = -200 + 40(P/F, i, 1) + 50(P/F, i, 2) + 60(P/F, i, 3) + 70(P/F, i, 4) + 80(P/F, i, 5)$$

分别取 $i_1 = 10\%$，$i_2 = 15\%$，代入上式计算其对应的净现值，得

$$NPV_1 = 20.44, NPV_2 = -8.16$$

用线性内插法

$$IRR = 10\% + \frac{20.44}{20.44 + 8.16}(15\% - 10\%) = 13.6\%$$

因为 $IRR = 13.6\% > 12\%$，所以此项目可行。

（五）净现值方程解的讨论

依内部收益率的定义，内部收益率应通过净现值方程求解。因该方程是高次方程，所以可能出现方程多解或无解的情形，此时，因不能求得方案的 *IRR*，故而可能使内部收益率指标失效。因此，有必要在选取内部收益率作为评价指标时，先行判断净现值方程解的情况。一般地，当建设项目在计算期的净现金流符号变化不超过一次时（所谓常规建设项目），净现值方程有唯一的实数解，即方案的内部收益率。

（六）对内部收益率的评价

内部收益率最大优点是其大小完全取决于项目本身的因素，因而比较客观真实地反映方案的经济性，因而使其成为评价方案的重要指标；缺点是计算较烦琐，并且对于非常规项目，净现值方程会出现多解或无解的情形，从而使内部收益率指标失效；只反映占用资金的使用效率，而不能反映其总量使用效果，因此，通常与净现值指标一起使用。

（七）内部收益率的电算

在 Excel 平台上，可以实现净现值的电算。具体操作步骤是：

（1）进入 Excel 界面，并在电子表格上输入拟计算项目的各年净现金流（*NCF*）数值。如图 4-9 所示。

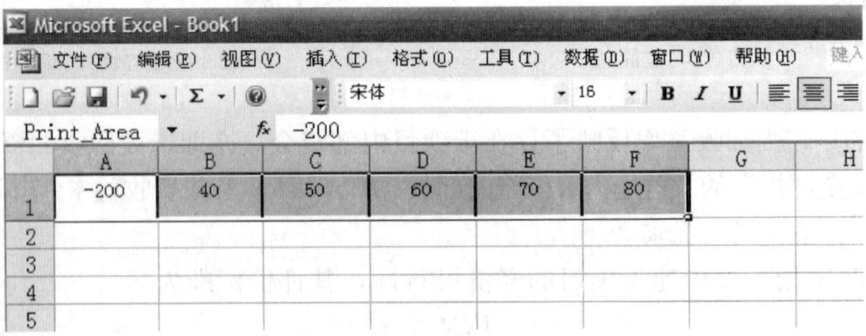

| | A | B | C | D | E | F | G | H |
|---|---|---|---|---|---|---|---|---|
| 1 | -200 | 40 | 50 | 60 | 70 | 80 | | |
| 2 | | | | | | | | |
| 3 | | | | | | | | |
| 4 | | | | | | | | |
| 5 | | | | | | | | |

图 4-9 Excel 界面上净现金流（*NCF*）数值

（2）选择 *IRR* 函数。左键点击 $f_x$——插入函数，进入插入函数对话框，左键点击“选择类别”下拉菜单，选中“财务”。然后在“选择函数”框内选中 *IRR*。如图 4-10 所示。

（3）内部收益率的电算。在“选择函数”框内点击“确定”后，出现“函数参数”对话框。如图 4-11 所示。在对话框的数值条内通过在电子表格上用左键涂黑拟计算项目的各年净现金流（*NCF*）数值，然后点击“确定”即得内部收益率的电算结果。

## 二、净现值率（*NPVR*）

净现值率是指单位投资的现值所产生的净现值。即

$$NPVR = \frac{NPV}{PVK}$$

式中 *PVK*——全部投资的现值。

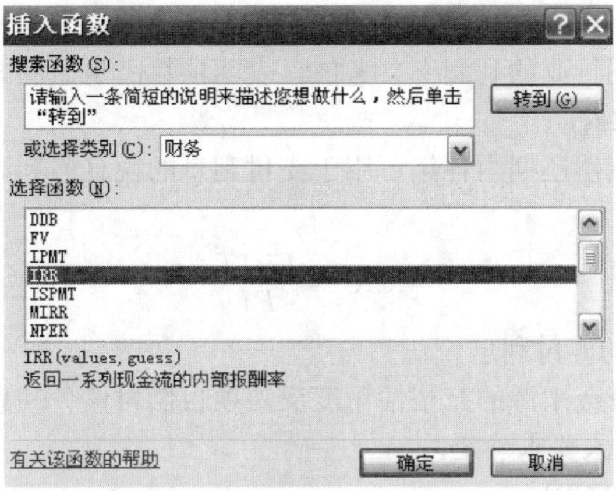

图 4-10　选择 *IRR* 函数

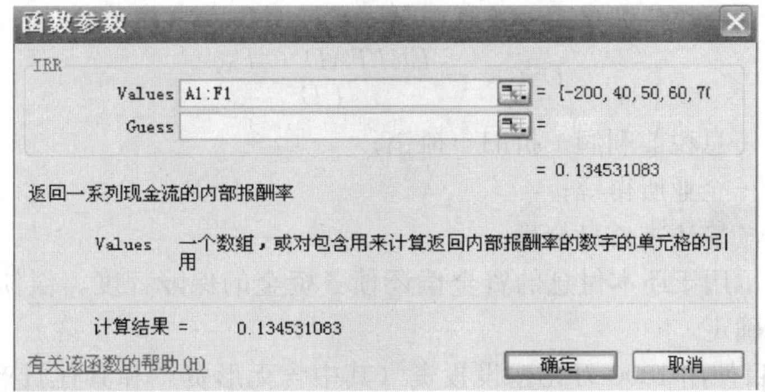


图 4-11　在“函数参数”对话框输入相关信息

用净现值率指标评价建设项目的经济可行性，其评价标准是：$NPVR \geqslant 0$。即当某方案 $NPVR \geqslant 0$ 时，表明该方案达到了基本经济要求，因而在经济上可行；反之，则不可行。

净现值率作为比率型指标，仅能反映资金的使用效率，因此一般不能独立用于方案经济可行性的判别。它通常与净现值指标结合使用。

## 三、投资收益率（*ROI*）

投资收益率是指单位总投资能够实现的息税前利润。即

$$ROI = \frac{EBIT}{TI}$$

式中　$EBIT$——息税前利润，即 $EBIT$=净利润+计入成本的利息+所得税税金；

　　　$TI$——投资总额。

投资收益率高于同行业的收益率参考值，表明项目满足盈利能力要求。

投资收益率是反映全部投资收益能力的静态指标。

## 四、资本金利润率（*ROE*）

资本金利润率是指单位资本金可以实现的净利润。即

$$ROE = \frac{NP}{EC}$$

式中　$NP$——年净利润；

$EC$——项目资本金。

资本金利润率高于同行业的利润率参考值，表明项目满足盈利能力要求。

**五、利息备付率（*ICR*）**

利息备付率是指借款偿还期内各年可用于支付利息的税息前利润与当期应付利息费用的比值。即

$$ICR = \frac{EBIT}{PI}$$

式中 $PI$——计入成本的应付利息。

利息备付率从付息资金来源的充裕性角度反映项目偿付债务利息的保障程度。利息备付率应大于 2，并结合债权人要求确定。

**六、偿债备付率（*DSCR*）**

偿债备付率是指借款偿还期内，用于计算债务资金还本付息的资金与应还本付息额的比值。即

$$DSCR = \frac{EBITAD - T_{AX}}{PD}$$

式中 $EBITAD$——息税前利润＋折旧＋摊销；

$T_{AX}$——企业所得税；

$PD$——应还本付息金额。

偿债备付率表示用于还本付息的资金偿还债务资金的保障程度。偿债备付率应大于 1，并结合债权人要求确定。

**【例 5】** 某项目使用 1000 万元建设投资（其中含无形资产和其他资产 200 万元）进行建设，项目资本金 900 万元，借款 300 万元。借款利率为 8%，半年息。约定从已经投产的第 3 年末开始还款，3 年还清。还款方式为本金等额偿还，利息照付。项目流动资金 200 万元，第 3 年初投入。固定资产残值 40 万元，无形资产、其他资产无残值，均 5 年内线形折旧和摊销。项目实施情况，见表 4-6。

**表 4-6　　项目建设和运营情况表**

| 项　　目 | 计　算　期 | | | | | | |
|---|---|---|---|---|---|---|---|
| | 1 | 2 | 3 | 4 | 5 | 6 | 7 |
| 建设投资（不含建设期利息） | 800 | 200 | | | | | |
| 其中：资本金 | 500 | 200 | | | | | |
| 贷　　款 | 300 | | | | | | |
| 流动资金 | | | 200 | | | | |
| 营业收入（不含税） | | | 500 | 600 | 600 | 600 | 600 |
| 营业税及附加 | | | 51 | 61 | 61 | 61 | 61 |
| 经营成本 | | | 100 | 140 | 140 | 140 | 140 |

企业所得税率为 25%。基准折现率为 10%。试评价项目的盈利能力和偿债能力。

**解**　（1）项目盈利能力分析

列出项目现金流量表，见表 4-7。

表 4-7　　项目现金流量表

| 项　目 | 计算期 | | | | | | | |
|---|---|---|---|---|---|---|---|---|
| | 0 | 1 | 2 | 3 | 4 | 5 | 6 | 7 |
| 现金流入 | | | | 500 | 600 | 600 | 600 | 840 |
| 营业收入 | | | | 500 | 600 | 600 | 600 | 600 |
| 资产回收 | | | | | | | | 240 |
| 现金流出 | 800 | 200 | 200 | 151 | 201 | 201 | 201 | 201 |
| 投　资 | 800 | 200 | 200 | | | | | |
| 营业税及附加 | | | | 51 | 61 | 61 | 61 | 61 |
| 经营成本 | | | | 100 | 140 | 140 | 140 | 140 |
| 净现金流 | −800 | −200 | −200 | 349 | 399 | 399 | 399 | 639 |

计算项目净现值

$$NPV = -800 - 200(P/F,0.10,1) - 200(P/F,0.10,2) + 349(P/F,0.10,2) + 399(P/A,0.10,4)(P/F,0.10,3) + 240(P/F,0.10,7) = 322.1(\text{万元})$$

由于 $NPV>0$，所以项目盈利能力好。

（2）项目偿债能力分析

$$\text{实际利率 } i = (1+8\%)^2 - 1 = 8.16\%$$

编制还款计划表，见表 4-8。

表 4-8　　借款还本付息计算表

| 年份 | 期初资金 | 当期应计利息 | 当期应付利息 | 当期还本 | 期末资金 | 备　注 |
|---|---|---|---|---|---|---|
| 1 | 300 | 24.48 | 0 | 0 | 324.48 | 建设期 |
| 2 | 324.48 | 26.48 | 0 | 0 | 350.96 | |
| 3 | 350.96 | 28.64 | 28.64 | 116.97 | 233.99 | 运营期 |
| 4 | 233.99 | 19.09 | 19.09 | 116.97 | 117.02 | |
| 5 | 117.02 | 9.55 | 9.55 | 117.02 | 0 | |

计算资产原值及其折旧、摊销。

$$\begin{aligned}\text{固定资产原值} &= \text{固定资产投资} + \text{建设期利息}\\ &= (1000-200)+0\\ &= 800(\text{万元})\end{aligned}$$

$$\begin{aligned}\text{固定资产年折旧额} &= (\text{原值}-\text{净残值})/\text{折旧年限}\\ &= (800-40)/5\\ &= 152(\text{万元})\end{aligned}$$

$$\begin{aligned}\text{其他资产年摊销额} &= (\text{原值}-\text{净残值})/\text{摊销年限}\\ &= 200/5\\ &= 40(\text{万元})\end{aligned}$$

编制成本计算表，见表4-9。

**表4-9　　成 本 计 算 表**

| 年份 | 3 | 4 | 5 | 6 | 7 |
|---|---|---|---|---|---|
| 经营成本 | 100 | 140 | 140 | 140 | 140 |
| 折旧 | 152 | 152 | 152 | 152 | 152 |
| 摊销 | 40 | 40 | 40 | 40 | 40 |
| 利息 | 28.64 | 19.09 | 9.55 | | |
| 成本 | 360.64 | 351.09 | 341.55 | 332 | 332 |

编制利润及利润分配表，见表4-10。

**表4-10　　利润及利润分配表**

| 年份 | 3 | 4 | 5 | 6 | 7 |
|---|---|---|---|---|---|
| 营业收入 | 500 | 600 | 600 | 600 | 600 |
| 成本 | 360.64 | 351.09 | 341.55 | 332 | 332 |
| 营业税及附加 | 51 | 61 | 61 | 61 | 61 |
| 营业利润 | 88.36 | 187.91 | 197.45 | 207 | 207 |
| 企业所得税 | 22.09 | 46.98 | 49.36 | 51.75 | 51.75 |
| *EBIT* | 117 | 207 | 207 | 207 | 207 |
| *ICR* | 4.09 | 10.84 | 21.68 | | |
| *EBITAD* | 309 | 399 | 399 | | |
| *DSCR* | 1.97 | 2.59 | 2.76 | | |

由于$ICR>2$，$DSCR>1$，所以该项目清偿能力强。

1. 简述投资回收期指标的优缺点及适用。
2. 简述净现值的概念及其经济意义。
3. 试述内部收益率的经济含义。
4. 评价内部收益率指标的优缺点。
5. 试述经济评价指标之间的关系。
6. 简述基准折现率的含义及其确定依据。

## 练 习 题

1. 已知某固定资产项目需要一次投入价款100万元，建设期一年，该固定资产可使用10年，直线法提折旧，期满净残值10万元。投入使用后，经营期1～7年每年产品销售收入（不含税）80.39万，第8～10年每年增加69.39万元，同时1～10年的经营成本每年为

37 万元，计算静态回收期和动态回收期。

2. 假如上题中，该项目资金全系借款，在借款回收前不分配利润，求借款回收期。

3. 某项目净现金流量情况见表 4-11，计算净现值并判断该项目经济可行性。设基准收益率为 10%。

**表 4-11**

| 项目计算期（年） | 建设期 | | 经　营　期 | | | | | |
|---|---|---|---|---|---|---|---|---|
| | 0 | 1 | 2 | 3 | 4 | 5 | 6 | 7 |
| 净现金流（万元） | −105 | 20 | 37 | 42 | 42 | 42 | 80 | 100 |

4. 某项目净现金流量见表 4-12：计算内部收益率并判断该项目的可行性。设基准收益率为 10%。

**表 4-12**

| 年　末 | 0 | 1 | 2 | 3 | 4～10 |
|---|---|---|---|---|---|
| 现金流入 | | | 200 | 300 | 400 |
| 现金流出 | 800 | 1000 | | | |

5. 若例 5 中借款的偿还方式为 3 年中等额偿还本息，且项目资本金为 500 万元，流动资金系借款，年率（单利）为 8%。项目的盈利能力和偿债能力又如何?

# 第五章　多方案的经济性比较和选择

工程经济评价的一个突出特点，是多方案的比较和选择。选择是从多个满足技术、经济、社会、环保等方面要求的方案中，通过比较，优选出一个技术先进、经济合理并能满足其他方面要求的最佳方案或满意方案。在技术方案的经济评价实践中，由于方案之间关系的复杂性及资源状况等客观条件的限制，往往不是简单地用前述的指标来决定方案的取舍。方案优选应建立在对资源状况和方案相互关系认识和正确评价的基础上。

## 第一节　技术方案的相互关系

对于任何投资项目，往往都有许多备选方案。投资决策就要进行多方案的比较和选优。为了正确进行方案的比较和评选，首先要明确方案间的相互关系，然后再采用适宜的指标和方法进行比较选优。

按方案之间的经济关系，可分为独立方案、互斥方案、依存方案、资金约束条件下的相关方案和混合方案等。

### 一、独立方案

独立方案指经济上互不相关的方案，即接受或舍弃某个方案，并不影响其他方案的取舍，方案可同时存在。

如果决策对象是单一方案，则可认为是独立方案的特例。

独立方案的采用与否，只取决于方案自身的经济性。只要能通过某些经济指标（如 *NPV*，*IRR* 等）的检验，则方案在经济上是可接受的。

### 二、互斥方案

互斥方案间存在着互不相容，互相排斥的关系。在众多方案比选时，接受其中之一，就要放弃其他所有方案，方案不能同时存在。比如，企业拥有的资金量只能实施改造老产品、开发新产品两个方案中的一个，那么这两个方案就是互斥方案。

### 三、依存方案

如果两个方案或多个方案间，某一方案实施要以另外一个或多个方案实施为条件，那么这两个或多个方案为依存方案，或称互补方案。例如，开发陕西、山西、内蒙古西部煤炭基地项目和建设铁路、电厂项目需彼此适应，就是依存关系。在进行方案的经济性评价时，通常将依存方案作为一个项目群，视为一个整体。

### 四、资金约束条件下的相关方案

如果没有资金总量的约束，方案之间具备独立性。但由于资金限量，接受一些方案就意味着要舍弃其他方案，这就是资金约束条件下的相关方案。它实际上是由于客观条件（资金）约束，使方案由独立关系转化为相关关系的。

### 五、混合方案

在方案众多情况下，方案间相关关系可能包括多种类型，称之为混合方案。

不同关系经济方案的比较和优选方法是不同的。

## 第二节　互斥方案的经济性比较和选择

互斥方案的经济性比较和选择可按各个方案所含的全部因素（相同因素和不同因素）计算各方案的全部经济效益，进行全面的比选；也可仅就不同因素计算相对效益，进行局部比选。局部比较法放在本章第四节介绍，本节介绍互斥方案的全部比较法。

互斥方案的全部经济效益比较应包括两方面内容：一是考察各个方案自身的经济效益，即进行方案的绝对经济效益检验；二是考察方案间的相对优劣，即进行方案的相对经济效益检验。两种检验目的不同，缺一不可。

互斥方案经济性比选的基本程序如图 5-1 所示。

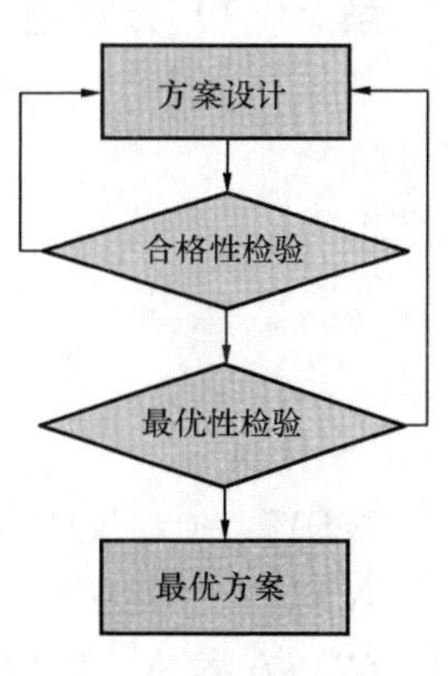

图 5-1　互斥方案的比选程序

下面分方案寿命期（计算期）相等和方案寿命期（计算期）不等两种情况，讨论互斥方案的比选方法。因为互斥方案需进行方案间比选，所以不论何种情况都应注意方案的可比性。

### 一、寿命相等的互斥方案经济性比较和选择

对于寿命相等的互斥方案，通常将它们的寿命期限作为共同分析期或计算期。这样，方案在时间上就具有了可比性。

#### （一）净现值法

用净现值法对寿命相等互斥方案进行经济效益比选，按前述比较内容，需遵循如下步骤。

1. 绝对效益检验

备选方案需满足 $NPV \geqslant 0$ 的检验标准。备选方案只有满足 $NPV \geqslant 0$ 的标准，才表明其达到了行业基本经济要求，在经济上具有合理性。

2. 相对效益检验

需通过计算方案之间的追加投资净现值（或称增量净现值、相对净现值）指标来判断方案相对效益。具体过程如下：

（1）将通过绝对效益检验的方案按投资额大小顺序排列。

（2）构造投资额次小方案 $A_2$ 相对于投资最小 $A_1$ 方案的追加投资方案（$A_2-A_1$）方案（或称相对投资方案、增量投资方案）。其年净现金流为

$$\Delta NCF_j = NCF_{2j} - NCF_{1j}$$

式中　$\Delta NCF_j$——追加投资方案（$A_2-A_1$）第 $j$ 年的净现金流量。

（3）计算追加投资方案的净现值——即追加投资净现值 $\Delta NPV_{2-1}$，并检验追加投资方案经济性。

（4）判断方案的相对效益。若 $\Delta NPV_{2-1} \geqslant 0$，则表明投资大的方案（$A_2$ 方案）除了能达到投资小的方案（$A_1$ 方案）的收益水平外，追加投资（相对投资，增量投资）亦达到了经济性要求，因此，投资大的方案优。从经济上应选择投资大的方案为实施方案；反之，若 $\Delta NPV_{2-1} < 0$，表明投资大的方案没能达到投资小方案的收益水平，或追加投资没能达到最低经济要求，因此，投资小的方案优。从经济上应选择投资小的方案为实施方案。

（5）用下一方案再与较优方案比较，重复（2）～（4）过程，直至全部方案比较完毕。

3. 方案优选

根据相对效益比较结论，选择出最优方案。

**【例 1】** 方案 A、B、C 是互斥方案，其净现金流量见表 5-1。设基准折现率 $i_c=10\%$，试进行方案评选。

**表 5-1** **互斥方案 A、B、C 净现金流量表** 万元

| 年末 / 方案 | 0 | 1～10 | 年末 / 方案 | 0 | 1～10 |
|---|---|---|---|---|---|
| A | －200 | 39 | C | －150 | 24 |
| B | －100 | 20 | 追加投资方案 A－B | －100 | 19 |

**解** （1）方案绝对效益检验

$$NPV_A=-200+39(P/A,0.10,10)$$
$$=-200+39\times 6.144=39.62$$
$$NPV_B=-100+20(P/A,0.10,10)$$
$$=-100+20\times 6.144=22.88$$
$$NPV_C=-150+24(P/A,0.10,10)$$
$$=-150+24\times 6.144=-2.52$$

$NPV_A>0$，$NPV_B>0$，方案 A、B 均通过绝对效益检验。

$NPV_C<0$，方案 C 不满足经济性要求，应舍弃。

（2）方案 A、B 相对效益检验。构造追加投资方案 A－B 见表 5-1，

$$\Delta NPV_{A-B}=-100+19(P/A,0.10,10)$$
$$=-100+19\times 6.144=16.74$$

由于 $\Delta NPV_{A-B}>0$，故 A 优于 B。

（3）方案优选

由相对效益检验结果 A＞B，所以选择方案 A 为实施方案。

从理论上讲，用净现值法比选互斥方案，应遵循上述三个基本步骤。但是，由于 $\Delta NPV_{2-1}=NPV_2-NPV_1$（读者可以证明），因此，在实践中，上述三个基本步骤可简化为：

1）绝对效益检验，需满足 $\Delta NPV\geqslant 0$ 的标准；

2）相对效益检验并优选，需满足 MAX $\{NPV_j\}$ 标准。

下面仍以［例 1］为例说明之。

1）如前，不再述；

2）相对效益检验并优选。

由于 MAX $\{NPV_j\}=NPV_A$，故应选择方案 A。

综合以上分析可得出结论：在众多互斥方案中只有通过绝对经济效益检验的相对最优方案，才是唯一可被接受的方案。对于净现值法而言，最优方案的判断准则是：净现值大于或等于零且净现值最大的方案是最优可行方案。这个准则可以推广到与净现值等效的其他价值性标准：净年值和净终值。即，净年值（或净终值）大于或等于零且净年值（或净终值）最大的方案为最优可行方案。

（二）内部收益率法

采用内部收益率法评价互斥方案，同样应当按绝对经济效益检验和相对经济效益检验两

步进行。那么是否有与净现值法类似的内部收益率最大的判别准则呢？

首先看由［例 1］资料计算得出的结果。

由方程式：

$$-200+39(P/A,0.10,10)=0$$

$$-100+20(P/A,0.10,10)=0$$

$$-150+2(P/A,0.10,10)=0$$

求得 $IRR_A=14.5\%$，$IRR_B=15.1\%$，$IRR_C=9.6\%$

由于 $IRR_A>i_c$，$IRR_B>i_c$，故方案 A、B 均通过绝对经济效益检验，而 $IRR_C<i_c$没通过绝对经济效益检验，应舍弃。

由以上计算结果，显然按内部收益率最大准则判别最优可行方案 MAX $\{IRR_j\}=IRR_B$与用净现值法得出的结论是矛盾的。这是由于 MAX $\{IRR_j\}$ 标准追求的是方案内资金的使用效率最高，而因为方案的不可分性，资金使用效率最高，未必意味着方案的总量经济效益最大。一般地，用内部收益率标准比较方案，对投资少且内部收益率大的方案有利。因此，不能简单地用内部收益率最大化作为比选方案的标准。

所谓项目的不可分性，是指由于建设项目的完整存在，所以才维持其建设规模、收益水平的性质。亦即，一个既定的建设项目具有不可拆分或不可叠加性，否则会因为其整体状态破坏，而对其建设水平和收益能力产生影响。

所以，用内部收益率法进行方案比选必须遵循如下步骤：

1. 绝对效益检验

备选方案须通过评价标准 $IRR\geq i_c$的检验，以满足其行业经济合理性要求。

2. 相对效益检验

计算追加投资（或称增量投资、相对投资）方案的内部收益率，即追加投资（或称增量投资、相对投资）内部收益率 $\Delta IRR$。若 $\Delta IRR\geq i_c$，表明投资大方案除了具有与投资小方案相同的收益能力外，追加投资亦达到了起码的经济要求，因此，投资大的方案相对优，应以其为实施方案；反之，若 $\Delta IRR<i_c$，则表明投资大的方案达不到投资小方案的收益水平或追加投资在经济上不合理，因此，投资少的方案相对优，应以其为实施方案。

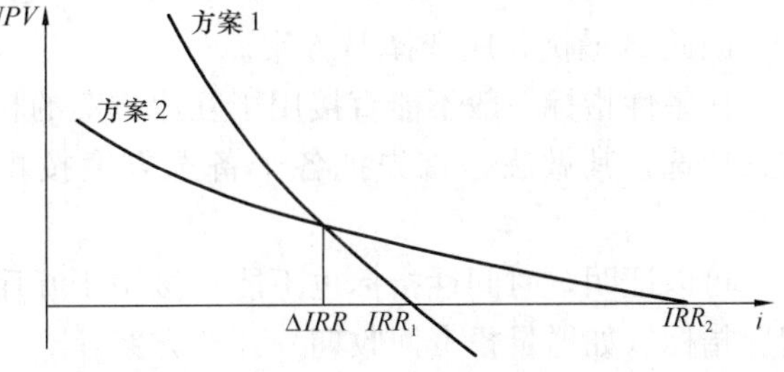

图 5-2　用于两方案相对比较的增量投资内部收益率

追加投资内部收益率的判断准则如图 5-2 所示。

**【例 2】** 仍用［例 1］的资料，试用追加投资内部收益率指标判断方案的相对优劣。

**解**　根据前面的分析已知投资最小的方案 B 是可行方案（$IRR_B=15.1\%$），取其为基础方案。然后采用环比法，将投资大的方案与基础方案比较，依次类推。

首先取 C 方案与 B 方案比较，增量投资的净现金流量见表 5-2。增量投资的内部收益率可由

$$-50+4(P/A,\Delta IRR_{C-B},10)=0$$

求得，$\Delta IRR_{C-B}\approx 0<i_c$，说明C方案相对于B方案的追加投资50万元不经济，因此，应舍弃C方案。以B方案作为下一轮比较的基础方案。

再将A方案与B方案比较，增量投资净现金流见表5-2，增量投资内部收益率$\Delta IRR_{A-B}$由

$$-100+19(P/A,\Delta IRR_{A-B},10)=0$$

表5-2 增量投资净现金流量表 万元

| 年末<br>方案 | 0 | 1～10 | 年末<br>方案 | 0 | 1～10 |
|---|---|---|---|---|---|
| C－B | －50 | 4 | A－B | －100 | 19 |

求得，$\Delta IRR_{A-B}=13.8\%>i_c$，说明A方案相对于B方案的增量投资100万元是合理的，故A方案优于B方案，应确定A方案为实施方案。其结论与用净现值指标评价结论一致。

**【例3】** 表5-3是按投资由小到大列出的三个方案。若基准折现率为9%，方案之间互斥，应选择哪个方案？

表5-3 方案信息表

| 方案 | IRR（%） | ΔIRR（%） | |
|---|---|---|---|
| | | A | B |
| A | 15 | | |
| B | 13 | 11 | |
| C | 10 | 8 | 6 |

**解** 由于$IRR_j>i_c$，所以A、B、C均通过了绝对效益检验。

因为$IRR_{B-A}>i_c$，$IRR_{C-B}<i_c$，所以B优于A，C劣于B。

因此B最优，应选择B方案。

比率性指标一般不能直接用于互斥方案的相对效益比较，而必须采用增量投资指标进行方案比选，其做法是首先把各个备选方案按投资额由小到大排列，然后再用环比法进行比较。

可以证明，时间性指标也不能直接用于互斥方案的相对比较，而必须采用增量投资的时间性指标（如增量投资回收期）评选方案。

用增量投资内部收益率指标评选互斥方案，优点是经济概念清楚，但计算比较烦琐。特别需要指出的是，如果增量投资方案的净现金流量符号变化超过一次，则可能出现内部收益率方程无解或多解的情况，此时内部收益率指标可能失效。所以在采用内部收益率指标时，要特别注意增量投资净现金流量符号多次变化的情况。

## 二、寿命不同方案的比较与选择

实际工作中，相互比较的备选方案的服务寿命常常是不同的，在时间上不具有可比性。因此，在进行方案评选时，必须首先解决各方案寿命不同的问题，然后再依照寿命相同互斥方案的评选办法比较方案优劣。解决服务寿命不同的方法通常有以下四种：

（1）取各备选方案服务寿命的最小公倍数作为各方案比较的共同服务年限。在共同服务

年限期间内，当方案服务寿命终结时，假设继续用同一方案重复更替。

（2）取寿命最短方案的服务寿命作为各方案比较的共同服务年限。在这种情况下，服务寿命长的方案在确定的共同服务年限期末，因为“人工寿命截止”而具有一定的“未使用价值”，应予以估算回收。

（3）取寿命最长方案的服务寿命为各方案比较的共同服务年限。这样，服务寿命短的方案在其服务寿命终结时，继续以同一方案重复更替，直到共同服务年限末为止。在这种情况下，一些方案可能因为“人工寿命截止”而在共同服务年限期末存在“未使用价值”，应予以回收。

（4）根据评价需要设定统一的服务年限。这样，在达到统一服务年限前，服务寿命短的方案以原方案重复更替。服务寿命长的方案因为“人工寿命截止”而在统一服务年限期末具有“未使用价值”，应予以回收。

共同服务年限的选取，取决于备选方案所处的外部政策法律环境、技术环境、市场环境和项目内部情况。应综合分析外在因素对项目实施和运营的可包容性、可接受性以及内部因素的可支撑性、可利用性，恰当确定。

下面根据上述办法，讨论几种评选方案。

（一）采用净现值指标评选方案

采用净现值指标评选方案，应首先按上述办法解决时间可比问题。在取定共同服务年限之后，即可按寿命相同方案的办法处理。现举例说明。

**【例 4】** 互斥方案 A、B 的初始投资、年净现金流量和服务寿命见表 5-4，设 $i_c=10\%$，试比较方案。

**表 5-4** **互斥方案 A、B 有关资料**

| 方案 | 初始投资（万元） | 年净现金流量（万元） | 服务寿命（年） |
|---|---|---|---|
| A | 100 | 50 | 4 |
| B | 200 | 70 | 6 |

**解** 取两方案服务寿命的最小公倍数 $T=12$ 年作为共同服务年限，假设方案在其寿命终结时，重复更替。共同服务年限的现金流量如图 5-3 所示。

分别计算两方案在共同服务年限内的净现值，记作 $NPV_{A\cdot12}$、$NPV_{B\cdot12}$。

$$\begin{aligned}NPV_{A\cdot12}&=-100+50(P/A,0.10,12)-100(P/F,0.10,4)-100(P/F,0.10,8)\\&=-100+50\times6.8137-100\times0.6830-100\times4.665\\&=125.7(\text{万元})\end{aligned}$$

$$\begin{aligned}NPV_{B\cdot12}&=-200+70(P/A,0.10,12)-200(P/F,0.10,6)\\&=-200+70\times6.8137-200\times0.564\\&=364.1(\text{万元})\end{aligned}$$

由于 $NPV_{A\cdot12}>0$，$NPV_{B\cdot12}>0$，且 $NPV_{B\cdot12}>NPV_{A\cdot12}$，故方案 B 优于方案 A。

**【例 5】** 仍取［例 4］中的两方案比较，但取 A 方案的服务寿命 4 年为共同服务年限，估计 B 方案在 4 年末的“未使用价值”为 40 万元，试比较方案。

**解** 共同服务年限内方案的现金流量如图5-4所示。

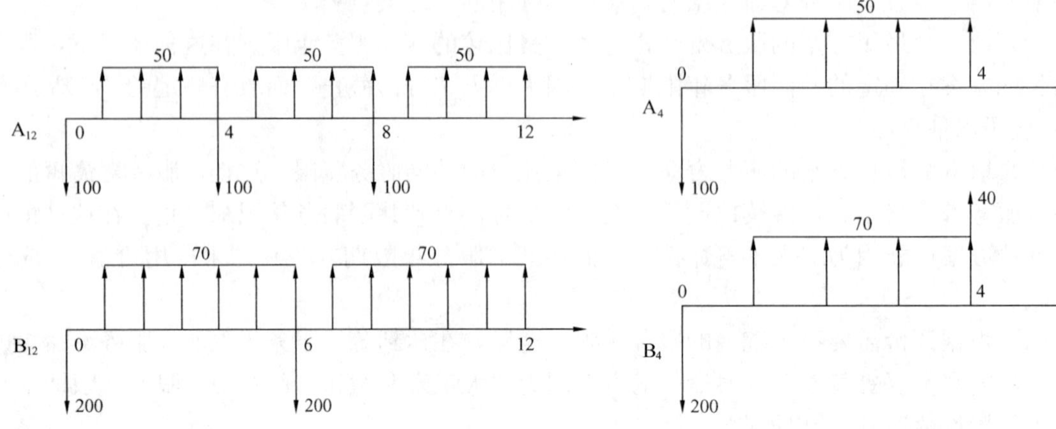


图 5-3 12 年服务期方案的现金流量图　　图 5-4 4 年服务期方案的现金流量图

共同服务年限内各方案的净现值分别为

$$\begin{aligned}NPV_{A\cdot 4} &= -100+50(P/A,0.10,4)\\ &= -100+50\times 3.1699\\ &= 58.5（万元）\end{aligned}$$

$$\begin{aligned}NPV_{B\cdot 4} &= -200+70(P/A,0.10,4)+70(P/F,0.10,4)\\ &= -200+70\times 6.8137+70\times 0.6830=49.2（万元）\end{aligned}$$

由于 $NPV_{A\cdot 4}>0$，$NPV_{B\cdot 4}>0$，且 $NPV_{A\cdot 4}>NPV_{B\cdot 4}$，故方案 A 优于方案 B。

**【例 6】** 仍取［例 4］中的两方案比较，但取 B 方案的服务寿命 6 年为共同服务年限。经估算 A 方案重复更替时，第 6 年末的“未使用价值”为 15 万元。试进行方案比较。

**解** 共同服务年限内方案的现金流量如图 5-5 所示。

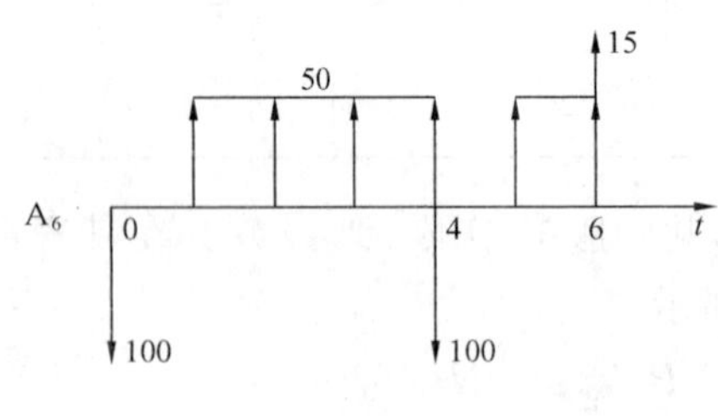


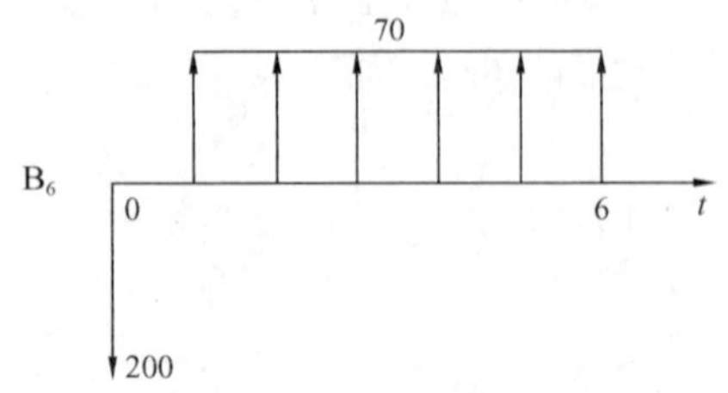


图 5-5 共同服务期方案的现金流量图

共同服务年限内各方案的净现值分别为

$$\begin{aligned}NPV_{A\cdot 6} &= -100+50(P/A,0.10,6)\\ &\quad +15(P/F,0.10,6)\\ &\quad -100(P/F,0.10,6)\\ &= 57.9（万元）\end{aligned}$$

$$\begin{aligned}NPV_{B\cdot 6} &= -200+70(P/A,0.10,6)\\ &= 104.9（万元）\end{aligned}$$

由于 $NPV_{A\cdot 6}>0$，$NPV_{B\cdot 6}>0$，且 $NPV_{B\cdot 6}>NPV_{A\cdot 6}$，

故方案 B 优于方案 A。

（二）用净年值指标评选方案

用前述净现值指标评选方案时，为了满足时间可比性要求，需要对服务寿命不同的方案做重复更新假设，并估计期末“未使用价值”，使评选过程复杂化。若用净年值指标评选方案，在满足重复更新假设的条件下，可省略更新过程，只需计算备选方案一个服务寿命周期的净年值，即可判断方案的优劣。这比采用净现值指标评选要简便

得多。

现就一般情况证明如下。

定理：设 $n$ 为方案的服务寿命年限，$m$ 为重复更新周期数，在满足重复更新假设的条件下，有

$$NAV_{1\times n} = NAV_{m\times n}$$

证明：令方案第 $k$ 个周期的净现值为 $NPV(k)$，$k=1$，2，…，$m$，则

$$NPV(k) = NPV(1)/(1+i)^{(k-1)n}$$

最末一个周期的净现值为

$$NPV(m) = NPV(1)/(1+i)^{(m-1)n}$$

于是，方案 $m$ 个周期总的净现值为

$$\begin{aligned} NPV &= \sum_{k=1}^{m} NPV(k) \\ &= \sum_{k=1}^{m} NPV(1)/(1+i)^{(k-1)n} \\ &= NPV(1) \times \frac{1-(1+i)^{-mn}}{1-(1+i)^{-n}} \end{aligned}$$

令 $NAV_{m\times n}$ 为方案 $m$ 个周期的净年值，则

$$\begin{aligned} NAV_{m\times n} &= NPV[A/P,i,mn] \\ &= NPV(1) \times \frac{1-(1+i)^{-mn}}{1-(1+i)^{-n}} \times \frac{i(1+i)^{-mn}}{(1+i)^{-mn}-1} \\ &= NPV(1) \times \frac{1-(1+i)^{-mn}}{1-(1+i)^{-n}} \times \frac{i}{1-(1+i)^{-mn}} \\ &= NPV(1) \times \frac{i}{1-(1+i)^{-n}} \\ &= NPV(1) \times \frac{i(1+i)^{n}}{(1+i)^{n}-1} \\ &= NPV(1)(A/P,i,n) \\ &= NAV_{1\times n} \end{aligned}$$

证明完毕。

**【例 7】** 仍取［例 4］两个方案，采用净年值指标评选。

**解**　分别计算 A、B 两个方案各自服务寿命起的净年值

$$NAV_{A} = -100(A/P,0.10,4) + 50 = 18.45$$

$$NAV_{B} = -200(A/P,0.10,6) + 70 = 24.08$$

由于 $NAV_{A}>0$，$NAV_{B}>0$，且 $NAV_{B}>NAV_{A}$，故方案 B 优于方案 A。

（三）“未使用价值”的估算

从以上分析看出，在进行寿命不同方案的经济性比选时，通常需要在综合分析影响项目实施和运营的内外因素的基础上，通过“人工寿命截止”而选择共同服务年限。这样，就会使若干项目在确定的共同服务期期末仍保留“未使用价值”，需要估价和回收。共同服务年限的确定，取决于决策的需要和技术经济特征，因此“未使用价值”也就是项目在服务期末的资产尚存“余值”。既然如此，“未使用价值”的估价实际上就是期末残余资产的估价。可

采用以下几种方法估算：

1. 用账面净值来估价资产

计算公式为

$$V_s = K_0 - \sum_{j=1}^{n} D_j$$

式中 $V_s$——资产估价值；

$K_0$——资产原值；

$D_j$——资产在第 $j$ 年的折旧额；

$n$——共同服务年限。

这种方法虽然简单，但由于：①折旧往往不能反映资产的实际损失；②技术进步因素；③通货膨胀因素等，使资产的账面净值往往不能反映资产的实际价值量。

2. 市场估价

把资产置于市场环境下，通过市场询价问价，对资产进行评估。这是一种比较合理的资产估价方法。通过市场交易行为，可以体现资产的实用价值量和供求状况，并且这种估价是促进资产资源合理配置的杠杆。

3. 重置成本法

它是在账面净值估价法基础上发展的一种资产估价方法。它力求消除由于技术进步、通货膨胀等因素对资产估价带来的不利影响。计算公式为

$$V_s = K_P - \sum_{j=1}^{n} D_j$$

式中 $K_P$——资产的重置资本。

## 第三节 资金限量条件下相关方案的经济性比较与选择

对独立方案群作比较优选，会遇到两种情况：一是资金足够多，这时只要备选方案经过单方案评价，经济上可行，即可入选，不必进行方案间的比选；另一种情况是资金有限量，这时，局部看来独立的方案，由于资金总额的约束变成了相关方案。对这类方案评价的目的是在资金总额一定的条件下，寻求总体效益最好的方案组合。比选的方法有互斥组合法和取舍率法。

资金限量条件下相关方案经济性比选的一般程序如图 5-6 所示。

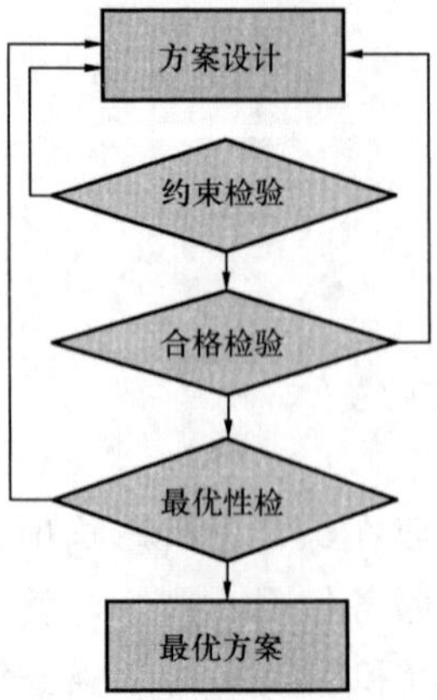

方案设计

约束检验

合格检验

最优性检

最优方案

图 5-6 资金限量条件下相关方案的比选程序

### 一、互斥组合法

互斥组合法是把备选方案的各种可能组合视为互斥方案，然后按互斥方案的比选方法选择最优组合方案。其比选步骤是：

（1）列出备选方案的所有组合方案；

（2）排除投资总额不符合资金约束条件的组合方案；

（3）对各个组合方案按互斥方案运用某些评价指标进行评价比较。

下面将举例说明。

表 5-5　方案 A、B、C 的有关资料

| 方案 | 期初投资（万元） | 年净收益（万元） | 寿命（年） |
|---|---|---|---|
| A | 120 | 43 | 5 |
| B | 100 | 42 | 5 |
| C | 170 | 58 | 5 |

【例 8】某项目有三个独立的备选方案 A、B、C，各方案的投资、年净收益和寿命见表 5-5 所列。已知资金限额是 300 万元，基准收益率为 15%，试选择方案。

**解**　(1) 列出方案 A、B、C 的所有组合方案，见表 5-6。

(2) 排除投资总额不符合资金约束条件的 7 号组合方案。

(3) 计算各组合方案的净现值，见表 5-6 所列。由表 5-6 结果知 $NPV_6>0$ 且最大，故最优方案组合应是 6 号组合方案，即应选择方案 B 和 C。

表 5-6　方案 A、B、C 的互斥组合　万元

| 序号 | 方案组合 | 投资 | 年净收益 | *NPV* |
|---|---|---|---|---|
| 1 | A | 120 | 43 | 24.1 |
| 2 | B | 100 | 42 | 40.8 |
| 3 | C | 170 | 58 | 24.4 |
| 4 | AB | 220 | 85 | 64.9 |
| 5 | AC | 290 | 101 | 48.5 |
| 6 | BC | 270 | 100 | 65.2 |
| 7 | ABC | 390 | | |

当然，也可采用增量内部收益率指标，用环比法选择最优的方案组合。

互斥组合法的优点是遵循了互斥方案的评价方法，先考察互斥方案的绝对经济效益，而后进行相对经济效益比较，因而比较全面。而且在评价中，不论采用价值性指标，还是比率性指标，实质上都在追踪组合方案的经济效益最大化。所以，互斥组合法可以实现资金限量条件下独立方案的目的——总效益最大。

**二、取舍率法**

取舍率法是在资金限量条件下，根据各方案的净现值指数或内部收益率的大小确定各方案的先后顺序，并分配资金，直至资金总量被分配完毕为止的一种方案选择方法。最后一个获得资金的方案的净现值指数，称为取舍率。它代表资金限量条件下，方案取舍的实际标准。采用这种方法，一般能得到投资经济效益较大的方案组合，但不一定是最优的方案组合。其具体做法如下（以净现值指数为例）：

(1) 计算各备选方案的净现值指数，舍弃净现值指数小于零的方案；

(2) 将备选方案按净现值指数大小排序；

(3) 依方案排序选择方案，直到所选方案的投资总额等于或接近资金限量。

表 5-7　方案 A、B、C 的有关资料　万元

| 方案 | 初始投资（第 0 年） | 年净收益（1～10 年） | *NPVR* |
|---|---|---|---|
| A | 100 | 25 | 0.536 |
| B | 300 | 60 | 0.229 |
| C | 240 | 50 | 0.242 |

【例 9】某项目有三个独立备选方案 A、B、C，其初始投资和各年净收益见表 5-7。已知 $i_c=10\%$，资金限额为 440 万元，试比较方案。

**解**　(1) 计算各方案的净现值指数 *NPVR*，结果见表 5-7 所列。

(2) 将方案按 *NPVR* 排序为 A、C、B。

(3) 按排序结果选择方案 A 和 C，投资额为 340 万元，取舍率为 0.242。

上述选择是否最优方案组合呢？可用互斥组合法验证。

互斥组合法计算结果见表 5-8。显然，最优方案组合是 4 号，即方案 A 和 B。可见，本案例中用互斥组合法选择的方案 A 和 B（净现值为 122.2 万元），优于用取舍率法选择方案

表 5-8　方案 A、B、C 的互斥组合　万元

| 序号 | 方案组合 | 投资 | 年净收益 | *NPV* |
|---|---|---|---|---|
| 1 | A | 100 | 25 | 53.6 |
| 2 | B | 300 | 60 | 68.6 |
| 3 | C | 240 | 50 | 58.2 |
| 4 | AB | 400 | 85 | 122.2 |
| 5 | AC | 340 | 75 | 111.8 |

A 和 C（净现值为 111.8 万元）。

取舍率法的优点是简便易算，特别是在方案众多的情况下更是如此。它的基本思想是追求投资的效率最大，而由于项目的不可分性，取舍率法往往不能保证限额资金的充分利用，因而不能达到总的经济效益最大的目的。

为弥补取舍率法可能漏选最优组合的不足（如［例 9］中漏选了 A、B 组合），可进一步计算各组合及其剩余资金的综合投资收益率。这时假设剩余资金另做他用，可获得基准收益率水平。计算公式为

$$NPV_{组}=\frac{1}{K_{限}}[\sum_{j=1}^{m}K_jNPVR_j+(K_{限}-\sum K_j)i_c]$$

式中　$NPVR_{组}$——某方案组合与剩余资金整体的净现值指数；

$K_{限}$——资金限额；

$K_j$——该组合中第 $j$ 个方案的投资额；

$NPVR_j$——该组合中第 $j$ 个方案的净现值指数；

$m$——互斥组合中包括的独立方案个数；

$i_c$——基准收益率（近似视为剩余资金的净现值指数）。

下面结合［例 9］，分别计算 AB 组合和 AC 组合及剩余资金的综合净现值指数，用以选择方案。

$$\begin{aligned}NPVR_{AB限}&=\frac{1}{K_{限}}[K_A\cdot NPVR_A+K_B\cdot NPVR_B+(K_{限}-K_A-K_B)\cdot i_c]\\&=\frac{1}{440}\times[100\times0.536+300\times0.229+(440-100-300)\times10\%]\\&=0.287\end{aligned}$$

$$\begin{aligned}NPVR_{AC限}&=\frac{1}{K_{限}}[K_A\cdot NPVR_A+K_C\cdot NPVR_C+(K_{限}-K_A-K_C)\cdot i_c]\\&=\frac{1}{440}\times[100\times0.536+240\times0.242+(440-100-240)\times10\%]\\&=0.277\end{aligned}$$

由于 $NPVR_{AB}$组＞$NPVR_{AC}$组，所以 AB 组合优于 AC 组合。

## 第四节　收益相同（或未知）方案的经济性比较与选择

在项目策划中，往往会基于既定的同一目标而提出众多备选方案。所有备选方案的实施效果是大致相同的。这些方案就是收益相同方案。比如，某企业基于特定产品生产而购置设备，因而会提出许多设备选型的备选方案。但最终不论选取何种设备，都在于要满足特种产品生产的目的，任何设备使用的效果都是相同的。还有一类项目具有公共产品的属性，其实施更多是为了给社会公众提供便利。这样一类项目其运营效果通常难以用货币量度量，而且

也无此必要。这就是收益未知方案。比如在A、B两地间拟建一项交通项目，以满足A、B两地间客货运输需要和区域经济发展需要，不论何种备选方案：铁路、公路、航空等，其实施后的收益难以确切知晓，实际上却不必知道，但都是为了达到“满足两地间客货运输需要，发展区域经济”这个目的。这三个方案就是收益未知方案。

对收益相同或收益未知这样两类方案进行经济性比选，由于其收益相同或未知（无须已知），根据经济效益的基本表达式，因此方案比较只需进行局部比较，即只需进行费用的相对比较。

常用的费用比较方法主要有费用现值法和费用年值法。费用比较法比选方案的准则是：费用小的方案相对优。

应当指出，费用比较法只是对构成项目经济效益要素的局部比较，不能仅凭费用比较法的结论证明方案的经济可行性。因此，即使通过费用比较法选择的最优方案，即费用最小的方案，也可能达不到起码的经济要求。若要了解方案的经济效益水平，尚需进行经济效益构成要素的全面分析——费用效益分析。

**一、费用现值法**

费用现值是指建设项目在整个寿命期内，各年的费用按给定的折现率折算到计算期初（第0年）的现值之和，记作$PC$。其一般表达式为

$$PC = \sum_{0}^{n} CO_j (P/F, i_c, j)$$

式中　$CO_j$——第$j$年的现金流出。

费用现值法是以费用现值为评价指标来比选方案的方法。

**【例10】** 某企业根据生产需要，拟引进一台设备，共有三种型号供选择，其功能相同，设备购置费和年经营费用见表5-9所示，已知基准收益率为10%，试选择设备。

**表5-9**　**设备购置费和年经营费用**

| 型号 | 购置费（元） | 年经营费用（元） | 寿命（年） | 期末残值（元） |
|---|---|---|---|---|
| A | 50000 | 2000 | 10 | 500 |
| B | 60000 | 1000 | 10 | 2000 |
| C | 75000 | 500 | 10 | 5000 |

**解**　计算各方案的费用现值，分别为

$$PC_A = 50000 + 2000(P/A, 0.10, 10) - 500(P/F, 0.10, 10) = 62095.5(\text{元})$$

$$PC_B = 60000 + 1000(P/A, 0.10, 10) - 2000(P/F, 0.10, 10) = 65373.1(\text{元})$$

$$PC_C = 75000 + 500(P/A, 0.10, 10) - 5000(P/F, 0.10, 10) = 76144.6(\text{元})$$

由于$PC_C > PC_B > PC_A$，故应选择A型设备。

采用费用现值法比选寿命不等方案时，应注意不同寿命期内费用现值的不可比性。此时，通常采用第二节介绍的共同服务期处理方法。

**【例11】** 某企业为满足生产需要，需购置设备，可供选择的两种设备的有关资料见表5-10所示，已知基准收益率为10%，试在：(1) 要求服务年限20年；(2) 要求服务年限10年（10年末B设备残值为35000元）两种情况下选择设备。

表 5-10 **备选设备相关信息**

| 型号 | 购置费 | 年运行费用（元） | 寿命（年） | 残值（元） |
|---|---|---|---|---|
| A | 40000 | 8000 | 10 | 0 |
| B | 65000 | 6000 | 20 | 3000 |

**解** (1) 要求服务年限为 20 年，假设 A 设备在寿命终了时以原型更新，则两设备在共同服务期内的费用现值分别为

$$PC_{A.20}=40000+8000(P/A,0.10,20)+4000(P/F,0.10,10)=109649(\text{元})$$

$$PC_{B.20}=65000+6000(P/A,0.10,20)-3000(P/F,0.10,20)=115635.4(\text{元})$$

由于 $PC_{B.20}>PC_{A.20}$，故应选择 A 设备。

(2) 要求服务年限为 10 年，B 设备存在“未使用价值”，需在共同服务寿命期末回收。

$$PC_{A.10}=40000+8000(P/A,0.10,10)=89152.6(\text{元})$$

$$PC_{B.10}=65000+6000(P/A,0.10,10)-35000(P/F,0.10,10)=88375.1(\text{元})$$

由于 $PC_{A.10}>PC_{B.10}$，故应选择 B 设备。

**二、费用年值法**

费用年值是指是项目在寿命期内的年费用值按给定的折现率折算的年均值，记作 $AC$。其一般表达式为

$$AC=PC(A/P,i_c,n)$$

费用年值法就是以费用年值作为评价指标来比选方案的方法，当备选方案的寿命不等时，采用费用年值法计算较为简便。

**【例 12】** 仍以［例 11］两设备为例，用费用年值比选设备。

**解** 两设备的费用年值分别为：

$$AC_A=40000+8000(P/A,0.10,10)=14508(\text{元})$$

$$AC_B=65000+6000(P/A,0.10,20)-3000(P/F,0.10,20)=13582(\text{元})$$

由于 $AC_A>AC_B$，故应选择 B 设备。

**三、最低价格（服务收费标准）比较法**

最低价格（服务收费标准）是指以净现值为 0 推算的方案产品（服务）最低价格。记做 $P_{min}$。其一般表达式为

$$P_{min}=PC/\sum_{j=1}^{n}Q_j(P/F,i_c,j)$$

式中 $Q_j$——第 $j$ 年的产出量。

最低价格（服务收费标准）比较法适用于相同产出方案的必选。

用最低价格（服务收费标准）指标必选方案时，以最低价格低的方案为优。

1. 投资方案之间的关系有哪些？各自有何特点？
2. 互斥方案的经济性比选应包含哪些内容？为什么？
3. 投资方案的“未使用价值”是否由方案的寿命被截取而损失的收益？如何估价？
4. 资金限量条件下相关方案的经济性比选方法有哪几种？为什么取舍率法不能保证决

策方案的总效益最大?

## 练　习　题

1. 某项目有 5 个方案备选，相关资料见表 5-11。各方案的服务期均为 10 年。

(1) 若基准收益率为 10%，应选择哪个方案?

(2) 折现率为多少时，C 方案在经济上最优?

**表 5-11**

| 方　　案 | A | B | C | D | E |
|---|---|---|---|---|---|
| 初始投资 | 1000 | 2000 | 3000 | 4000 | 5000 |
| 年净收益 | 350 | 500 | 950 | 1200 | 1520 |

2. 某企业拟购置一设备，有两种型号备选，相关资料见表 5-12。若基准折现率为 10%，试在下述两种情况下选择设备。

(1) 要求服务年限为 10 年;

(2) 要求服务年限为 20 年。

**表 5-12**

| 设备型号 | 原值（元） | 年劣化值（元） | 年收益（元） | 寿　命 |
|---|---|---|---|---|
| A | 100000 | 10000 | 25000 | 10 |
| B | 150000 | 6500 | 28000 | 20 |

3. 若题 1 中的 5 个方案是独立的，试在以下两种情况下进行投资决策。

(1) 资金足够多;

(2) 资金限量为 6000 万元。此时的取舍率为多少?

4. 若题 2 中的两设备收益相同，又应如何选择呢?

5. 某人在已工作的 5 年中，每月剩余资金 3000 元，以年利率 5.5%存于银行。按照公司的政策，每年年终还可得到 20000 元的奖金。年终奖金实行沉淀制度，在公司连续工作满 10 年才可以逐年得到。该员工目前拟解决住房问题。有三个方案备选:

(1) 用一次付款方式购房，房价 40 万元，可优惠 5%;

(2) 用分期付款方式购上述房，首付 30%，余款在未来年份以最大偿还能力等额偿还本息;

(3) 租住上述房，月供租金 2000 元。

解决住房问题的资金缺口可由银行贷款筹措，贷款年利率 6%。若基准折现率为 6.5%，试进行方案选择。

6. 拟在相距 500km 的 AB 两地间建一铁路项目。据预测，铁路建成后，若每公里运费为 0.30 元/t，则运量为 2500 万 t；运费为 0.25 元/t 时，运量为 4000 万 t；运费为 0.20 元/t 时，运量为 6000 万 t；运费为 0.15 元/t 时，运量为 8000 万 t。运输固定成本为 10 亿元，变动成本为 0.02 元/t。试问:

(1) 该线路在何情况下收益最大? 为多少?

(2) 若基准折现率为 10%，线路寿命为 30 年，那么线路投资最大为多少时项目可建设？

7. 某河建桥，有A、B两处地点可选择。在A地建桥其投资为1200万元，年维护费2万元，水泥桥面每10年翻修一次需5万元；在B点建桥，预计投资1100万元，年维护费8万元，每三年粉刷一次需3万元，每10年整修一次需4万元。若基准折现率为10%，比较哪一个方案为最优。

8. 表5-13是按投资由小到大列出的三个方案。方案之间互斥，$i$ 取值在什么范围时应优选B方案？

**表 5-13 方案信息表**

| 方案 | *IRR*（%） | Δ*IRR*（%） | |
|---|---|---|---|
| | | A | B |
| A | 15 | | |
| B | 13 | 11 | |
| C | 10 | 8 | 6 |

# 第六章　项　目　融　资

任何一个建设项目的存续都赖以资金基础，融资是项目建设和运行的起点。资金来源渠道、筹集方式、资金结构、资金配置等融资问题影响着项目的实施及其经济性。因此，项目融资是建设项目投资决策中首先要抉择的问题。分析融资主体、资金来源渠道和筹集方式，研究资金结构和资金规划，以选择合理的筹资方式、资金结构和适宜的资金配置方式，是保证项目顺利实施并取得预期经济效益的必要条件。而且对于我们这样一个正处于工业化发展阶段，资金相对短缺的国家，研究筹资问题，又具有重大的现实意义。

## 第一节　融　资　主　体

分析研究项目的融资渠道和方式，提出和选择合适的融资方案，首先需要确定项目的融资主体。所谓融资主体，是指以其名义进行资金的融通活动，并由其对融资行为承担相应责任的当事人。

融资主体不同，融资渠道、筹资方式和融资中的风险也不同。建设项目的融资主体，根据其与原有项目的关联性，可分为新设法人融资主体和既有法人融资主体。

### 一、新设法人融资主体

新设法人融资主体是指以新设立的项目法人为融资活动主体，并由其承担融资行为的全部责任。新设法人融资的主体是项目法人。项目法人是指为项目建设而设立的，对项目建设的工程质量、工程进度、资金运行和生产安全等项目建设承担独立责任的法人实体。

在下列情况下，一般以新设法人为融资主体：

(1) 拟建项目投资规模较大，既有法人不具有项目融资以及为项目融资承担全部责任的能力。

(2) 既有法人财务状况不佳，资信实力欠缺，获得内外资金的可能性不大。

(3) 既有法人和拟建项目生产经营的关联性不强，项目可脱离既有法人独立运营。

(4) 项目自身盈利能力较强，依靠项目自身的未来收益或权益可以融集所需资金。

### 二、既有法人融资主体

既有法人融资主体是指以既有的企业法人（或其他法人）为融资活动主体、并由其承担融资行为的全部责任。既有法人融资的主体是企业法人（或其他法人）。企业法人是指为项目的运营而设立的，对项目运营的产品或服务质量、企业对外经济关系、企业内部运行等项目运营承担独立责任的法人实体。

在下列情况下，一般以既有法人为融资主体：

(1) 既有法人财务状况良好，资信实力较强，具有项目融资或为项目融资承担责任的实力。

(2) 既有法人和拟建项目生产经营的关联性较强，项目难以脱离既有法人独立运营。

(3) 项目自身盈利能力较弱，难以依靠项目自身融集所需资金，但项目建设对既有法人未来发展具有重要作用。

## 第二节 资金来源渠道和筹集方式

资金筹集是根据项目建设需要，采用一定的方式，从一定的渠道，向项目的投资人及债权人筹集资金，组织资金供应，以保证项目资金需要的一项理财活动。

资金来源渠道即取得资金的途径，是指从何处取得资金。筹资主体不同，资金的筹资渠道也不同。认识筹资渠道的种类及每种渠道的特点，有利于充分利用筹资渠道，以满足资金筹集需要。

### 一、新设项目法人的资金来源渠道和筹集方式

根据资金的不同权益属性，资金筹集分为项目资本金筹集和项目债务资金筹集。

#### （一）项目资本金筹集渠道和方式

项目资本金是项目法人在其设立时依法筹集并长期拥有，自主调配运用的资金。项目资本金是项目法人依法设立的物质基础。项目法人通过依法筹集资本金，确立其独立财产权关系主体的地位。

项目资本金的筹集渠道和方式主要有两种。

1. 投资人直接出资

直接投资是指项目法人以协议等形式吸收国家、其他企业、个人和外商等投资主体的直接投入资金，形成项目资本金的一种筹资方式。吸收直接投资不以股票等证券为媒介，适用于非股份制单位。

吸收直接投资可以有多种类型，项目法人可选择采用。

（1）根据吸收直接投资的主体不同，可分为吸收国家直接投资，主要为国家财政拨款，由此形成国家资本金；吸收企业、事业单位等法人的直接投资，由此形成法人资本金；吸收城乡居民的直接投资，由此形成个人资本金；吸收外国投资者和我国港澳台地区投资者的直接投资，由此形成外商资本金。

需要注意的是，对于国家投资，应区分不同情况进行不同处理。以资本金形式注入的，应视为权益资本；以投资补贴、贷款贴息形式注入的，应视为现金流入，根据具体情况处理；以外资转贷形式注入的，应视为债务资金。

（2）根据出资形式的不同，可分为吸收现金投资和吸收非现金投资。吸收现金投资是项目法人吸收直接投资所乐于采用的形式。有了现金，可用于购置资产、支付费用，比较灵活方便。因此，项目法人一般争取投资者以现金方式出资。各国法规大多也都对现金出资比例作出了规定。吸收非现金投资主要有两种形式：一是吸收实物资产投资，即投资者以房屋、设备等固定资产和材料、产品等流动资产作价投资；二是吸收无形资产投资，即投资者以专利权、商标权、商誉、非专利技术、土地使用权等无形资产作价投资。对非现金资产，应进行客观公正的估价。

吸收直接投资是我国筹资中的一种传统方式，也曾是我国国有企业、集体企业普遍采用的筹资方式。

吸收直接投资的优点主要是：

（1）吸收直接投资所筹措的资金属于自有资本，与债务资金相比较，它能提高项目法人

的资信和借款能力。

(2) 吸收直接投资不仅可以筹集现金，而且能够直接获得所需的先进设备和技术，与仅筹集现金的筹资方式相比较，它能尽快地形成生产经营能力。

(3) 吸收直接投资的财务风险较低。

吸收直接投资的缺点主要有：

(1) 吸收直接投资通常资本成本较高。

(2) 吸收直接投资由于没有证券为媒介，产权关系不够明晰，也不便于产权交易。

2. 发行股票

股票是股份公司为筹措自有资金而发行的有价证券，是股东拥有公司股份的凭证。它代表股东在公司中拥有的股权。公司股东作为出资人按公司的股份享有所有者的资产受益、公司重大决策和选择管理者的权利，并以其为限对公司债务承担责任。

发行股票是股份公司筹措资本金的基本方式。

股份有限公司根据筹资需要，发行各种不同的股票。股票的种类很多，可按不同的标准进行分类。

(1) 按股东的权利和义务分为普通股股票和优先股股票。普通股股票 (common stock) 是公司发行的对股东 (stock holders) 的权利、义务不加特别限制的股票。普通股股票是最基本的股票。通常情况下，股份有限公司只发行普通股。

普通股在权利和义务方面的特点是：普通股股东享有公司的经营管理权；普通股股利分配在优先股之后进行，并依公司盈利情况而定；公司解散清算时，普通股股东对公司剩余财产的请求权位于优先股之后；公司增发新股时，普通股股东享有认购优先权。

优先股股票 (preferred stock) 是公司发行的优先于普通股股东分取股利和剩余财产的股票。优先股股息通常是一固定的数额，该股息不随公司业绩变化而变化。优先股是兼有资本金和债务资金特点的有价证券。

优先股股息在税后利润中分配。在工程经济分析中，通常将优先股作为资本金处理。

(2) 股票按票面有无记名分为记名股票和无记名股票。记名股票 (stock certificate registered in the name of the owner) 是在股票票面上记载股东的姓名或者名称的股票，股东姓名或名称要记入公司股东名册。我国《公司法》规定，公司向发起人、国家授权的投资机构、法人发行的股票，应为记名股票；向社会公众发行的股票，可以为记名股票，也可以是无记名股票。记名股票一律用股东本名，其转让、继承要办理过户手续。

无记名股票 (stock certificate not registered in the name of the owner ) 是在股票票面上不记载股东的姓名或名称的股票，股东姓名或名称也不记入公司股东名册，公司只记载股票数量、编号及发行日期。公司对社会公众发行的股票可以为无记名股票。无记名股票的转让、继承无须办理过户手续，即实现股权的转移。

(3) 股票按票面是否标明金额可分为有面额股票和无面额股票。有面额股票 (par value stock) 是公司发行的票面标有金额的股票。持有这种股票的股东，对公司享有权利和承担义务的大小，以其所拥有的全部股票的票面金额之和，占公司发行在外股票总面额的比例大小来定。我国《公司法》规定，股票应当标明票面金额。

无面额股票 (true no-par stock) 不标明股票金额，只在股票上载明所占公司股本总额的比例或股份数，故也称“分权股份”或“比例股”。其所以采用无面额股票，是因为股票价值实际上是随公司财产的增减而变动的。发行无面额股票，有利于促使投资者在购买股票时，注意计算股票的实际价值。

（4）股票按投资主体的不同，可分为国家股、法人股、个人股和外资股。国家股是有权代表国家投资的部门或机构以国有资产向公司投入而形成的股份。国家股由国务院授权的部门或机构持有，并向公司委派股权代表。

法人股是指企业法人依法以其可支配的资产向公司投入而形成的股份，或具有法人资格的事业单位和社会团体以国家允许用于经营的资产向公司投入而形成的股份。

个人股为社会个人或本公司职工以个人合法财产投入公司而形成的股份。外资股是指外国和我国港、澳、台地区投资者购买的人民币特种股票。

（5）股票按发行的时间先后可分为始发股和新股。始发股是股份公司设立时发行的股票。新股是公司依股东大会决议在增加公司注册资本时发行的股票。新设项目法人融资只能采用始发股的方式。

（6）我国目前的股票还按发行对象和上市地区，分为A种股票、B种股票和H种股票。A种股票是供我国境内个人或法人买卖的、以人民币标明票面价值并以人民币认购和交易的股票；B种股票和H种股票是专供外国和我国港、澳、台地区投资者买卖的，以人民币标明面值但以外币认购和交易的股票。B种股票在深圳、上海上市，H种股票在香港上市。

新设项目法人的股票发行主要采取公募发行的方式。公募发行即向社会公众公开招募认购人认购股票。它又可分为直接公募和间接公募两种。

直接公募发行是发行公司通过证券商等中介机构，向社会公众发售股票，发行公司承担发行责任与风险，证券商不负担风险而只收取一定手续费。

间接公募发行是发行公司通过投资银行发行、包销，投资银行承担风险，由投资银行先将股票购入再售与社会公众。

以发行股票方式筹资的主要优点是：

（1）企业的产权关系明晰。法人对股东出资形成的资产享有独立财产权，从而确立其独立的市场主体地位；股东以其持有公司的股份依法行使其股权，参与公司股利分配、重大问题决策和主要人事任免。以此建立起完善的法人治理结构。

（2）由于股票证券化和公司开放性特征，企业可以通过发行股票筹集大量资金，并提高企业的信用价值和社会声誉。

（3）投资者除依法转让其股份外，不得以任何方式抽回其投入的资本，因而股票筹集的是永久性权益资本，既没有还本付息的风险压力，又可支持企业长期持续稳定经营。

股票筹资的主要缺点是：

（1）资本成本较高。一方面是投资股票面临较高的风险，因而股东有着高股利分配的期望，并且股利分配又在税后净利中支付；另一方面，股票发行成本也较高。

（2）由于股票证券化的流动性，会使得公司的股权结构随时发生变化，因而会分散公司的控制权并影响股票市价。

（3）公司的开发性，也会使公司面临较大的经营风险。

### （二）项目债务资金筹集渠道和方式

债务资金是项目法人依约筹措并使用、按期偿还本息的借入资金。债务资金体现了项目法人与债权人的债权债务关系，它属于项目的债务，是债权人的债权。债权人有权依约按期索取本息，但不参与企业的经营管理，对企业的经营状况不承担责任。项目法人对借入资金在约定的期限内享有使用权，承担按期付息还本的义务。

项目债务资金的筹集渠道和方式主要有 7 种。

1. 银行贷款

银行贷款是指项目法人通过借款合同与银行建立资金借贷关系的筹措方式。银行贷款根据不同的标准可以有不同的分类。

（1）按提供贷款的银行性质可分为政策性银行贷款和商业性银行贷款。政策性贷款（policy loans）由执行国家政策性贷款业务的银行（通称政策性银行）提供的贷款，通常为长期贷款，利率较低。政策性贷款主要配合国家的产业政策实施，是对政策性项目发放的贷款。

我国政策性银行有：国家开发银行、中国进出口银行、中国农业发展银行。

商业性银行贷款（business loans），是项目法人向商业银行的借款。从商业银行获得贷款，是我国项目建设取得短期、中长期资金的主要方式。国内商业银行贷款手续简单、成本较低。

（2）按有无担保可分为担保贷款和信用贷款。担保贷款系指保证贷款、抵押贷款和质押贷款。保证贷款指按法律规定的保证方式以第三人（即保证人）向贷款人承诺在借款人不能依约偿还贷款时，按约定由其承担一般保证或连带保证责任而发放的贷款。抵押贷款指按法律规定的抵押方式以借款人或第三人的财产作为抵押物，在借款人不能依约偿还贷款时，由贷款人（即抵押权人）行使抵押物权，即扣留并依法变卖抵押物并优先受偿而发放的贷款。质押贷款指按法律规定的质押的担保方式以借款人或第三人的动产或权利作为质押物，在借款人不能依约偿还贷款时，由贷款人（即质押权人）行使质押物权，即依法扣留并变卖抵押物并优先受偿而发放的贷款。

项目法人可以其未来项目的运营收益或权益担保贷款。

信用贷款指仅凭借款人的信用而发放的贷款。信用贷款一般仅贷给那些资信优良的单位。这种贷款银行承担着较大的风险，所以通常要根据借款单位的领导人素质、经济实力、资金结构、履约情况和发展前景等因素评定借款人信用等级，并对借款的合法性、安全性、盈利性等情况进行调查，测定贷款人的风险度。为了降低贷款风险，银行一般要收取较高的利息，并附加一些限制条件。

项目权益资金是保证项目法人良好资信的基础。

银行贷款的优点主要有：

（1）筹资速度快。利用银行贷款筹资，一般所需时间较短，程序较为简单，可以快速获得资金。

（2）借款成本低。借款筹资的利息支出可在所得税前列支，所以可以减少企业实际负担的成本，而且借款属于间接筹资，筹资费用也很少。

（3）借款弹性较大。在借款时项目法人和银行可就借款时限、额度和利率等进行协商；在用款过程中，企业还可以依据财务情况与银行就期限展期、贷款额度调整等进行再协商。

银行借款的缺点主要是：

（1）筹资风险较高。借款一般有固定的利息负担和确定的偿付时限，故借款企业的筹资风险较高。

（2）贷款的限制条件较多。

（3）筹资数量有限。

2. 发行债券

债券（Bonds）是债务人为筹集债务资金而向债券认购人（债权人）发行的，约定在一定期限以确定的利率向债权人还本付息的有价证券。发行债券是项目法人筹集借入资本的重要方式。

债券根据不同的标准有不同的分类。

（1）记名债券与无记名债券。记名公司债券是在券面上记有持券人的姓名或名称。记名债券的转让，由债券持有人以背书等方式进行，并向发行公司将受让人的姓名或名称载于公司债券存根簿。

无记名债券是指在券面上不记持有人的姓名或名称，还本付息以债券为凭，一般实行剪票付息。其转让由债券持有人将债券交付给受让人后即发生效力。

（2）固定利率债券与浮动利率债券。固定利率债券的利率在发行债券时即已确定并载于债券券面。

浮动利率债券的利率水平在发行债券之初不固定，而是根据有关利率如银行存贷利率水平等加以确定。

（3）一次到期债券与分次到期债券。一次到期债券是指发行公司于债券到期日一次集中清偿所发行的全部债券本金。

分次到期债券可有两种情形，一种是设计分批到期偿还；另一种是对同一债券的本金分次偿付，于债券到期日偿清本金。公司发行这种债券可以分散其集中还本的财务负担。

（4）收益公司债券、可转换公司债券与附认股权债券。收益公司债券（income bonds）是指只有当发行公司有税后收益可供分配时，才支付利息的一种公司债券。这种债券对发行公司而言，不必承担固定的利息负担；对投资者而言，风险较高，收益也可能较多。

可转换公司债券（convertible bonds）是指根据发行公司债券募集办法的规定，债券持有人可将其转换为发行公司的股票。债券持有人有权选择是否将其所持债券转换为股票。发行这种债券，既可为投资者增加灵活的投资机会，又可为发行公司调整资本结构或减缓财务压力提供便利。可转换债券兼有债权性和股权性的特征，持有人享有其他债券持有人不享有的转股权。

可转换债券的利息进入运营成本，在所得税前列支。在工程经济分析中，可转换债券一般作为项目债务资金处理。

附认股权债券（bonds with warrants）是指所发行的债券附带允许债券持有人按特定价格认购股票的一种长期选择权。这种认股权通常随债券发放，具有与可转换公司债券相类似的属性。附认股权公司债券的票面利率，与可转换公司债券一样，通常低于一般公司债券。

（5）上市债券与非上市债券。按照国际惯例，公司债券与股票一样，也有上市与非上市之区别。上市债券（listed binds）是经有关机构审批，可以在证券交易所买卖的债券。

项目法人通过发行建设债券筹集资金，既有利也有弊，应加以识别权衡，以便抉择。

债券筹资的优点主要有：

（1）债券成本较低。与股票的股利相比较而言，债券的利息允许在所得税前支付，发行公司可享受税上利益，故公司实际负担的债券成本一般较低。

(2) 可利用财务杠杆。无论发行公司的盈利多少，债券持有人一般只收取固定的利息，而更多的收益可用于分配给股东或留用公司经营，从而增加股东和公司的财富。

(3) 保障股东控制权。债券持有人无权参与发行公司的管理决策，因此，公司发行债券不会像增发新股那样可能会分散股东对公司的控制权。

(4) 便于调整资本结构。在公司发行可转换债券以及可提前赎回债券的情况下，则便于公司主动地合理调整资本结构。

债券筹资的缺点主要是：

(1) 财务风险较高。债券有固定的到期日，并需支付利息，发行公司必须承担按期付息偿本的义务。在公司经营不景气时，亦需向债券持有人付息偿本，这会给公司带来更大现金流量困难，有时甚至导致破产。

(2) 限制条件较多。发行债券的限制条件一般要比长期借款、租赁筹资的限制条件多且严格，从而限制了对债券筹资方式的使用，甚至影响公司以后筹资能力。

(3) 筹资数量有限。公司利用债券筹资一般受一定额度的限制。多数国家对此都有限定。我国《公司法》规定，发行公司流通在外的债券累计总额不得超过公司净资产的40%。

3. 融资租赁

融资租赁在我国是一种新型的融资方式。它是指出租人作为买受人与出卖人订立买卖合同，购买承租人指定的租赁物，并提供给承租人使用、收益的租赁方式。融资租赁是一种融资和融物相结合，通过融物达到融资目的的有效手段。

在项目运行中，往往需要大量的设备，而又面临短时间内筹集大量资金的困难，此时，融资租赁正当其用。通过融资租赁的形式，项目法人可用较少的租金取得设备的使用权和收益权，然后在经营中边生产，边收益，边支付租金，最后取得设备的所有权。所以，融资租赁对于需要大量设备而又面临筹资困难的项目法人是一种有效的筹资方式。

融资租赁的优点是：

(1) 可迅速取得所需资产，满足项目运行对设备的需求。

(2) 由于租金在很长的租赁期间内逐渐支付，因而可以有效缓解短期筹集大量资金的压力。

(3) 租金进入成本，在税前列支，使企业获得税收上的利益。

融资租赁的缺点是：

(1) 由于出租人面临承租人偿债和出租设备性能劣化的双重风险，因而融资租赁的租金通常较高。

(2) 在技术进步较快时，承租人面临设备性能劣化而不能对设备变性改造的障碍。

4. 非银行金融机构借款

非银行金融机构主要有信托投资公司、租赁公司、保险公司、证券公司等。他们有的承销证券，有的融资融物，有的为了一定的目的而集聚资金，可以为项目直接提供部分资金。这种筹资渠道的财力比银行小，但具有广阔的发展前景。

5. 外国政府贷款

是指一国政府向另一国政府提供的具有一定的援助或赠予属性的贷款。外国政府贷款利率较低，期限较长，接受国享有较多的贷款优惠。

目前我国可利用的外国政府贷款主要有：日本国际协力银行贷款、日本能源贷款、美国国际开发署贷款、加拿大国际开发署贷款、德国政府贷款和法国政府贷款等。

外国政府贷款有以下特点：

（1）带有援助性质，用款较优惠。

（2）贷款一般为混合方式，一般政府贷款占三分之一，出口信贷占三分之二。

（3）款项一般限定用途使用。

6. 国际金融组织贷款

是指国际金融组织向其成员国提供的各种贷款。与我国关系最为密切的国际金融组织主要是世界银行、国际货币基金组织和亚洲银行。

国际金融组织贷款有以下特点：

（1）贷款期限较长，还可以有宽限期，利率较低。

（2）通常只提供所需款项的一部分（主要是外汇部分），需要国内资金配套。

（3）贷款程序严密，审批严格。

7. 出口信贷

是设备出口国政府为促进本国设备出口，鼓励本国银行向本国出口商或外国进口商（或进口方银行）提供的贷款。贷给本国出口商称卖方信贷，贷给外国进口商（或进口方银行）成为买方信贷。

出口信贷的特点是：

（1）利率较低，但通常需支付附加财务费用（诸如管理费、承诺费、信贷保险费等）。

（2）贷款资金限定用于购买贷款国设备。

**二、既有企业法人的资金来源渠道和筹集方式**

既有企业法人筹集资金是指在原有资本金和债务资金基础上扩充资金。既有企业法人扩充资金的渠道和方式，除了可以采用新设项目法人的渠道和方式外，还有其特别渠道和方式。

按照取得的资金和既有企业法人的不同关系可分为外部筹资和内部筹资。外部筹资是指从既有法人之外筹集资金，内部筹资是在既有法人内部获得资金。

（一）既有企业法人外部资金筹集渠道和方式

（1）发行新股。是指公司依股东大会决议在增加公司注册资本时发行的新股票。新股相对于始发股而言。

既有法人通过发行新股，可以扩充其资本金。

（2）商业信用。商业信用（trade credit）是指商品交易中以延期付款或预收货款进行购销活动而形成的信用借贷关系。它是企业之间的直接信用行为。

利用商业信用筹资的具体形式，通常有应付账款、应付票据、预收账款。

应付账款（accounts payable）是由赊购商品形成的，是最典型、最常见的商业信用形式。在应付账款形式下，买卖双方发生商品交易，买方受到商品后，不立即支付现金，也不出具借据，而是形成“欠账”，延迟一定时期后才付款。这种关系完全由买方的信用来维系。

应付票据（notes payable）是买方根据购销合同，向卖方开出或承兑商业票据，从而延期付款的一种信用。这种票据可由购货方或销货方开出，并由购货方承兑或请求其开户银行承兑，是一种正式凭据。其付款期限由交易双方商定。我国规定一般为 1～6 个月，最长不超过 9 个月，遇有特殊情况还可适当延长。

应付票据可分为带息票据和不带息票据。带息票据需要加计利息；不带息票据则不收取利息，属于免费信用。我国目前实务中，应付票据一般为不带息票据。

预收货款（advance from customers）是指销货企业按照合同约定，在交付货物之前向购货企业预先收取部分或全部货物的信用形式。它等于是销货方向买方先借一笔款项，然后用货物抵偿。对于生产周期长，成本售价高的货物，如电梯、轮船、房地产等，供货方往往向订货方预收货款，取得一定的短期资金来源。

此外既有法人在生产经营活动中往往还形成一些应付费用，如应付水电费、应付工资、应付税金、应付利息等。这些项目的发生受益在先，支付在后，支付期晚于发生期，故形成一种“自动性筹资”。

既有企业法人利用商业信用可以筹集短期债务资金。

（二）既有企业法人内部资金筹集渠道和方式

（1）可使用的货币资金。是指既有法人现有的货币资金和其未来经营中获得的盈余资金。现有的货币资金包括库存现金和银行存款。未来经营中可能获得的盈余资金，指在项目建设中企业经营获得的现金节余。

（2）资产变现。是指既有企业法人将固定资产、流动资产和长期投资，通过市场行为转换为现金，以用于项目建设。

企业对于闲置或使用率低的固定资产，可以出售变现。对于长期股权和债权投资可以通过转让变现。对于流动资产可以通过加强管理，增加周转次数、降低存货数量和时间、减少应收款占有等措施，取得现金。

（3）非货币资产投入。是指既有企业法人的大量非货币资产（诸如设备、材料、工业产权、土地使用权等）可以直接用于项目建设。

在直接使用既有法人非货币资产时，应给予客观公正的价值估算。

（4）经营权变现。是指既有企业法人通过转让其资产经营权而取得项目建设资金。

## 第三节 资金成本与资金结构

### 一、资金成本

资金成本也称资本成本，是筹资管理的主要依据，也是投资决策的重要标准。

（一）资金成本的概念

在市场经济条件下，筹措和使用资金都要付出代价。资金成本（Cost of Capital）就是企业为筹措和使用资金而付出的代价。资金成本包括用资费用和筹资费用两部分：一是用资费用，指企业在投资和经营过程中因获得资金的使用和收益权而付出的费用。比如，向股东支付的股利、向债权人支付的利息等。这是资金成本的主要内容。二是筹资费用，指企业在筹措资金过程中而付出的费用。比如，向银行借款时支付的手续费，因发行股票、债券而支付的发行费用等。筹资费用和用资费用不同，它通常在筹措资金时一次支付，在用资过程中不再发生，因此，可将筹资费用在筹资数量中一次扣除。

资金成本可用绝对数表示，也可以用相对数表示，后者为用资费用与筹得的资金之比。即

$$K=\frac{D}{P-F}$$

或

$$K=\frac{D}{P(1-f)}$$

式中 $K$——资金成本；

$D$——用资费用；

$F$——筹资费用；

$f$——筹资费用率，即筹资费用与筹资额之比。

（二）资金成本的意义

资金成本是企业理财的一个重要概念，国际上将其列为一项“财务标准”（A Financial Standard）。资金成本对于企业筹资管理、投资管理，乃至整个经营管理都有重要意义。

（1）资金成本是比较筹资方式的依据。

1）个别资金成本是比较各种筹资方式优劣的尺度。企业筹集资金有多种方式可供选择，如借款、发行债券、发行股票等。不同的筹资方式的个别成本是不同的。资金成本的高低成为比较筹资方式的一个依据。

2）综合资金成本是企业进行资本结构决策的基本依据。企业的长期资金筹集有多种筹资组合方案可供选择，综合资金成本的高低是比较各种组合优劣，作出资金结构决策的基本依据。

（2）资金成本是评价投资方案的主要经济标准。一般地，一个投资方案，只有当其投资收益率高于其资金成本率时，在经济上才是合理的。否则，该方案则无经济上的价值。因此，通常把资金成本作为投资方案的“最低的期望收益率”，在方案选择上，把资金成本作为方案的“取舍率”。

（3）资金成本还是衡量企业经营业绩的基准。如果企业的投资利润率高于资金成本率，则认为企业经营有利；反之，如果企业的投资利润率低于资金成本率，则说明企业经营不佳。

（三）个别资金成本

个别资金成本（Individual Cost of Capital）是指各种长期资金的成本。

1. 债务成本

债务成本（cost of debt）主要有长期借款成本和债券成本。

按照国际惯例和各国所得税法的规定，债务利息一般允许在企业所得税前支付，因此企业实际负担的利息为：利息×（1－所得税率）。

（1）长期借款成本。企业长期借款成本可按下列公式计算

$$K_l=\frac{I_l(1-T)}{L(1-f_l)}$$

式中 $K_l$——长期借款成本；

$I_l$——长期借款年利息；

$T$——企业所得税率；

$L$——长期借款筹资额，即借款本金；

$f_l$——长期借款筹资费用率。

上列公式还可写成如下形式

$$K_l = \frac{R_l(1-T)}{1-f_l}$$

式中 $R_l$——表示借款年利率。

在长期银行借款附加补偿性余额（$CB$）的情况下，长期借款筹资额应扣除补偿性余额，从而长期借款成本将会提高。

长期借款的筹资费用主要是借款手续费，一般数额很小，有时亦可略去不计，这时长期借款成本可按下列公式计算

$$K_l = R_l(1-T)$$

（2）债券成本。债券成本（Cost of Bond）中的利息亦在所得税前列支，但发行债券的筹资费用一般较高，应予考虑。债券的筹资费用即债券发行费用，包括申请发行债券的手续费、债券注册费、印刷费、上市费以及推销费用等。其中有些费用按一定的标准（定额或定率）支付，有的并无规定的标准。

债券的发行价格有等价、溢价、折价三种。债券利息按面额（即本金）和票面利率确定，但债券的筹资额应按具体发行价格计算，以便正确计算债券成本。债券成本的计算公式为

$$K_b = \frac{I_b(1-T)}{B(1-f_b)}$$

式中 $K_b$——债券成本；

$I_b$——债券年利息；

$T$——企业所得税税率；

$B$——债券筹资额，按发行价格确定；

$f_b$——债券筹资费用率。

在实际中，由于债券利率水平通常高于长期借款，同时债券发行费用较多。因此，债券成本一般高于长期借款成本。

2. 权益成本

权益成本（Cost of Equity）主要有吸收直接投资的成本、优先股成本、普通股成本、留用利润成本等。各种权益的权利责任不同，计算方法也不同。

股票的股利是以所得税后净利支付的，不会减少企业应缴的所得税。因此，权益成本的计算方法不同于债务成本。

（1）优先股成本（Cost of Preferred Stock）。公司发行优先股筹资需支付发行费用，优先股股利通常是固定的。因此，优先股成本可按下列公式计算。

$$K_p = \frac{D_p}{P_p(1-f_p)}$$

式中 $K_p$——优先股成本；

$D_p$——优先股年股利；

$P_p$——优先股筹资额；

$f_p$——优先股筹资费用率。

其中，优先股筹资额应按优先股的发行价格确定。

（2）普通股成本（Cost of Common Stock）。普通股成本的确定方法与优先股成本基本

相同。但是，普通股的股利一般不是固定的，通常是逐年增长的。如果每年以固定利率 $G$ 增长，第一年股利为 $D_c$，第二年为 $D_c$（$1+G$），第三年为 $D_c$（$1+G)^2$，…，第 $n$ 年为 $D_c$（$1+G)^{n-1}$。因此，普通股成本的计算公式经推倒可简化为如下

$$K_c = \frac{D_c}{P_c(1+f_c)} + G$$

式中 $K_c$——普通股成本；

$P_c$——普通股筹资额；

$f_c$——普通股筹资费用率。

（3）留用利润成本。公司的留用利润是由公司税后净利形成的。它属于普通股股东。从表面上看，公司使用留用利润似乎不花费什么成本，实际上，股东愿意将其留用于公司而不作为股利取出投资于别处，总是要求与普通股等价的报酬。因此，留用利润也有成本，不过是一种机会成本（Opportunity Cost）。留用利润成本（Cost of Retained Earnings）的确定方法与普通股成本基本相同，只是不考虑筹资费用。其计算公式为

$$K_r = \frac{D_c}{P_c} + G$$

式中 $K_r$——留用利润成本，其他符号含义同前。

在公司全部资本中，普通股以及留用利润的分享最大，要求报酬相应最高，因此，其资本成本也最高。

（四）综合资本成本

综合资本成本（Overall Cost of Capital）是指企业全部长期资本的总成本。通常是以各种资本占全部资本的比重为权数，对个别资金成本进行加权平均确定的。故亦称加权平均资本成本（ Weighted Average Cost of Capital，缩写为 WACC）。综合资本成本是由个别资本和加权平均权数两个因素决定的，其计算公式如下

$$K_w = \sum_{j=1}^{n} K_j W_j \quad (\text{其中} \sum_{j=1}^{n} W_j = 1)$$

式中 $K_w$——综合资本成本，即加权平均资本成本；

$K_j$——第 $j$ 种个别资本成本；

$W_j$——第 $j$ 种个别资本占全部资本的比重，即权数。

在已确定个别资本成本的情况下，取得企业各种资本占全部资本的比重后，即可计算企业的综合资本成本。

计算个别资本占全部资本的比重，即综合资本成本权数可采用账面价值权数和市场价值权数。采用账面价值权数，可由企业资产负债表上直接获得资料计算而得，简便易行。但若债券和股票的市场价值已严重脱离账面价值，则由账面资料计算而得的权数可能不具有多大的实际意义。因而在此基础上的资本综合成本不能用于指导筹资决策。采用市场价值权数，真实地反映了公司目前的实际资本水平，有利于筹资决策。但证券的市场价格经常处于变动之中，因而不易选用。

## 二、杠杆利益

杠杆利益是企业资本结构决策的一个重要因素。资本结构决策需要在杠杆利益和相关风险之间进行合理的权衡。

（一）营业杠杆

在一定的产销规模内，由于固定成本并不随销售收入的增加而增加的习性，所以随着销量的增大，单位销量所负担的固定成本相对减少，因而给企业带来额外的营业收益。这种由于固定成本的杠杆作用，企业销售额变化对企业息税前收益（$EBIT$）变化的影响，称之为营业杠杆。通常用营业杠杆系数（$DOL$）来定量研究营业杠杆。因营业杠杆的作用给企业带来的营业收益称为营业杠杆利益。

$$DOL=\frac{\Delta EBIT/EBIT}{\Delta S/S}$$

式中　$DOL$——营业杠杆系数；

$EBIT$——息税前利润；

$S$——销售收入。

营业杠杆系数越大，表明企业息税前利润受销售收入影响越大。销售收入增加时，息税前利润呈更大增长态势，企业以此可获得较多杠杆利益；销售收入减少时，息税前利润以更大幅度下降，企业又面临较高的经营风险。

**【例 1】** 某公司生产某产品的固定成本总额为 140 万元，变动成本率为 60%，当销售收入为 780 万元时，息税前利润是 120 万元，则营业杠杆为

$$\begin{aligned}DOL&=\frac{\Delta EBIT/EBIT}{\Delta S/S}\\&=\frac{\Delta Q(p-v)/[Q(p-v)-F]}{p\Delta Q/pQ}\\&=\frac{Q(p-v)}{Q(p-v)-F}\\&=\frac{780\times(1-60\%)}{780\times(1-60\%)-140}\\&=1.81\end{aligned}$$

式中　$Q$——产销量；

$p$——销售单价；

$v$——单位变动成本；

$F$——固定成本。

$DOL=1.81$ 表明：当销售收入为 780 万元时，销售收入每变动 1%，息税前利润就同向变动 1.81%。

在单位产品平均单价、单位变动成本和企业固定成本不变的情况下，销售收入与息税前利润成正比，营业杠杆越大，杠杆利益就越显著，经营风险也就越高。

（二）财务杠杆

在资本结构一定的条件下，企业从息税前利润中支付的债务利息是相对固定的，当息税前利润增加时，每一元息税前利润所负担的债务利息就会相应地降低，扣除所得税后可分配给股东的股利就会增加，从而给企业所有者带来额外的收益。这种由于债务筹资的杠杆作用，企业息税前利润变化对股利变化的影响称之为财务杠杆。通常用财务杠杆系数（$DFL$）来定量研究财务杠杆。因财务杠杆作用给普通股股利带来的收益称为财务杠杆利益。

$$DFL=\frac{\Delta EPS/EPS}{\Delta EBIT/EBIT}$$

式中　$DFL$——财务杠杆系数；

$EPS$——普通股每股利润。

财务杠杆系数越大，表明普通股利润受企业息税前利润影响越大，息税前利润增加时，普通股利润呈更大的增长态势；息税前利润减少时，普通股利润以更大的幅度下降。

**【例 2】** 某公司全部资本为 1000 万元，债务资本比为 0.4，债务利率为 10%，所得税率为 33%，在息税前利润为 120 万元时，财务杠杆系数为：

由于

$$EPS = (EBIT - I)(1 - T)/N$$
$$\Delta EPS = \Delta EBIT(1 - T)/N$$

所以

$$DFL = \frac{EBIT}{EBIT - I} = \frac{120}{120 - 1000 \times 0.4 \times 10\%} = 1.5$$

式中　$I$——债务资本利息；

$T$——所得税税率；

$N$——流通在外的普通股股份数。

$DFL=1.5$ 表明，在目前情况下，当企业息税前利润增加 1%时，则普通股每股利润增加 1.5%；当息税前利润下降 1%时，则普通股每股利润减少 1.5%。

通常，财务杠杆系数越大，对财务杠杆利益影响就越大，财务风险也就越大。

（三）总杠杆

由营业杠杆和财务杠杆分析可知，营业杠杆是通过扩大销售收入影响息税前利润，财务杠杆是通过扩大息税前利润影响每股利润。两者最终都影响普通股的收益。如果公司同时利用营业杠杆和财务杠杆，则其影响会更大。

营业杠杆和财务杠杆的共同影响程度，可用总杠杆系数（$DTL$）表示。它是营业杠杆系数和财务杠杆系数的乘积。

$$DTL = DOL \times DFL = \frac{EBIT + F}{EBIT - I}$$

通过营业杠杆、财务杠杆和总杠杆的分析，可以得到以下结论：

（1）股东权益受经营风险和财务风险两种风险因素影响。其中经营风险主要受公司产品的需求情况、生产要素的供给情况、固定成本与变动成本的比例关系及对市场的应变能力等因素的影响；财务风险则主要受公司的资本结构的影响。

（2）在营业利润水平高于债务利息率时，负债经营可以提高股东的收益水平；在营业利润水平低于债务利息率时，负债经营将降低股东的收益水平。股东收益水平变化幅度的增加，就是财务杠杆引起的财务风险。

（四）资金结构

资金结构是指融资方案中各种资金的构成及其比例关系。资金结构是由企业采用各种筹资方式而形成的。各种筹资方式不同组合类型决定着企业的资金结构及其变化。资金结构包括资本金和债务资金结构比例、资本金内部结构比例和债务资金内部结构比例。

通常情况下，企业都采用债务筹资和权益筹资的组合，由此形成的资金结构又称“搭配资金结构”或“杠杆资金结构”，其搭配比率或杠杆比例（债务资金比率）表示资金结构中债务资金和权益资本的比例关系。因此资金结构问题总的来说是债务资金比率问题，即债务资金在资金结构中安排多大的比例。

**【例3】** 某项目投资总额为1000万元，每年可以创造的绩效（$EBIT$）为150万元。假若债务融资的年利率为10%，试分析不同资本结构对资本金收益的影响。

**解** 项目在不同负债率情形下每股股利分配情况见表6-1。

**表6-1** 不同负债率情形下股利分配表

| 负债率 | 0 | 50% | 80% |
|---|---|---|---|
| 资本总额（万元） | 1000 | | |
| 债务资金（万元） | 0 | 500 | 800 |
| 权益资本（万元） | 1000 | 500 | 200 |
| 年 $EBIT$（万元） | 150 | | |
| 年利息（万元） | 0 | 50 | 80 |
| 年毛利润（万元） | 150 | 100 | 70 |
| 净利润（万元） | 112.5 | 75 | 52.5 |
| $DFL$ | 1 | 1.5 | 2.4 |
| 每股净利润（元） | 1.125 | 1.5 | 2.625 |

通过表6-1，可以得出一般结论，合理使用债务资金，由于财务杠杆的作用，会提高权益资本的收益率。

资金结构（Capital Structure）是项目融资决策的核心问题。企业应综合考虑有关影响因素，运用适当的方法确定最佳资金结构，并在以后筹资中继续保持。企业资金结构不合理的，应通过筹资活动主动调整，使其趋于合理，以至达到最佳化。

项目资本金比例越高，企业的财务风险和债权人的债权风险就越小，可能获得较低利率的债务资金。由于债务资金利息（债务成本）在企业所得税前列支，所以在资金结构决策中，合理地利用债务筹资，安排债务资金的比率，可以起到合理减税的效果。在项目全投资收益率大于债务利率时，由于财务杠杆作用，债务资金比例越高，权益资本收益率越高。设

$R_{权}$——普通股股利率；

$R$——项目全投资收益率；

$R_{债}$——债务资金利率；

$K$——项目总投资；

$K_{权}$——权益资本；

$K_{债}$——债务资金。

则

$$\begin{aligned} R_{权} &= (KR - K_{债}R_{债})/K_{权} \\ &= R + K_{债}/K_{权}(R - R_{债}) \end{aligned}$$

当 $R > R_{债}$ 时，$K_{债}/K_{权}$ 越大，$R_{权} \gg R$；

当 $R < R_{债}$ 时，$K_{债}/K_{权}$ 越大，$R_{权} \ll R$。

运用债务筹资，虽然可以发挥财务杠杆的作用，但同时也会增加企业的财务风险债权人债权风险。

一般认为，在符合国家资本金比例规定、符合金融机构信贷规定及债权人资产负债比例要求的情况下，搭配资金结构应既能满足权益投资者期望收益的要求，又能较好地防范财务风险。

## 思考题

1. 简述常用的筹资渠道与方式。
2. 自有资金的筹资方式有哪些？各自的特点是什么？
3. 借入资金的筹资方式有哪些？各自的特点是什么？
4. 简述资金成本的含义及意义。
5. 如何理解个别资金成本、综合资金成本？
6. 何谓营业杠杆、财务杠杆、总杠杆？考察其意义是什么？
7. 如何在杠杆利益和风险之间进行权衡？
8. 如何理解“资金结构决策是筹资决策的核心”？

## 练习题

1. 某新建项目投资 2000 万元，筹资来源于自有资本和负债（债务利率为 15%）。项目建设期 3 年，第一年投资 500 万元，第二年 1200 万元，第三年 300 万元。项目运营后，年净收益为 700 万元。项目经济寿命期为 13 年。

（1）若基准折现率为 10%，试评价该项目的财务可行性；

（2）什么情况下该项目的自有资本投资收益率最大？此时的年净收益是多少？

2. 某项目投资总额为 1000 万元，每年可以创造的绩效（$EBIT$）为 90 万元。假若债务融资的年利率为 10%，试分析不同资本结构对资本金收益的影响，并与［例 3］的结论做比较。

# 第七章　建设项目的财务评价

建设项目财务评价是项目经济评价的重要组成部分。财务评价旨在通过对项目的财务盈利能力、偿债能力和生存能力评价，考察项目的财务可行性，为投资者和项目相关各方的有关决策提供基本依据。

## 第一节　融资前财务评价

### 一、财务评价的概念

财务评价，又称企业经济评价，是指根据现行国家财税制度和价格体系，分析、计算项目的直接效益和直接费用，以考察项目的盈利能力、清偿能力和财务生存能力等财务状况，据以判别项目的财务可行性。

财务评价是站在项目的立场上，按照企业微观利益最大化的原则，以项目为边界，以项目系统的实际发生为依据，分析、计算项目的财务效益和费用，考察项目对财务主体的价值以及对项目的投资者的财务贡献，据此判断项目在财务上的可行性，为投资决策、融资决策和其他有关方面决策提供依据。

不同类型的项目，财务评价的内容有所不同。对于经营性建设项目，应全面评价其盈利能力、清偿能力和财务生存能力。对于非经营性项目，主要评价其财务生存能力。

财务评价和国民经济评价共同构成建设项目的经济评价。一般地，建设项目只有分别通过了财务评价和国民经济评价，才是可行方案。

建设项目决策主要包括投资决策和融资决策两个方面。投资决策重在考察项目经现金流价值和投资成本的关系，融资决策以筹资方案是否能有效满足建设投资计划为标准。根据不同的决策需要，建设项目财务评价分为融资前财务评价和融资后财务评价。

### 二、融资前财务评价

#### （一）融资前财务评价的概念

融资前财务评价是指在不考虑债务融资的条件下进行的财务评价。融资前财务评价不考虑债务资金的筹集、使用和偿本付息等融资问题对项目建设和运营效益的影响，以考察项目对财务主体的价值或项目自身的财务可行性。

财务评价一般先进行融资前评价。在融资前评价结论满足要求的情况下，再确定融资方案，进行融资决策，而后进行融资后财务评价。

在初步可行性研究阶段，可以只进行融资前财务评价。

#### （二）融资前财务评价的内容

融资前财务评价主要是从项目投资总盈利能力角度，考察项目方案设计的合理性，为后续融资和投资决策做准备。所以，融资前评价是对项目盈利能力的评价。

项目盈利能力评价可从所得税前和所得税后两方面进行。从理论上讲，（所得）税前评价结论可以满足对项目方案设计合理性以及项目财务可行性考察的要求。所以，在初步可行性研究阶段或对于一般的经营项目可只考察税前的盈利能力。

当然，由于所得税是项目现金流出的重要科目，所以（所得）税后评价可以更准确地判断项目对企业价值的贡献。

融资前项目盈利能力评价主要进行动态分析。即用折现现金流的方式，通过财务内部收益率、财务净现值等动态指标，对项目的盈利能力进行评价。

（三）融资前财务评价的项目投资现金流

由于融资前评价在不考虑债务融资的条件下进行，所以融资前财务评价的项目投资现金流量由以下科目构成。

现金流入包括：营业收入、补贴收入、固定资产残值及流动资金回收。现金流出主要包括：建设投资、流动资金、经营成本、营业税金及附加。税后评价时，现金流出还包括调整所得税。

在融资前财务评价进行现金流量分析时，需要注意两点：一是当项目计征增值税时，营业收入是否含（增值）税，一定要区别处理。当营业收入为不含（增值）税收入时，现金流出中不含增值税科目；当营业收入为含（增值）税收入时，现金流出中应增加增值税科目。二是进行税后评价时，计算企业所得税的基础是息税前利润，称为“调整所得税”。严格讲在融资前评价中，息税前利润应该完全不受融资方案的影响，包括建设期利息对固定资产折旧（进而对利润）的影响。在工程经济分析实务中，为简化起见，可以用利润及利润分配表中的息税前利润计算“调整所得税”。

**【例 1】** 某项目使用 1000 万元建设投资（含其他资产 200 万元）进行建设。其中，项目资本金 900 万元，借款 300 万元，以发行债券形式筹得。债券票面价格 1000 元，发行价为 1250 元，票面年利率为 8%，发行费用率 3%。借款从项目开始运营偿还，利息照付，三年内等额偿本。项目流动资金 200 万元，第三年初投入，见表 7-1。固定资产残值 40 万元，其他资产无残值，均线性折旧和摊销。营业税率 5%，企业所得税率为 25%。基准折现率为 10%。试对项目进行融资前税前财务评价。

**表 7-1　　项目有关信息**

| 年　份 | 1 | 2 | 3 | 4 | 5 | 6 | 7 |
|---|---|---|---|---|---|---|---|
| 建设投资 | 800 | 200 | | | | | |
| 其中： | | | | | | | |
| 债　　券 | 300 | | | | | | |
| 流动资金 | | | 200 | | | | |
| 营业收入 | | | 500 | 600 | 600 | 600 | 600 |
| 经营成本 | | | 100 | 140 | 140 | 140 | 140 |

**解**　编制项目投资现金流量表（税前），见表 7-2。

**表 7-2　　项目投资现金流量表（税前）**

| 年份 | 0 | 1 | 2 | 3 | 4 | 5 | 6 | 7 |
|---|---|---|---|---|---|---|---|---|
| 营业收入 | | | | 500 | 600 | 600 | 600 | 600 |
| 资产回收 | | | | | | | | 240 |

续表

| 年份 | 0 | 1 | 2 | 3 | 4 | 5 | 6 | 7 |
|---|---|---|---|---|---|---|---|---|
| *CI* | | | | 500 | 600 | 600 | 600 | 840 |
| 建设投资 | 800 | 200 | | | | | | |
| 流动资金 | | | 200 | | | | | |
| 经营成本 | | | | 100 | 140 | 140 | 140 | 140 |
| 营业税 | | | | 25 | 30 | 30 | 30 | 30 |
| *CO* | 800 | 200 | 200 | 125 | 170 | 170 | 170 | 170 |
| *NCF* | －800 | －200 | －200 | 375 | 430 | 430 | 430 | 670 |

$$NPV(i = 10\%) = 281.87(\text{万元})$$

显然，该项目方案设计合理，满足积极性要求。

## 第二节　融资后财务评价

### 一、融资后财务评价的概念

融资后财务评价是指在确定的融资方案基础上进行的项目财务评价。融资后财务评价考虑了债务资金的筹集、使用和还本付息等融资问题对项目建设和运营效益的影响，以考察项目对投资者的财务贡献。

融资前评价是站在项目的角度，主要考察项目的可行性。融资后评价是站在投资者的角度，主要考察项目对资本金和其他投资的贡献。

### 二、融资后财务评价的内容

融资后评价在设定的融资方案基础上进行，用于判断项目方案在融资条件下的合理性。所以，融资后财务评价全面考察项目的盈利能力、偿债能力和财务生存能力。

（一）盈利能力评价

融资后盈利能力评价是指在确定的融资方案基础上对建设项目的投资收益能力予以考察。盈利能力评价从动态和静态两方面进行。

1. 动态分析

即用现金流分析的方式，通过财务内部收益率动态指标，对融资后项目的盈利能力进行评价。可分为资本金财务评价和其他投资各方财务评价。

（1）资本金财务评价。资本金财务评价的现金流量由以下科目构成。

现金流入包括：营业收入、补贴收入、固定资产残值及流动资金回收。现金流出主要包括：项目资本金投入、经营成本、营业税金及附加、企业所得税、借款的偿本付息。

（2）其他投资各方财务评价。投资各方财务评价的现金流量由以下科目构成。

现金流入包括：利润分配、资产处置收益分配、租赁费收入、技术转让或使用收入。现金流出主要包括：实缴资本、租赁资产支出。

2. 静态分析

主要采用资本金利润率、投资收益率等静态指标对项目的盈利能力进行评价。

**【例2】** 依据［例1］的资料，若投资者期望收益为12%。试进行项目的资本金盈利能力评价。

**解** （1）编制借款还本付息计划表，见表 7-3。

表 7-3 借款还本付息计算表

| 年份 | 期初资金 | 当期应计利息 | 当期应付利息 | 当期还本 | 期末资金 | 备注 |
|---|---|---|---|---|---|---|
| 1 | 300 | 24 | 0 | 0 | 324 | 建设期 |
| 2 | 324 | 25.92 | 0 | 0 | 349.92 | |
| 3 | 349.92 | 27.99 | 27.99 | 116.64 | 233.28 | 运营期 |
| 4 | 233.28 | 18.66 | 18.66 | 116.64 | 116.64 | |
| 5 | 116.64 | 9.33 | 9.33 | 116.64 | 0 | |

（2）编制成本计算表，见表 7-4。

表 7-4 成 本 计 算 表

| 年份 | 3 | 4 | 5 | 6 | 7 |
|---|---|---|---|---|---|
| 经营成本 | 100 | 140 | 140 | 140 | 140 |
| 折旧 | 152 | 152 | 152 | 152 | 152 |
| 摊销 | 40 | 40 | 40 | 40 | 40 |
| 利息 | 27.99 | 18.66 | 9.33 | | |
| 成本 | 359.99 | 350.66 | 341.33 | 332 | 332 |

（3）编制利润及利润分配表，见表 7-5。

表 7-5 利润及利润分配表

| 年份 | 3 | 4 | 5 | 6 | 7 |
|---|---|---|---|---|---|
| 营业收入 | 500 | 600 | 600 | 600 | 600 |
| 成本 | 359.99 | 350.66 | 341.33 | 332 | 332 |
| 营业税及附加 | 25 | 30 | 30 | 30 | 30 |
| 营业利润 | 115.01 | 219.34 | 228.67 | 238 | 238 |
| 企业所得税 | 28.75 | 54.84 | 57.17 | 59.5 | 59.5 |

（4）编制资本金现金流量表，见表 7-6。

表 7-6 项目资本金现金流量表

| 年份 | 0 | 1 | 2 | 3 | 4 | 5 | 6 | 7 |
|---|---|---|---|---|---|---|---|---|
| 营业收入 | | | | 500 | 600 | 600 | 600 | 600 |
| 资产回收 | | | | | | | | 240 |
| *CI* | | | | 500 | 600 | 600 | 600 | 840 |
| 资本金 | 500 | 200 | 200 | | | | | |
| 经营成本 | | | | 100 | 140 | 140 | 140 | 140 |
| 营业税 | | | | 25 | 30 | 30 | 30 | 30 |
| 还本付息 | | | | 144.63 | 135.3 | 125.97 | | |

续表

| 年份 | 0 | 1 | 2 | 3 | 4 | 5 | 6 | 7 |
|---|---|---|---|---|---|---|---|---|
| 所得税 | | | | 28.75 | 54.84 | 57.17 | 59.5 | 59.5 |
| *CO* | 500 | 200 | 200 | 298.38 | 360.14 | 353.14 | 229.5 | 229.5 |
| *NCF* | −500 | −200 | −200 | 201.62 | 239.86 | 246.86 | 370.5 | 610.5 |

*IRR*=13.7%，显然融资方案合理，项目盈利能力满足投资者期望。

（二）偿债能力评价

偿债能力评价是指对于使用了债务资金的建设项目，考察其运营后形成的按照借款设定的还款期限和还款方式偿本付息的能力。偿债能力评价主要通过偿债备付率、利息备付率指标并结合贷款合同或贷款机构要求进行。

偿债能力评价建立在设定的还款期限和还款方式基础上。显然，还款期限要求不同或偿本付息的方式不同，项目偿债能力也就不同。因此，在进行项目偿债能力评价时，一定要首先对可能的还款方式作出客观分析。

（三）财务生存能力评价

财务生存能力评价也称资金平衡能力评价，是指在综合分析项目的融资活动、投资活动和经营活动的基础上，通过项目每个时点的净现金流量，分析项目现金流入对于项目融资活动、投资活动和经营活动现金流出的支撑和维持能力。项目财务生存能力评价是在联系地观察项目的融资活动、投资活动和经营活动等三大经济活动的综合现金流基础上，考察项目每个时点上经济活动中资金来源（通过经营收益、融资活动取得），对于资金运用（表现为投资、运营成本费用支出等）的保障程度和支撑能力。

**【例 3】** 依据［例 1］的资料。试进行项目的财务生存能力评价。

**解**　编制项目财务计划现金流量表，见表 7-7。

**表 7-7　项目财务计划现金流量表**

| 序号 | 年份 | 0 | 1 | 2 | 3 | 4 | 5 | 6 | 7 |
|---|---|---|---|---|---|---|---|---|---|
| 1 | 经营活动 *NCF* | | | | 346.25 | 375.16 | 372.83 | 370.5 | 370.5 |
| 1.1.1 | 营业收入 | | | | 500 | 600 | 600 | 600 | 600 |
| 1.2.1 | 经营成本 | | | | 100 | 140 | 140 | 140 | 140 |
| 1.2.2 | 营业税 | | | | 25 | 30 | 30 | 30 | 30 |
| 1.2.3 | 所得税 | | | | 28.75 | 54.84 | 57.17 | 59.5 | 59.5 |
| 2 | 投资活动 *NCF* | −800 | −200 | −200 | | | | | |
| 2.2.1 | 建设投资 | 800 | 200 | | | | | | |
| 2.2.2 | 流动资金 | | | 200 | | | | | |
| 3 | 融资活动 *NCF* | 800 | 200 | 200 | −144.63 | −135.3 | −125.97 | | |
| 3.1.1 | 资本金 | 500 | 200 | 200 | | | | | |
| 3.1.2 | 债券 | 300 | | | | | | | |
| 3.2.1 | 还本付息 | | | | 144.63 | 135.3 | 125.97 | | |
| 4 | 总 *NCF* | 0 | 0 | 0 | 201.62 | 239.86 | 246.86 | 370.5 | 370.5 |
| 5 | 累积盈余资金 | 0 | 0 | 0 | 201.62 | | | | |

由于各年的累计盈余资金均等于或大于0，表明每年的资金来源均可满足资金运用，每年都处于平衡状态。所以，项目的财务生存能力评价好。

财务生存能力评价也称资金平衡能力评价，是指在综合分析项目的融资活动、投资活动和经营活动的基础上，通过项目的净现金流量分析项目现金流入对于项目融资活动、投资活动和经营活动现金流出的支撑和维持能力。

项目净现金流量是项目开展经济活动的现实反映，拥有足够的经营净现金流量，保证起码的累积净现金流，是维持项目财务可持续的基础。

项目财务生存能力评价通常和偿债能力评价结合进行。

项目财务生存能力评价通过编制财务计划现金流量表进行。

## 三、融资前评价和融资后评价关系

融资前评价和融资后评价关系如图7-1和图7-2所示。

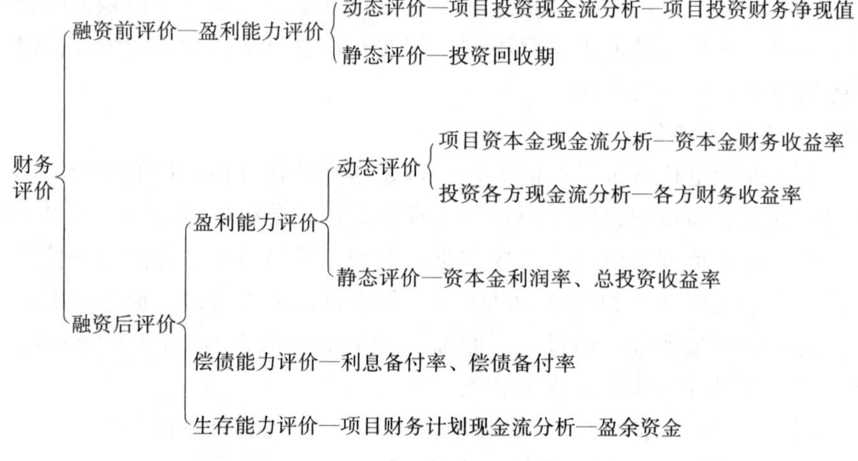


图7-1 融资前评价和融资后评价图

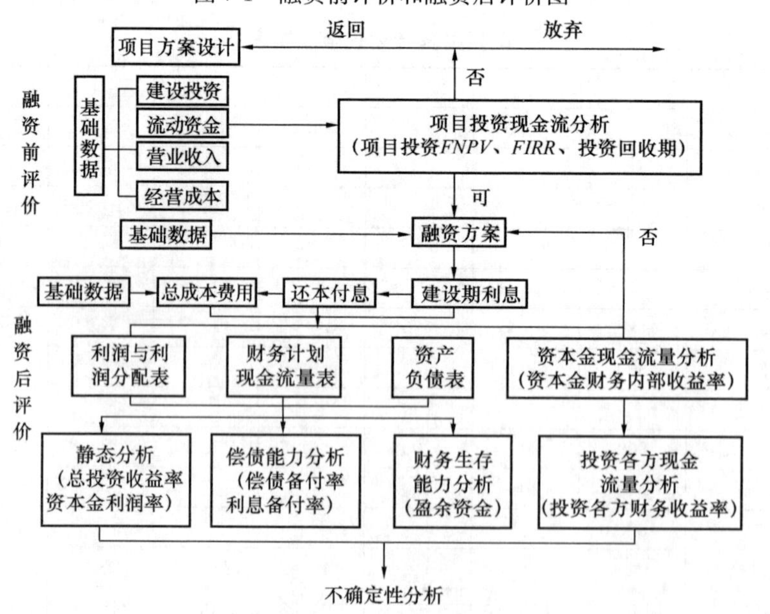


图7-2 财务评价的步骤和程序

## 第三节　财务评价的基本报表

财务分析报表是进行建设项目财务评价的基本工具，财务评价借助于基本财务分析报表进行。项目财务评价的基本报表主要有：现金流量表、利润和利润分配表、财务计划现金流量表、资产负债表、借款还本付息计划表等。

### 一、财务现金流量表

财务现金流量表反映项目计算期内各年的现金流入和现金流出。按使用方向和评价目的不同，财务现金流量表分为：

(1) 项目投资现金流量表（见表 7-8 基本报表 1.1）。该表在不考虑融资方案基础上编制，反映项目在不考虑债务资金条件下各年现金流入和现金流出状况，用于计算项目投资财务内部收益率（*FIRR*）、财务净现值（*FNPV*）及投资回收期等指标，以考察项目的融资前盈利能力。

(2) 项目资本金现金流量表（见表 7-9 基本报表 1.2）。该表在以资本金为计算基础，考虑债务资金的还本付息条件下编制，用于计算资本金收益率（即资本金财务内部收益率）指标，以考察资本金的盈利能力。

(3) 投资各方财务现金流量表（见表 7-10 基本报表 1.3）。该表按不同的投资主体分别编制，反映其各自的现金流量状况，用于计算投资各方收益率（即投资各方财务内部收益率）指标，考察投资各方的收益情况。

### 二、利润和利润分配表

利润和利润分配表（见表 7-11 基本报表 2）反映项目计算期内各年的营业收入、总成本费用支出、营业税及附加、利润总额、所得税及税后利润分配情况，用于计算全投资收益率、资本金利润率等指标，以考察项目盈利能力。

### 三、财务计划现金流量表

财务计划现金流量表（见表 7-12 基本报表 3），反映项目计算期内各年的投资、融资及生产经营活动的现金流入和现金流出情况，用于计算累积盈余资金，考察项目的财务生存能力。

### 四、借款还本付息计划表

借款还本付息计划表（见表 7-13 基本报表 4），反映项目计划期内各年借款的本金偿还和利息支付，用于计算偿债备付率、利息备付率等指标，考察项目清偿能力。

### 五、资产负债表

资产负债表（见表 7-14 基本报表 5），用于综合反映项目计算期内各年年末资产、负债和所有者权益的增减变化和对应关系，计算资产负债率。

财务评价除编制以上基本报表外，通常还应编制一些辅助报表。主要包括：建设投资估算表、建设期利息估算表、流动资金估算表、项目总投资使用计划与资金筹措表、营业收入、营业税金及附加和增值税估算表、总成本估算表等。在编制总成本估算表时，还需要编制诸如外购材料费估算表、外购燃料动力费估算表、折旧和摊销估算表、工资及福利费估算表等基础报表。在此不赘述。

**表 7-8 基本报表 1.1 项目投资现金流量表**

| 序号 | 项目 | 计算期 | | | | | | | |
|---|---|---|---|---|---|---|---|---|---|
| | | 1 | 2 | 3 | 4 | 5 | 6 | … | $n$ |
| 1 | 现金流入 | | | | | | | | |
| 1.1 | 营业收入 | | | | | | | | |
| 1.2 | 补贴收入 | | | | | | | | |
| 1.3 | 回收固定资产余值 | | | | | | | | |
| 1.4 | 回收流动资金 | | | | | | | | |
| 2 | 现金流出 | | | | | | | | |
| 2.1 | 建设投资 | | | | | | | | |
| 2.2 | 流动资金 | | | | | | | | |
| 2.3 | 经营成本 | | | | | | | | |
| 2.4 | 营业税金及附加 | | | | | | | | |
| 3 | 所得税前净现金流（1－2） | | | | | | | | |
| 4 | 调整所得税 | | | | | | | | |
| 5 | 所得税后净现金流（3－4） | | | | | | | | |
| 计算指标：<br>项目投资财务内部收益率（%）（所得税前）<br>项目投资财务内部收益率（%）（所得税后）<br>项目投资财务净现值（$i_c$＝ %）（所得税前）<br>项目投资财务净现值（$i_c$＝ %）（所得税后）<br>项目投资回收期（年）（所得税前）<br>项目投资回收期（年）（所得税后） | | | | | | | | | |

**注** 1．本表适用于新设法人项目和既有法人项目的增量和“有项目”现金流量分析。

2．调整所得税以息税前利润为基数计算。不同于其他基本报表中的所得税。

3．营业收入、经营成本采用含税价格时，在现金流出项目中应增加增值税科目。

**表 7-9 基本报表 1.2 项目资本金现金流量表**

| 序号 | 项目 | 计算期 | | | | | | | |
|---|---|---|---|---|---|---|---|---|---|
| | | 1 | 2 | 3 | 4 | 5 | 6 | … | $n$ |
| 1 | 现金流入 | | | | | | | | |
| 1.1 | 营业收入 | | | | | | | | |
| 1.2 | 补贴收入 | | | | | | | | |
| 1.3 | 回收固定资产余值 | | | | | | | | |
| 1.4 | 回收流动资金 | | | | | | | | |
| 2 | 现金流出 | | | | | | | | |
| 2.1 | 项目资本金 | | | | | | | | |
| 2.2 | 借款本金偿还 | | | | | | | | |
| 2.3 | 借款利息支付 | | | | | | | | |
| 2.4 | 经营成本 | | | | | | | | |
| 2.5 | 营业税金及附加 | | | | | | | | |
| 2.6 | 所得税 | | | | | | | | |
| 3 | 净现金流量（1－2） | | | | | | | | |
| 计算指标：<br>资本金财务内部收益率（%） | | | | | | | | | |

**注** 1．本表适用于新设法人项目和既有法人项目的增量和“有项目”现金流量分析。

2．项目资本金包括用于建设投资、流动资金和建设期利息的资本金。

3．对于外商投资项目，现金流出项目中应增加职工奖励及福利基金科目。

4．营业收入、经营成本采用含税价格时，在现金流出项目中应增加增值税科目。

**表 7-10　基本报表 1.3　　　　投资各方财务现金流量表**

| 序　号 | 项　　目 | 计　算　期 | | | | | | | |
|---|---|---|---|---|---|---|---|---|---|
| | | 1 | 2 | 3 | 4 | 5 | 6 | … | $n$ |
| 1 | 现金流入 | | | | | | | | |
| 1.1 | 实分利润 | | | | | | | | |
| 1.2 | 资产处置收益分配 | | | | | | | | |
| 1.3 | 租赁费收入 | | | | | | | | |
| 1.4 | 技术转让或使用收入 | | | | | | | | |
| 1.5 | 其他现金流入 | | | | | | | | |
| 2 | 现金流出 | | | | | | | | |
| 2.1 | 实缴资本 | | | | | | | | |
| 2.2 | 租赁资产支出 | | | | | | | | |
| 2.3 | 其他现金流出 | | | | | | | | |
| 3 | 净现金流量（1－2） | | | | | | | | |
| 计算指标：<br>投资各方财务内部收益率（%） | | | | | | | | | |

**注**　本表按不同投资方分别编制。

**表 7-11　基本报表 2　　　　利润与利润分配表**

| 序　号 | 项　　目 | 计　算　期 | | | | | | | |
|---|---|---|---|---|---|---|---|---|---|
| | | 1 | 2 | 3 | 4 | 5 | 6 | … | $n$ |
| 1 | 营业收入 | | | | | | | | |
| 2 | 补贴收入 | | | | | | | | |
| 3 | 营业税金及附加 | | | | | | | | |
| 4 | 总成本费用 | | | | | | | | |
| 5 | 利润总额（1＋2－3－4） | | | | | | | | |
| 6 | 弥补以前年度亏损 | | | | | | | | |
| 7 | 应纳税所得额（5－6） | | | | | | | | |
| 8 | 所得税 | | | | | | | | |
| 9 | 净利润（5－8） | | | | | | | | |
| 10 | 期初未分配利润 | | | | | | | | |
| 11 | 可供分配利润（9＋10） | | | | | | | | |
| 12 | 法定盈余公积金 | | | | | | | | |
| 13 | 可供投资者分配利润（11－12） | | | | | | | | |
| 14 | 优先股股利 | | | | | | | | |
| 15 | 任意盈余公积金 | | | | | | | | |
| 16 | 普通股股利（13－14－15） | | | | | | | | |
| 17 | 利润分配 | | | | | | | | |
| | 其中：××方 | | | | | | | | |
| | ××方 | | | | | | | | |
| 18 | 未分配利润（13－14－15－16） | | | | | | | | |
| 19 | 息税前利润（利润总额＋利息） | | | | | | | | |
| 20 | 息税折旧摊销前利润<br>（19＋折旧＋摊销） | | | | | | | | |

**注**　1. 对于外商投资项目应根据相关法律法规对表中项目进行调整。

2. 营业收入、经营成本采用含税价格时，在现金流出项目中应增加增值税科目。

表 7-12 基本报表 3 财务计划现金流量表

| 序号 | 项目 | 计算期 | | | | | | | |
|---|---|---|---|---|---|---|---|---|---|
| | | 1 | 2 | 3 | 4 | 5 | 6 | … | $n$ |
| 1 | 经营活动净现金流（1.1—1.2） | | | | | | | | |
| 1.1 | 现金流入 | | | | | | | | |
| 1.1.1 | 营业收入 | | | | | | | | |
| 1.1.2 | 增值税销项税额 | | | | | | | | |
| 1.1.3 | 补贴收入 | | | | | | | | |
| 1.2 | 现金流出 | | | | | | | | |
| 1.2.1 | 经营成本 | | | | | | | | |
| 1.2.2 | 增值税进项税额 | | | | | | | | |
| 1.2.3 | 营业税及附加 | | | | | | | | |
| 1.2.4 | 增值税 | | | | | | | | |
| 1.2.5 | 所得税 | | | | | | | | |
| 2 | 投资活动净现金流（2.1—2.2） | | | | | | | | |
| 2.1 | 现金流入 | | | | | | | | |
| 2.2 | 现金流出 | | | | | | | | |
| 2.2.1 | 建设投资 | | | | | | | | |
| 2.2.2 | 流动资金 | | | | | | | | |
| 3 | 融资活动净现金流（3.1—3.2） | | | | | | | | |
| 3.1 | 现金流入 | | | | | | | | |
| 3.1.1 | 项目资本金 | | | | | | | | |
| 3.1.2 | 建设投资借款 | | | | | | | | |
| 3.1.3 | 流动资金借款 | | | | | | | | |
| 3.1.4 | 债券 | | | | | | | | |
| 3.1.5 | 短期借款 | | | | | | | | |
| 3.2 | 现金流出 | | | | | | | | |
| 3.2.1 | 各种利息支付 | | | | | | | | |
| 3.2.2 | 借款本金偿还 | | | | | | | | |
| 3.2.3 | 应付利润（股利分配） | | | | | | | | |
| 4 | 净现金流量（1+2+3） | | | | | | | | |
| 5 | 累积盈余资金 | | | | | | | | |

**注** 1. 对于新设项目法人，投资活动的现金流入为零。

2. 对外商投资项目，应根据相关法律法规调整表中项目。

表 7-13 基本报表 4 借款还本付息计划表

| 序号 | 项目 | 计算期 | | | | | | | |
|---|---|---|---|---|---|---|---|---|---|
| | | 1 | 2 | 3 | 4 | 5 | 6 | … | $n$ |
| 1 | 建设投资借款 | | | | | | | | |
| 1.1 | 期初借款余额 | | | | | | | | |
| 1.2 | 当期借款额 | | | | | | | | |
| 1.3 | 当期应计利息 | | | | | | | | |
| 1.4 | 当期还本付息 | | | | | | | | |

续表

| 序　号 | 项　　目 | 计　算　期 | | | | | | | |
|---|---|---|---|---|---|---|---|---|---|
| | | 1 | 2 | 3 | 4 | 5 | 6 | … | $n$ |
| | 其中：还本 | | | | | | | | |
| | 付息 | | | | | | | | |
| 1.5 | 期末借款余额 | | | | | | | | |
| 2 | 债券 | | | | | | | | |
| 2.1 | 期初债务余额 | | | | | | | | |
| 2.2 | 当期发行数额 | | | | | | | | |
| 2.3 | 当期应计利息 | | | | | | | | |
| 2.4 | 当期还本付息 | | | | | | | | |
| | 其中：还本 | | | | | | | | |
| | 付息 | | | | | | | | |
| 2.5 | 期末债务余额 | | | | | | | | |
| 3 | 流动资金借款 | | | | | | | | |
| 3.1 | 期初借款余额 | | | | | | | | |
| 3.2 | 当期借款额 | | | | | | | | |
| 3.3 | 当期应计利息 | | | | | | | | |
| 3.4 | 当期还本付息 | | | | | | | | |
| | 其中：还本 | | | | | | | | |
| | 付息 | | | | | | | | |
| 3.5 | 期末本息余额 | | | | | | | | |
| 4 | 借款和债券合计 | | | | | | | | |
| 4.1 | 期初余额 | | | | | | | | |
| 4.2 | 当期发生数额 | | | | | | | | |
| 4.3 | 当期应计利息 | | | | | | | | |
| 4.4 | 当期还本付息 | | | | | | | | |
| | 其中：还本 | | | | | | | | |
| | 付息 | | | | | | | | |
| 4.5 | 期末余额 | | | | | | | | |
| 计算指标： | 利息备付率<br>偿债备付率 | | | | | | | | |

**注**　1. 如有多种借款，应分别列出。

2. 本表可与辅助报表“建设期利息估算表”合并。

**表 7-14　基本报表 5**　　　　**资 产 负 债 表**

| 序　号 | 项　　目 | 计　算　期 | | | | | | | |
|---|---|---|---|---|---|---|---|---|---|
| | | 1 | 2 | 3 | 4 | 5 | 6 | … | $n$ |
| 1 | 资产 | | | | | | | | |
| 1.1 | 流动资产 | | | | | | | | |
| 1.1.1 | 货币资金 | | | | | | | | |
| 1.1.2 | 应收账款 | | | | | | | | |
| 1.1.3 | 预付账款 | | | | | | | | |

续表

| 序号 | 项目 | 计算期 | | | | | | | |
|---|---|---|---|---|---|---|---|---|---|
| | | 1 | 2 | 3 | 4 | 5 | 6 | … | $n$ |
| 1.1.4 | 存货 | | | | | | | | |
| 1.1.5 | 其他 | | | | | | | | |
| 1.2 | 在建工程 | | | | | | | | |
| 1.3 | 固定资产净值 | | | | | | | | |
| 1.4 | 无形及其他资产净值 | | | | | | | | |
| 2 | 负债 | | | | | | | | |
| 2.1 | 流动负债 | | | | | | | | |
| 2.1.1 | 短期借款 | | | | | | | | |
| 2.1.2 | 应付账款 | | | | | | | | |
| 2.1.3 | 预收账款 | | | | | | | | |
| 2.1.4 | 其他 | | | | | | | | |
| 2.2 | 建设投资借款 | | | | | | | | |
| 2.3 | 流动资金借款 | | | | | | | | |
| 3 | 所有者权益 | | | | | | | | |
| 3.1 | 资本金 | | | | | | | | |
| 3.2 | 资本公积金 | | | | | | | | |
| 3.3 | 盈余公积金 | | | | | | | | |
| 3.4 | 未分配利润 | | | | | | | | |
| 计算指标：资产负债率（%） | | | | | | | | | |

**注** 对于外商投资项目，应根据相关法律法规调整表中项目。

## 第四节 新设项目财务评价案例

### 一、基本情况

某化纤厂是新设项目，生产国内外市场均紧俏的某种N产品。项目方案是在进行多方综合论证优化基础上确定的，方案设计能力为年产N产品2.3万t。项目拟三年建成，第四年投产，当年生产负荷达到设计能力的70%，次年达到90%，第三年达到设计能力。项目生产期按17年计算。

### 二、基本数据

（一）投资估算

（1）建设投资估算。建设投资估算用编制概预算法进行，并考虑了建设期内物价上涨因素。估算为42542万元。其中外汇为3454万美元（汇率为5.48）。建设投资估算表见表7-15。

（2）流动资金估算。流动资金估算用分项详细估算法进行，估算总额为7084万元。

（二）资金筹措

（1）项目资本金为16000万元，全部用于建设资金和建设期利息；

（2）其余为债务资金。

1）长期借款，外币借款年利率为 9%（复利），人民币借款年利率 9.72%（单利）。

2）流动资金借款，年利率为 8.64%（单利）。

3）弥补资金短缺，可利用短期贷款，年利率 10%（单利）。

（三）投资计划

（1）建设投资按第 1 年 20%，第 2 年 55%，第 3 年 25%安排；

（2）流动资金按生产负荷安排。

（四）成本估算

（1）外购原材料费 15748 万元（以 100%负荷计），见表 7-16；

（2）外购燃料动力 2052 万元（以 100%负荷计），见表 7-16；

（3）全厂定员 570 人，平均工资为 8400 元，福利费按工资总额的 10%计提；

（4）固定资产净残值率为 4%，用平均年限法计提折旧；固定资产其他费用 612 万元，其余 1700 万元形成无形资产（以 10 年摊销），730 万元形成其他资产（以 5 年摊销）；

（5）修理费按折旧的 50%计；

（6）其他费用 867 万元。

**表 7-15　建设投资估算表**　万元/万美元

| 序　号 | 工程或费用名称 | 估　算　值 | | | | | |
|---|---|---|---|---|---|---|---|
| | | 建设工程 | 设备购置 | 安装工程 | 其他费用 | 总　值 | 其中外汇 |
| | 建设投资 | 3466 | 22331 | 8651 | 8094 | 42542 | 3454 |
| 1 | 工程费用 | 3466 | 22331 | 8651 | | 34448 | 2899 |
| 1.1 | 主要生产项目 | 1031 | 17443 | 7320 | | 25794 | |
| | 其中：外汇 | | 2029 | 870 | | | 2899 |
| 1.2 | 辅助生产车间 | 383 | 1052 | 51 | | 1486 | |
| 1.3 | 公用工程 | 449 | 2488 | 1017 | | 3954 | |
| 1.4 | 环境保护工程 | 185 | 1100 | 225 | | 1510 | |
| 1.5 | 总图运输 | 52 | 248 | | | 300 | |
| 1.6 | 厂区服务性工作 | 262 | | | | 262 | |
| 1.7 | 生活福利性工程 | 1104 | | | | 1104 | |
| 1.8 | 厂外工程 | | | 38 | | 38 | |
| 2 | 其他费用 | | | | 3042 | 3042 | 241 |
| | 其中：土地费用 | | | | 612 | 612 | |
| | 1、2 费用合计 | 3466 | 22331 | 8651 | 3042 | 37490 | 3140 |
| 3 | 预备费用 | | | | 5052 | 5052 | 314 |
| 3.1 | 基本预备费 | | | | 3749 | 3749 | 314 |
| 3.2 | 涨价预备费 | | | | 1303 | 1303 | |

表 7-16 单位成本项目估算表 元

| 序号 | 项目 | 消耗定额 | 单价 | 金额 | 备注 |
|---|---|---|---|---|---|
| 1 | 原材料 A | 1.027 | 5100 | 5238 | |
| | B | 0.59 | 1600 | 944 | |
| | C | 0.787 | 230 | 181 | |
| | D | 0.14 | 2400 | 336 | |
| | E | 0.011 | 1400 | 15 | |
| | F | 0.864 | 154 | 133 | |
| | 小计 | | | 6847 | |
| 2 | 水 | 174 | 0.6 | 104 | |
| | 电 | 2755 | 0.17 | 468 | |
| | 煤 | 1.83 | 175 | 320 | |
| | 小计 | | | 892 | |
| 3 | 合计 | | | 7739 | |

（五）产品销售价格

产品出厂单价为 15400 元（含税）。

（六）税金

（1）产品征收增值税，税率为 17%；

（2）企业所得税率为 30%。

（七）公积金和公益金

公积金和公益金分别按 10%和 5%计取。

（八）基准折现率

基准折现率为 10%。

（九）债务资金偿还

（1）外币借款：建设期利息照付，其余借款从项目实施的第四年开始，五年等额偿付本息。

（2）人民币长期借款：建设期利息照付，其余借款从项目实施的第四年开始，利息照付，本金六年内等额偿付。

（3）弥补资金短缺的短期贷款，次年偿付本息。

## 三、要求

（1）进行项目融资前评价；

（2）进行项目偿债能力和财务生存能力评价。

## 四、财务评价报告

（一）编制财务评价辅助报表

（1）投资使用计划与资金筹措表，见表 7-17。

（2）建设期利息估算表，见表 7-18。

（3）折旧、摊销计算表，见表 7-19。

（4）总成本费用估算表，见表 7-20。

（5）增值税金计算表，见表 7-21。

**表 7-17**　　**投资使用计划和资金筹措表**　　万元

| 序号 | 项　目 | 合计 | 1 | | | 2 | | | 3 | | | 4 | 5 | 6 |
|---|---|---|---|---|---|---|---|---|---|---|---|---|---|---|
| | | | 外币 | 本币 | 小计 | 外币 | 本币 | 小计 | 外币 | 本币 | 小计 | 本币 | 本币 | 本币 |
| 1 | 总投资 | 53145 | 3956 | 4723 | 8679 | 11219 | 13242 | 24461 | 6223 | 6699 | 12922 | 4959 | 1417 | 708 |
| 1.1 | 建设投资 | 42542 | 3786 | 4723 | 8509 | 10410 | 12988 | 23398 | 4732 | 5904 | 10636 | | | |
| 1.2 | 建设期利息 | 3519 | 170 | | 170 | 809 | 254 | 1063 | 1491 | 795 | 2286 | | | |
| 1.3 | 流动资金 | 7084 | | | | | | | | | | 4959 | 1417 | 708 |
| 2 | 资金筹措 | 53146 | | | | | | | | | | | | |
| 2.1 | 资本金 | 16000 | 170 | 4723 | 4893 | 809 | 8012 | 8821 | 1491 | 795 | 2286 | | | |
| 2.1.1 | 用于建设投资 | 12481 | | 4723 | 4723 | | 7758 | 7758 | | | | | | |
| 2.1.2 | 用于建设期利息 | 3519 | 170 | | 170 | 809 | 254 | 1063 | 1491 | 795 | 2286 | | | |
| 2.2 | 债务资金 | 37146 | 3786 | | 3786 | 10410 | 5230 | 15640 | 4732 | 5904 | 10636 | 4959 | 1417 | 708 |
| 2.2.1 | 用于建设投资 | 30062 | 3786 | | 3786 | 10410 | 5230 | 15640 | 4732 | 5904 | 10636 | | | |
| 2.2.2 | 用于流动资金 | 7084 | | | | | | | | | | 4959 | 1417 | 708 |

**表 7-18**　　**建设期利息估算表**　　万元

| 序　号 | 项　　目 | 建　设　期 | | |
|---|---|---|---|---|
| | | 1 | 2 | 3 |
| 1 | 外币借款 | | | |
| 1.1 | 期初借款余额 | | 3786 | 14196 |
| 1.2 | 当期借款 | 3786 | 10410 | 4732 |
| 1.3 | 当期应计利息 | 170 | 809 | 1491 |
| 1.4 | 建设期利息 | 170 | 809 | 1491 |
| 1.5 | 期末借款余额 | 3786 | 14196 | 18928 |
| 2 | 本币借款 | | | |
| 2.1 | 期初借款余额 | | | 5231 |
| 2.2 | 当期借款 | | 5231 | 5904 |
| 2.3 | 当期应计利息 | | 254 | 795 |
| 2.4 | 建设期利息 | | 254 | 795 |
| 2.5 | 期末借款余额 | | 5231 | 11135 |
| 3 | 建设期利息总额（1.4＋2.4） | 170 | 1063 | 2286 |

**表 7-19**　　**折旧、摊销计算表**　　万元

| 序　号 | 项　　目 | 合　计 | 计　算　期 | | |
|---|---|---|---|---|---|
| | | | 4～9 | 9～14 | 15～20 |
| 1 | 固定资产折旧 | 41886 | 2464 | 2464 | 2464 |
| 2 | 无形资产摊销 | 1700 | 170 | 170 | |
| 3 | 其他资产摊销 | 730 | 146 | | |

**注**　固定资产原值由工程费用、固定资产其他费用、预备费用、建设期利息构成。

**表 7-20** **总成本费用估算表** 万元

| 序号 | 项目 \ 年份 | 合计 | 投产期 | | 达到设计能力生产期 | | | | | | | | | | | |
|---|---|---|---|---|---|---|---|---|---|---|---|---|---|---|---|---|
| | | | 4 | 5 | 6 | 7 | 8 | 9 | 10 | 11 | 12 | 13 | 14 | 15 | 16 | 17～20 |
| | 生产负荷（%） | | 70 | 90 | 100 | 100 | 100 | 100 | 100 | 100 | 100 | 100 | 100 | 100 | 100 | 100 |
| 1 | 外购原材料 | | 11024 | 14173 | 15748 | 15748 | 15748 | 15748 | 15748 | 15748 | 15748 | 15748 | 15748 | 15748 | 15748 | 15748 |
| 2 | 外购燃料、动力 | | 1436 | 1847 | 2052 | 2052 | 2052 | 2052 | 2052 | 2052 | 2052 | 2052 | 2052 | 2052 | 2052 | 2052 |
| 3 | 工资及福利费 | | 527 | 527 | 527 | 527 | 527 | 527 | 527 | 527 | 527 | 527 | 527 | 527 | 527 | 527 |
| 4 | 修理费 | | 1232 | 1232 | 1232 | 1232 | 1232 | 1232 | 1232 | 1232 | 1232 | 1232 | 1232 | 1232 | 1232 | 1232 |
| 5 | 其他费用 | | 867 | 867 | 867 | 867 | 867 | 867 | 867 | 867 | 867 | 867 | 867 | 867 | 867 | 867 |
| 6 | 折旧费 | 41886 | 2464 | 2464 | 2464 | 2464 | 2464 | 2464 | 2464 | 2464 | 2464 | 2464 | 2464 | 2464 | 2464 | 2464 |
| 7 | 摊销费 | 2430 | 316 | 316 | 316 | 316 | 316 | 170 | 170 | 170 | 170 | 170 | | | | |
| 8 | 财务费用 | | 3000 | 2885 | 2412 | 1924 | 1375 | 792 | 612 | 612 | 612 | 612 | 612 | 612 | 612 | 612 |
| 9 | 经营成本（1+2+3+4+5） | | 15086 | 18646 | 20426 | 20426 | 20426 | 20426 | 20426 | 20426 | 20426 | 20426 | 20426 | 20426 | 20426 | 20426 |
| 10 | 总成本费用（9+6+7+8） | | 20866 | 24311 | 25618 | 25130 | 24581 | 23852 | 23672 | 23672 | 23672 | 23672 | 23502 | 23502 | 23502 | 23502 |

**表 7-21** **增值税税金计算表** 万元

| 序号 | 项目 | 计算期 | | |
|---|---|---|---|---|
| | | 4 | 5 | 6～20 |
| 1 | 进项税额 | 1810 | 2328 | 2586 |
| 2 | 销项税额 | 3603 | 4632 | 5146 |
| 3 | 增值税金（2－1） | 1793 | 2304 | 2560 |

（二）编制财务评价基本报表

（1）借款还本付息计划表，见表 7-22。

（2）项目投资现金流量表，见表 7-23。

（3）利润与利润分配表，见表 7-24。

（4）项目财务计划现金流量表，见表 7-25。

**表 7-22** **借款还本付息计划表**

| 序号 | 项目 | 计算期 | | | | | | | |
|---|---|---|---|---|---|---|---|---|---|
| | | 4 | 5 | 6 | 7 | 8 | 9 | … | 20 |
| 1 | 建设投资外币借款 | | | | | | | | |
| 1.1 | 期初借款余额 | 18928 | 15766 | 12319 | 8562 | 4467 | | | |
| 1.2 | 当期借款额 | | | | | | | | |
| 1.3 | 当期应计利息 | 1704 | 1419 | 1109 | 771 | 402 | | | |
| 1.4 | 当期还本付息 | 4866 | 4866 | 4866 | 4866 | 4866 | | | |
| | 其中：还本 | 3162 | 3447 | 3757 | 4095 | 4464 | | | |
| | 付息 | 1704 | 1419 | 1109 | 771 | 402 | | | |

续表

| 序号 | 项　　目 | 计　　算　　期 | | | | | | | |
|---|---|---|---|---|---|---|---|---|---|
| | | 4 | 5 | 6 | 7 | 8 | 9 | … | 20 |
| 1.5 | 期末借款余额 | 15766 | 12319 | 8562 | 4467 | 0 | | | |
| 2 | 建设投资本币借款 | | | | | | | | |
| 2.1 | 期初借款余额 | 11135 | 9279 | 7423 | 5567 | 3711 | 1855 | | |
| 2.2 | 当期借款额 | | | | | | | | |
| 2.3 | 当期应计利息 | 1082 | 902 | 722 | 541 | 361 | 180 | | |
| 2.4 | 当期还本付息 | 2938 | 2758 | 2578 | 2397 | 2217 | 2036 | | |
| | 其中：还本 | 1856 | 1856 | 1856 | 1856 | 1856 | 1856 | | |
| | 付息 | 1082 | 902 | 722 | 541 | 361 | 180 | | |
| 2.5 | 期末借款余额 | 9279 | 7423 | 5567 | 3711 | 1855 | 0 | | |
| 3 | 流动资金借款 | | | | | | | | |
| 3.1 | 期初借款余额 | | 4959 | 6376 | 7084 | 7084 | 7084 | 7084 | 7084 |
| 3.2 | 当期借款额 | 4959 | 1417 | 708 | | | | | |
| 3.3 | 当期应计利息 | 214 | 490 | 581 | 612 | 612 | 612 | 612 | 612 |
| 3.4 | 当期还本付息 | | | | | | | | |
| | 其中：还本 | | | | | | | | 7084 |
| | 付息 | 214 | 490 | 581 | 612 | 612 | 612 | 612 | 612 |
| 3.5 | 期末借款余额 | 4959 | 6376 | 7084 | 7084 | 7084 | 7084 | 7084 | 0 |
| 4 | 短期贷款 | | | | | | | | |
| 4.1 | 期初借款余额 | | 781 | | | | | | |
| 4.2 | 当期借款额 | 744 | | | | | | | |
| 4.3 | 当期应计利息 | 37 | 74 | | | | | | |
| 4.4 | 当期还本付息 | | 855 | | | | | | |
| 4.5 | 其中：还本 | | 781 | | | | | | |
| | 付息 | | 74 | | | | | | |
| 4.6 | 期末借款余额 | 781 | 0 | | | | | | |
| 5 | 借款合计 | | | | | | | | |
| 5.1 | 当期发生数额 | | | | | | | | |
| 5.2 | 当期应计利息 | 3037 | 2885 | 2412 | 1924 | 1375 | 792 | 612 | 612 |
| 5.3 | 当期还本付息 | 8018 | 8969 | 8025 | 7875 | 7695 | 2648 | | |
| | 其中：还本 | 5018 | 6080 | 5613 | 5951 | 6320 | 1856 | | |
| | 付息 | 3000 | 2885 | 2412 | 1924 | 1375 | 792 | 612 | 612 |
| 计算指标 | 利息备付率 | 1.71 | 2.82 | 4.00 | 5.02 | 7.02 | 12.37 | | |
| | 偿债备付率 | 0.91 | 1.54 | 1.28 | 1.28 | 1.29 | 3.68 | | |

表 7-23　　**项目投资财务现金流量表**　　万元

| 序号 | 项目 \ 年份 | 建设期 | | | 投产期 | | 达到设计能力生产期 | | | |
|---|---|---|---|---|---|---|---|---|---|---|
| | | 1 | 2 | 3 | 4 | 5 | 6 | 7 | 8 | 9 |
| | 生产负荷（%） | | | | 70 | 90 | 100 | 100 | 100 | 100 |
| 1 | 现金流入 | | | | 24794 | 31878 | 35420 | 35420 | 35420 | 35420 |
| 1.1 | 营业收入（含税） | | | | 24794 | 31878 | 35420 | 35420 | 35420 | 35420 |
| 1.2 | 回收固定资产余值 | | | | | | | | | |
| 1.3 | 回收流动资金 | | | | | | | | | |
| 2 | 现金流出 | 8509 | 23398 | 10636 | 21838 | 22367 | 23694 | 22986 | 22986 | 22986 |
| 2.1 | 建设投资 | 8509 | 23398 | 10636 | | | | | | |
| 2.2 | 流动资金 | | | | 4959 | 1417 | 708 | | | |
| 2.3 | 经营成本 | | | | 15086 | 18646 | 20426 | 20426 | 20426 | 20426 |
| 2.4 | 增值税金 | | | | 1793 | 2304 | 2560 | 2560 | 2560 | 2560 |
| 3 | 净现金流量 | −8509 | −23398 | −10636 | 2956 | 9511 | 11726 | 12434 | 12434 | 12434 |
| 4 | 累计净现金流量 | −8509 | −31907 | −42543 | −39587 | −30076 | −18350 | −5916 | 6518 | |

| 序号 | 项目 \ 年份 | 达到设计能力生产期 | | | | | | | | |
|---|---|---|---|---|---|---|---|---|---|---|
| | | 10 | 11 | 12 | 13 | 14 | 15 | 16 | 17～19 | 20 |
| | 生产负荷（%） | 100 | 100 | 100 | 100 | 100 | 100 | 100 | 100 | 100 |
| 1 | 现金流入 | 35420 | 35420 | 35420 | 35420 | 35420 | 35420 | 35420 | 35420 | 35420 |
| 1.1 | 营业收入（含税） | 35420 | 35420 | 35420 | 35420 | 35420 | 35420 | 35420 | 35420 | 35420 |
| 1.2 | 回收固定资产余值 | | | | | | | | | 1745 |
| 1.3 | 回收流动资金 | | | | | | | | | 7084 |
| 2 | 现金流出 | 22986 | 22986 | 22986 | 22986 | 22986 | 22986 | 22986 | 22986 | 22986 |
| 2.1 | 建设投资 | | | | | | | | | |
| 2.2 | 流动资金 | | | | | | | | | |
| 2.3 | 经营成本 | 20426 | 20426 | 20426 | 20426 | 20426 | 20426 | 20426 | 20426 | 20426 |
| 2.4 | 增值税金 | 2560 | 2560 | 2560 | 2560 | 2560 | 2560 | 2560 | 2560 | 2560 |
| 3 | 净现金流量 | 12434 | 12434 | 12434 | 12434 | 12434 | 12434 | 12434 | 12434 | 21263 |
| 4 | 累计净现金流量 | | | | | | | | | |

计算指标：

项目财务净现值（*FNPV*）（$i_c$=10%）44069 万元

项目投资回收期（静态）　　7.5 年

**表 7-24**　　**利润与利润分配表**　　万元

| 序号 | 项　目 | 合计 | 计算期 | | | | | | | | | | | | | | |
|---|---|---|---|---|---|---|---|---|---|---|---|---|---|---|---|---|---|
| | | | 4 | 5 | 6 | 7 | 8 | 9 | 10 | 11 | 12 | 13 | 14 | 15 | 16 | 17～19 | 20 |
| 1 | 营业收入（含税） | 517132 | 24794 | 31878 | 35420 | 35420 | 35420 | 35420 | 35420 | 35420 | 35420 | 35420 | 35420 | 35420 | 35420 | 35420 | 35420 |
| 2 | 增值税税金 | | 1793 | 2304 | 2560 | 2560 | 2560 | 2560 | 2560 | 2560 | 2560 | 2560 | 2560 | 2560 | 2560 | 2560 | 2560 |
| 3 | 总成本费用 | | 20866 | 24311 | 25618 | 25130 | 24581 | 23852 | 23672 | 23672 | 23672 | 23672 | 23502 | 23502 | 23502 | 23502 | 23502 |
| 4 | 利润总额（1－2－3） | | 2135 | 5263 | 7242 | 7730 | 8279 | 9008 | 9188 | 9188 | 9188 | 9188 | 9358 | 9358 | 9358 | 9358 | 9358 |
| 5 | 所得税（30%） | | 641 | 1579 | 2173 | 2319 | 2484 | 2702 | 2756 | 2756 | 2756 | 2756 | 2807 | 2807 | 2807 | 2807 | 2807 |
| 6 | 净利润（4－5） | | 1494 | 3684 | 5069 | 5411 | 5795 | 6306 | 6432 | 6432 | 6432 | 6432 | 6551 | 6551 | 6551 | 6551 | 6551 |
| 7 | 提取法定公积金 | | 149 | 368 | 507 | 541 | 580 | 631 | 643 | 643 | 643 | 643 | 655 | 655 | 655 | 655 | 655 |
| 8 | 提取公益金 | | 75 | 184 | 253 | 271 | 290 | 315 | 322 | 322 | 322 | 322 | 328 | 328 | 328 | 328 | 328 |
| 9 | 提取任意公积金 | | | | | | | | | | | | | | | | |
| 10 | 可供分配利润（6－7－8－9） | | 1270 | 3132 | 4309 | 4599 | 4925 | 5360 | 5467 | 5467 | 5467 | 5467 | 5568 | 5568 | 5568 | 5568 | 5568 |
| 11 | 未分配利润 | | 1270 | 3132 | 4309 | 4599 | 4925 | 5360 | 5467 | 5467 | 5467 | 5467 | 5568 | 5568 | 5568 | 5568 | 5568 |
| 12 | 累计未分配利润 | | 1270 | 4380 | | | | | | | | | | | | | |
| 13 | 息税前利润（4＋利息） | | 5135 | 8148 | 9654 | 9654 | 9654 | 9800 | | | | | | | | | |
| 14 | 息税折旧摊前利润（13＋折旧＋摊销） | | 7915 | 10928 | 12434 | 12434 | 12434 | 12434 | | | | | | | | | |

**表 7-25**　　**财务计划现金流量表**　　万元

| 序号 | 项　目 | 计算期 | | | | | | | | |
|---|---|---|---|---|---|---|---|---|---|---|
| | | 1 | 2 | 3 | 4 | 5 | 6 | 7 | 8 | 9 |
| 1 | 经营活动净现金流（1.1－1.2） | | | | 7286 | 9327 | 10261 | 10115 | 9950 | 9732 |
| 1.1 | 现金流入 | | | | 28397 | 36510 | 40566 | 40566 | 40566 | 40566 |
| 1.1.1 | 营业收入 | | | | 24794 | 31878 | 35420 | 35420 | 35420 | 35420 |
| 1.1.2 | 增值税销项税额 | | | | 3603 | 4632 | 5146 | 5146 | 5146 | 5146 |
| 1.2 | 现金流出 | | | | 21111 | 27183 | 30305 | 30451 | 30616 | 30834 |
| 1.2.1 | 经营成本 | | | | 15086 | 18646 | 20426 | 20426 | 20426 | 20426 |
| 1.2.2 | 增值税进项税额 | | | | 3603 | 4632 | 5146 | 5146 | 5146 | 5146 |
| 1.2.3 | 增值税 | | | | 1793 | 2304 | 2560 | 2560 | 2560 | 2560 |
| 1.2.4 | 所得税 | | | | 629 | 1579 | 2173 | 2319 | 2484 | 2702 |
| 2 | 投资活动净现金流（2.1－2.2） | －8509 | －23398 | －10636 | －4959 | －1417 | －708 | | | |
| 2.1 | 现金流入 | | | | | | | | | |
| 2.2 | 现金流出 | 8509 | 23398 | 10636 | 4959 | 1417 | 708 | | | |
| 2.2.1 | 建设投资 | 8509 | 23398 | 10636 | | | | | | |
| 2.2.2 | 流动资金 | | | | 4959 | 1417 | 708 | | | |
| 3 | 融资活动净现金流（3.1－3.2） | 8509 | 23398 | 10636 | －2315 | －7548 | －7317 | －7875 | －7695 | －2648 |
| 3.1 | 现金流入 | 8679 | 24461 | 12922 | 5703 | 1417 | 708 | | | |
| 3.1.1 | 项目资本金 | 4893 | 8821 | 2286 | | | | | | |
| 3.1.2 | 建设投资借款 | 3786 | 15640 | 10636 | | | | | | |
| 3.1.3 | 流动资金借款 | | | | 4959 | 1417 | 708 | | | |
| 3.1.4 | 短期借款 | | | | 744 | | | | | |
| 3.2 | 现金流出 | 170 | 1063 | 2286 | 8018 | 8965 | 8025 | 7875 | 7695 | 2648 |
| 3.2.1 | 各种利息支付 | 170 | 1063 | 2286 | 3000 | 2885 | 2412 | 1924 | 1375 | 792 |
| 3.2.2 | 借款本金偿还 | | | | 5018 | 6080 | 5613 | 5951 | 6320 | 1856 |
| 3.2.3 | 应付利润（股利分配） | | | | | | | | | |
| 4 | 净现金流量（1＋2＋3） | 0 | 0 | 0 | 12 | 362 | 2236 | 2240 | 2255 | 7084 |
| 5 | 累积盈余资金 | 0 | 0 | 0 | 12 | 374 | | | | |

续表

| 序号 | 项　　目 | 计算期 | | | | | | | |
|---|---|---|---|---|---|---|---|---|---|
| | | 10 | 11 | 12 | 13 | 14 | 15 | 16～19 | 20 |
| 1 | 经营活动净现金流（1.1—1.2） | 9678 | 9678 | 9678 | 9678 | 9627 | 9627 | 9627 | 9627 |
| 1.1 | 现金流入 | 40566 | 40566 | 40566 | 40566 | 40566 | 40566 | 40566 | 40566 |
| 1.1.1 | 营业收入 | 35420 | 35420 | 35420 | 35420 | 35420 | 35420 | 35420 | 35420 |
| 1.1.2 | 增值税销项税额 | 5146 | 5146 | 5146 | 5146 | 5146 | 5146 | 5146 | 5146 |
| 1.2 | 现金流出 | 30888 | 30888 | 30888 | 30888 | 30939 | 30939 | 30939 | 30939 |
| 1.2.1 | 经营成本 | 20426 | 20426 | 20426 | 20426 | 20426 | 20426 | 20426 | 20426 |
| 1.2.2 | 增值税进项税额 | 5146 | 5146 | 5146 | 5146 | 5146 | 5146 | 5146 | 5146 |
| 1.2.3 | 增值税 | 2560 | 2560 | 2560 | 2560 | 2560 | 2560 | 2560 | 2560 |
| 1.2.4 | 所得税 | 2756 | 2756 | 2756 | 2756 | 2807 | 2807 | 2807 | 2807 |
| 2 | 投资活动净现金流（2.1—2.2） | | | | | | | | |
| 2.1 | 现金流入 | | | | | | | | |
| 2.2 | 现金流出 | | | | | | | | |
| 2.2.1 | 建设投资 | | | | | | | | |
| 2.2.2 | 流动资金 | | | | | | | | |
| 3 | 融资活动净现金流（3.1—3.2） | −612 | −612 | −612 | −612 | −612 | −612 | −612 | −7696 |
| 3.1 | 现金流入 | | | | | | | | |
| 3.1.1 | 项目资本金 | | | | | | | | |
| 3.1.2 | 建设投资借款 | | | | | | | | |
| 3.1.3 | 流动资金借款 | | | | | | | | |
| 3.1.4 | 短期借款 | | | | | | | | |
| 3.2 | 现金流出 | 612 | 612 | 612 | 612 | 612 | 612 | 612 | 7696 |
| 3.2.1 | 各种利息支付 | 612 | 612 | 612 | 612 | 612 | 612 | 612 | 612 |
| 3.2.2 | 借款本金偿还 | | | | | | | | 7084 |
| 3.2.3 | 应付利润（股利分配） | | | | | | | | |
| 4 | 净现金流量（1+2+3） | 9066 | 9066 | 9066 | 9066 | 9015 | 9015 | 9015 | 1931 |
| 5 | 累积盈余资金 | | | | | | | | |

（三）计算有关指标

（1）项目投资财务净现值，项目投资回收期，见表 7-23。

（2）偿债备付率、利息备付率，见表 7-22。

（四）基本结论

（1）由表 7-23 可知，项目投资净现值大于零，表明项目具有财务可行性。

（2）由表 7-22 可知，项目在第四年偿债能力不足，其余年份偿债能力可行。

（3）由表 7-25 可知，项目在第四年财务生存能力不足，需借助短期借款解决现金流困难。

1. 简述财务评价的概念、目的及意义。
2. 财务评价的基本报表有哪些？相互间的关系是什么？各自的作用是什么？
3. 分析项目投资财务评价和资本金财务评价及各投资者财务评价的异同。
4. 财务评价的主要内容及其评价指标是什么？

## 练习题

利用第四节案例资料，假设基本预备费按工程费用和工程其他费用的10%估算，涨价预备费按国内资金年增6%在建设期估算；建设期利息不付；项目资本金用于建设投资；外资借款和本币借款均按从第4年开始偿还，5年内等额偿付本息的方式偿付。进行项目资本金财务评价。

# 第八章　建设项目国民经济评价

建设项目的国民经济评价与财务评价共同组成了建设项目经济评价。建设项目的国民经济评价旨在把国家的各种有限投资资源用于最需要的投资项目上，使社会可用资源能够合理配置和最有效利用，使国民经济实现可持续增长。

## 第一节　基　本　概　念

### 一、国民经济评价的意义

建设项目的国民经济评价，是从整个国民经济的角度出发，站在国家和社会的立场上考察项目对国民经济价值的贡献，以此作为项目经济合理性的依据。概括地讲，对建设项目进行国民经济评价有如下几方面的意义。

第一，建设项目的国民经济评价，是站在全社会的高度对投资项目作出的全面、客观、公正的评价。

财务评价是用现行价格计算建设项目的成本和收益，由于种种原因，我国现行价格存在“失真”现象，主要表现在比价不合理。用这些价格评价项目，不能客观地反映项目给社会所带来的经济效果。另外，财务评价只局限于项目本身的成本和收益，没有考虑项目所带来的外部费用和外部效益。而国民经济评价既考虑项目的内部费用和内部收益，又考虑项目的外部费用和外部收益。可见，只有进行国民经济评价，才能全面、客观地反映项目的真实经济效果。

第二，建设项目的国民经济评价，是在全社会范围内实现合理配置资源的有效途径。

为了实现国民经济持续稳定增长，提高经济增长质量和人民生活水平，达到充分就业等社会经济目标，国家需要在一定时期投入一定量的资源进行项目建设。由于受资源稀缺性的限制，不可能上马所有的可投资项目。所以，资源的最佳配置就成为关键。项目国民经济评价的目的就是通过不同行业、不同项目的比较和筛选，最终实现资源的最佳配置和有效利用。

可见，进行项目的经济评价，首先要看它能否满足国民经济持续、高效发展的需要，能否为整个社会带来最大的净收益，然后才看它能否为投资者带来一定的经济效益。在我国市场经济体制还不完善的情况下，建设一个项目，可能会给企业带来一定的经济效益，但不一定能给整个国民经济带来净收益或最大净收益；反之亦然。所以，进行经济评价，不但要进行财务评价，而且要进行国民经济评价，既要考察项目给企业带来的净收益，又要考察项目是否给国民经济带来最大净收益。

### 二、国民经济评价的作用

国民经济评价的作用主要表现在以下几个方面：

（1）国民经济评价可保证项目建设符合社会生产的目的，使拟建项目的产品符合社会需要。这是因为国民经济评价是以社会需要作为项目取舍的依据，而不是单纯地看项目是否盈利。

（2）进行国民经济评价可保证资源在全社会范围内得到合理利用和有效配置，避免项目的重复和盲目建设。这是因为国民经济评价是从国家宏观经济的角度出发，而不是从企业和地方微观经济的角度，考虑项目的效益和费用，这样可以避免地方的片面性和局限性。

（3）进行国民经济评价可全面评价投资项目的综合效益。这是因为国民经济评价既分析项目的直接经济效益，又分析项目的间接经济效益。

（4）进行国民经济评价可确定项目消耗社会资源的真实价值。有些项目的投入品和产出品的国内市场价格，往往不能真实地反映经济价值，从而导致项目财务效益的虚假性。国民经济评价则可通过影子价格对财务价格进行修正，真实地反映项目消耗社会资源的价值量。

## 三、国民经济评价的对象

国民经济评价是一个比较复杂的评价工作，国家规定要对下列类型的项目进行国民经济评价。

（1）具有垄断特征的项目。

（2）产出具有公共产品属性的项目。

（3）具有明显外部效果的项目。

（4）国家战略资源的开发项目。

（5）涉及国家经济安全的项目。

（6）受过度行政干预的项目。

## 四、国民经济评价的基本目标

国民经济评价主要是评价投资项目对国民经济的贡献程度。所以，它的评价目标包括宏观经济效果和社会效果两个方面。

### （一）宏观经济目标

投资项目的宏观经济目标主要体现在国民经济增长目标上，它是评价项目宏观经济效益的基本目标，一般包括以下几个方面：

（1）项目每年可获得的国民收入净增值和社会净收益。

（2）项目在整个寿命期内可获得的国民收入净增值和社会净收益。

（3）项目投资回收能力，即项目投资回收时间的长短。

（4）项目受客观因素变化影响的程度。

### （二）社会目标

社会效果也是国民经济评价的主要目标，它一般包括以下几个方面：

（1）收入分配目标。考察项目提供的国民收入净增值在国家、地区、部门、企业和个人之间的分配关系。

（2）劳动就业目标。考察项目建成后为社会提供的劳动就业机会的数量，它是提高人民生活水平的一个重要方面。

（3）创汇节汇目标。考察项目的创汇节汇能力，它是世界经济贸易的重要目的和主要经济手段。

（4）环境保护目标。国家对人类的生态环境越来越关注，保护环境、保持生态平衡是提高人们生存和生活质量的一个重要方面。

## 五、国民经济评价与财务评价的主要区别

### （一）评价的角度不同

财务评价是站在企业的角度上，按照企业在整个寿命期内微观利润最大化的原则，根据

国家现行财税制度和价格体系，分析项目的直接财务费用和效益，评价项目的盈利能力，债务偿还能力和财务生存能力等财务状况，从而判断项目的财务可行性。

国民经济评价是站在整个社会的角度上，按照资源在全社会合理配置的原则，根据影子价格、影子工资、影子汇率等价格体系，分析项目对国家作出的贡献，以确定项目的经济合理性。

（二）费用和收益的界定不同

财务评价是以企业（或项目本身）为系统，根据项目的实际收支确定项目的费用和收益。凡是由系统内部流向系统外部的资金都是财务评价的费用；凡是由系统外部流向系统内部的资金都是财务评价的收益。

国民经济评价是以全社会为系统，考察项目的费用和收益。任何导致社会最终产品或服务的减少都是费用；任何导致社会最终产品或服务的增加都是收益。

由于两者的界定不同，有些在财务评价中视为费用的资金，如税金、国内贷款利息等，在国民经济评价中不予考虑，因为这些资金并没有流出社会这个系统；财务评价中不予考虑的间接费用和间接收益，如项目对环境的破坏和改善等，在国民经济评价中要作为费用和收益来考虑。

（三）价值尺度不同

财务评价是计算和分析在现行价格下企业的实际盈利水平，所以，度量费用和收益的价值尺度是实际交易的市场价格。而国民经济评价要考虑资源的稀缺性和利用的有效性，以资源的最优利用作为评价的目标。只有在完全竞争的市场机制下所形成的价格，才是社会价值的体现。在市场经济不完善的情况下，应采用影子价格，它能够客观地反映生产要素或商品的价值，为资源的合理配置和有效利用提供了准确的价格信息和计算尺度。

（四）评价所用的有关参数不同

财务评价与国民经济评价除了价格参数不同外，还有一些其他参数也有区别。如财务评价中采用的汇率是官方汇率，而国民经济评价采用的汇率是影子汇率；财务评价中采用的折现率是基准折现率，而国民经济评价中采用的折现率是社会折现率。

## 第二节 费用与效益的识别

正确识别项目的费用和收益，对于国民经济评价至关重要，它是保证建设项目经济评价正确性和科学性的必要前提。

### 一、识别费用和收益的原则

（一）目标确定原则

费用和收益都是相对于目标而言的。收益是对目标的贡献；费用是对目标的负贡献。确定项目的目标是识别费用和收益的前提。

财务评价从项目（或企业）的目标出发，凡是流入项目的资金，就是财务收益；凡是流出项目的资金，就是财务费用。财务费用和收益称为项目的直接经济效果（或内部经济效果）。

国民经济评价从国家（或社会）的目标出发，不仅需要识别项目自身的直接经济效益，而且需要识别间接效益（项目对国民经济其他部门和行业产生的影响，即外部效益）；不仅要识别可用货币计量的有形效益，而且要识别难以用货币计量的无形效益。

**【例 1】** 某项目设计能力为年产 A 产品 10 万吨。项目实施后，可减少进口 1 万吨（A 产品的进口到岸价为 1000 美元，美元兑换人民币的牌价汇率为 6.5 元）。A 产品在市场竞争中的价格为 6500 元。进口的国内运输等费用为 20000 元。求该项目国民经济评价中的营业收入。

**解**　国民经济评价中的营业收入亦即项目的直接效益和间接效益总和。直接效益包括项目产出增加国内需求产生的效益和减少进口带来的外汇支出减少。间接效益本例中未体现。因此

$$营业收入 = (10 \times 6500) + (1 \times 1000 \times 6.5 \times 1.08 + 2) = 72022(万元)$$

（二）追踪对象原则

财务评价在考察财务收益和费用的过程中追踪的对象是货币。凡是由项目（企业）之外流入项目之内的货币就是财务收益；凡是由项目之内流出项目的货币就是财务费用。

在国民经济评价中追踪资源流向。凡是减少国民收入的都是国民经济评价中的经济费用；凡是增加国民收入的都是国民经济评价中的经济收益。衡量国民收入增长的依据则是全社会最终产品和服务的增长。投入品的使用之所以构成项目的经济费用，是由于资源的稀缺性。这些资源的使用导致其他方面国民收入的减少，项目的产出品之所以构成项目的经济收益，是因为产出品最终体现在社会最终产品的增加上。

## 二、外部效益的处理

一个项目除产生直接费用和直接收益外，还对社会其他部门产生间接费用和间接收益，这种间接费用和间接收益称为外部效果。

（一）外部效果的类型

外部效果常分为技术外溢效果、价格连锁效果和乘数外部效果。

项目的技术外溢效果是指项目的建设和运营带给项目外部的影响。例如发电厂排放的烟尘致使周围田园粮食质量下降，产量减少；化肥厂排放的污水致使附近江河鱼虾资源减少；水电厂产生的防洪效益、旅游效益、灌溉效益和交通效益等，都是技术外溢效果。

项目价格的连锁效果包括正向连锁效果和反向连锁效果。

项目对投入品的使用可能使投入品的价格上升，从而给国民经济中的其他部门带来影响。一方面，由于投入品的价格上升，使得使用这些投入品的其他企业的生产成本上升，利润下降；另一方面，投入品的价格上升又会给生产这些投入品的企业带来额外的净收入。这种由于项目投入品所引起的价格外溢效果称为价格反向连锁效果（或称逆连锁效果）。

项目的产出品使市场供给增加，从而带来一系列的反映。一方面，市场供给增加致使项目产出品的价格下降，给生产该产品和替代产品的其他企业带来损失；另一方面，项目产出品市场供给增加，增加了生产该产品的投入品和辅助配套产品的市场需求，从而使这些产品的市场价格上升，增加利润。这种由项目产出品而引起的价格外溢效益，称为价格正向连锁效果（或价格顺连锁效果）。

由项目导致一系列相关部门原有过剩生产能力的使用及由此带来的一系列连锁效果，称为乘数外部效果。在我国由计划经济向市场经济过渡的过程中，某些产业部门存在生产能力的过剩，如果项目的建设和设施刺激了项目投入品的需求，可以使原来的闲置资源得到利用，就可以产生一种连锁性的外部效益。

（二）外部效果的处理

从理论上讲，应当在全社会范围内考察外部效果，但在实践中几乎是不可能的。项目的外部效果可以是有形的，也可以是无形的；有的可以计量，有的不易计量。为了确定项目的外部效果，应考虑以下几个方面。

（1）技术外溢效果的处理。技术外溢效果主要考虑项目对环境和生态的影响、技术扩散和示范效果。

有些工业项目对自然环境和生态环境产生严重的污染和破坏，是一种日益引起社会关注的外部效果。这种污染和破坏是一种间接费用，一般较难计算。近似的方法可按同类企业所造成的损失估算，或按恢复环境质量所需的费用计算。

一个技术项目的建设和实施具有扩散和示范效益，如一个技术先进、管理水平高的项目，由于参观、交流或人员的流动会扩散到很广的外部范围，使整个社会受益，应计为项目的间接效益。但是这种效果通常难以计算，一般只作定性描述。

（2）价格连锁效果的处理。如果项目的产出品增加了国内市场的供应量，导致产品市场价格下降，使用户和消费者从中受益，但是这种益处一般不应计为项目的间接效果。因为产品价格降低将使原生产厂家受损，从整个国民经济的角度看，只是一种效益的转移。如果项目产出品导致出口产品的价格下降，减少了原出口产品的外汇收入，则应计入项目的间接费用。

（3）乘数效果的处理。乘数效果是利用剩余生产能力生产项目投入品所导致的固定成本的节约，这些被节约的成本费用是项目的外部收益。这是一种连锁性的外部效果，这种外部效果一般只计算第一级相关效果。

（4）转移支付的处理。在进行国民经济评价时，还应注意剔除“转移支付”。转移支付是在财务评价中计入收益和费用而在国民经济评价中不计为收益和费用的现金流量。例如，向国家交纳的税金、向银行交纳的利息、企业从国家和地方得到的补贴等，都只是国民经济内部资源支配权的转移，是社会再分配，并未构成资源的实际耗费或增加，所以在国民经济评价中不予考虑。

（5）外部效果内部化。在相关的多个项目中，彼此之间常会相互关联，因而相互之间常会出现难以计量的外部效果。如果可能的话，把这些项目作为一个项目组合体整体考虑，这样，项目之间的外部效果就转化为内部效果。

此外，采用影子价格计算项目费用和效益，亦可以在很大程度上使外部效果内部化。

（6）无形效果。无形效果是指不在市场上出售，没有市场价格，或者现有市场不能完全确定它们的社会价值的效果。例如，城市犯罪、安全和国防、教育、健康、生态平衡等。几乎所有的投资项目都有无形效果。对于无形效果的处理，应当尽量用货币形态来计量，例如把减少城市发病率所避免的工作损失和医疗损失作为卫生保健效果的价值，把受教育者与未受教育者的收入差额作为衡量教育效果的价值等。难以货币化的，应当尽力给以定量描述。

## 第三节 国民经济评价中的价格

国民经济评价中的核心问题，便是价格问题。为使社会资源能够合理配置和有效利用，就必须使用能真实反映其经济价值的价格。然而，在我国现实经济生活中，由于经济体制、社会与经济环境、经济政策、历史因素等原因，各种产品和服务的市场价格往往不能正确反映其真实经济价格，即价格失真。为此，在项目的国民经济评价中采用一种新的价格体系——影子价格体系。

**一、影子价格的概念**

影子价格是指某一种资源处于最优配置时，任一边际变化对国民经济的贡献值。严格地讲，影子价格在社会经济运行中并不存在，它仅是一种虚拟的价格。一种资源的影子价格并不是一种固定的值，它将随着社会经济结构的变化而发生变化。

在投资项目的国民经济评价中，无论是投入品还是产出品均可看作一种社会资源。因此进行国民经济评价时我们所面临的全部为社会资源。研究资源的影子价格即可完全解决项目评价的价格问题了。

为了说明影子价格的概念，需对下述几个问题进行分析和理解。

（一）边际产出价值

一种资源的边际产出价值可以定义为：当其他资源的投入量保持不变时，增加 1 个单位该资源的投入量所带来的社会利益的增加量。由经济学的相关理论可知，边际产出价值等于边际产量与价格的乘积。例如，某农民有两块田地，一块种稻谷，另一块种玉米。化肥的成本为 1.20 元/公斤，稻谷的售价 0.60 元/公斤，玉米的售价为 0.40 元/公斤。该农民的农作物产量与施用化肥量之间的关系如表 8-1 所示。

**表 8-1　农作物产量与化肥用量之间的关系**

| | 稻谷 | | | 玉米 | | |
|---|---|---|---|---|---|---|
| 化肥用量（公斤） | 总产量（公斤） | 总产值（元） | 边际产值（元） | 总产量（公斤） | 总产值（元） | 边际产值（元） |
| 0 | 2000 | 1200 | — | 1490 | 596 | — |
| 10 | 2160 | 1296 | 9.6 | 1630 | 652 | 5.6 |
| 20 | 2300 | 1380 | 8.4 | 1760 | 704 | 5.2 |
| 30 | 2430 | 1458 | 7.8 | 1880 | 752 | 4.8 |
| 40 | 2540 | 1524 | 6.6 | 1970 | 788 | 3.6 |
| 50 | 2620 | 1572 | 4.8 | 2060 | 824 | 3.6 |
| 60 | 2690 | 1614 | 4.2 | 2130 | 852 | 2.8 |
| 70 | 2740 | 1644 | 3.0 | 2180 | 872 | 2.0 |
| 80 | 2760 | 1656 | 1.2 | 2220 | 888 | 1.6 |
| 90 | 2770 | 1662 | 0.6 | 2250 | 900 | 1.2 |

在上例中，如果其他投入品保持不变，增加一个单位的化肥用量所获得的额外收入就是化肥这种投入品的边际产值。由表 8-1 可知，随着化肥用量的递增，稻谷和玉米的总产值是递增的，但边际产值是递减的。如果化肥的边际产值大于化肥的价格，增加化肥用量将会带来额外收入；反之，若化肥的边际产值低于化肥的价格，减少化肥的用量使收入增加。最佳的化肥用量应该是边际产值等于化肥的价格，即稻谷的化肥用量为 80 公斤，玉米的化肥用量为 90 公斤。

（二）资源最优配置

当一种资源具有多种用途时，如何在多种用途中进行分配，是经济学要解决的问题。例如，化肥既可以用于稻谷，也可以用于玉米。由于每购买 1 公斤的化肥只花 1.20 元，而起初每施用 1 公斤化肥于稻谷可获得 9.6 元，施用 1 公斤化肥于玉米可获得 5.6 元。所以农民愿意将化肥施用于稻谷。随着化肥施用量的增加，稻谷地的边际产量下降，当稻谷地的化肥施用量增加到 40 千克时，再增加化肥的施用量于稻谷地，所带来的边际产出为 4.8 元，而此时将化肥施用于玉米地所带来的边际产出为 5.6 元，大于施用于稻谷地的边际产出。所以应将增加的化肥施用于玉米地。

当稻谷地的边际产出等于玉米地的边际产出且等于化肥的价格时，化肥的施用达到最优配置。此时，化肥的施用量为 170 公斤，分别用于稻谷地 80 公斤、玉米地 90 公斤。

（三）机会成本

所谓机会成本，就是将具有多种用途的稀缺资源用于特定用途时所放弃的最大收益。在上例中，如果农民只有 80 公斤化肥，于是他施用于稻谷地的化肥由原来的 80 公斤减少为 70 公斤，这时稻谷地的产值由原来的 1656 元减少到 1644 元，每少施用 1 公斤化肥减少稻谷产值 1.2 元；他将这 10 公斤化肥施用于玉米地，使玉米的产值净增 56 元，每公斤化肥使玉米的产值增加 5.6 元。因此，从稻谷地向玉米地转移的每公斤化肥的机会成本为 1.2 元。由于机会成本小于将化肥施用于玉米地的边际产值，所以此项决策增加了农民的总收入，决策是正确的。

由此可见，只有当施用于玉米地化肥的边际成本等于边际产出时，玉米地化肥施用量为最优。

## 二、影子价格的确定

（一）数学规划计算影子价格

影子价格的概念最早来源于数学规划。从理论上讲，我们可以准确地求出各种资源和产出的影子价格。用数学规划方法求出各种资源得到充分利用的最优社会生产状况，此时目标函数（国民收入）达到最大。该线性规划的检验数亦即对偶问题的最优解就给出了各种资源的影子价格。

为了分析的方便，我们在这里主要介绍影子价格与线性规划的关系。

如果某企业掌握若干种资源（资金、设备、劳动力和自然资源等），其数量有限但可利用的机会很多，应该如何安排生产才能使获得的总收益最大，这是一个资源分配问题。针对这一问题建立线性规划模型，则有

$$(\mathrm{D})\begin{cases}\max Z = \sum\limits_{i=1}^{n} p_i \cdot x_i \ (i = 1,2,\cdots,n) \\ \sum\limits_{i=1}^{n} c_{ij} \cdot x_i \leqslant b_j \ (j = 1,2,\ \cdots,m) \\ x_i \geqslant 0\end{cases}$$

式中 $Z$——生产的总产值；

$x_i$——第 $i$ 种产品的产量；

$p_i$——第 $i$ 种产品的价格；

$c_{ij}$——每生产单位 $i$ 产品所需 $j$ 资源的量；

$b_j$——现有的第 $j$ 种资源的量。

对上述模型的求解，可同时得到最优生产计划和最优目标函数值。

资源分配问题和价格确定问题是同一问题的两个侧面，线性规划既能解决资源分配问题，也能解决价格确定问题。

如果对上一问题换一种思考方法，就是假定该企业打算将这些资源全部卖掉，应该如何

确定各种资源的价格，才能既保证总收益不低于原来用它们从事生产活动的收益，同时又能在市场上具有竞争力。这就是原问题的对偶问题。

对这一问题建立线性规划的数学模型，则有

$$(\mathrm{D}')\begin{cases}\min Z' = \sum_{j=1}^{m} b_j \cdot x_j (j = 1,2,\cdots,m) \\ \sum_{j=1}^{m} c_{ij} \cdot x_j \geqslant p_i (i = 1,2,\cdots,n) \\ y_j \geqslant 0\end{cases}$$

式中　$Z'$——资源的总价值；

$y_j$——第 $j$ 种资源的价值。

其他符号意义同前。

由线性规划理论可知，这个规划问题（D′）正好是前一问题（D）的对偶问题。（D′）的最优解 $y_j^*$ $(j = 1,2,\cdots,m)$ 就是各种资源的影子价格。

由线性规划的对偶定理知

$$\max Z = \min Z'$$

即

$$Z^* = Z^{*'} = y_1^* \cdot b_1 + y_2^* \cdot b_2 + \cdots + y_m^* \cdot b_m$$

这表明在资源被最有效利用的情况下，产出的总价值应等于按影子价格计算的生产要素的总价值。且

$$\frac{\partial Z^*}{\partial b_j} = y_j^*$$

通过以上讨论可知，影子价格在数学上表现为数学规划原问题的目标函数的最优值对某一约束条件的一阶偏导数；在经济上，它是当某资源得到最优利用时的边际产值。

（二）用机会成本确定影子价格

对于具有多种用途的有限资源来说，无论它是项目的产出还是投入，其经济价值都可以用它的机会成本来衡量。如果它是项目的投入品，机会成本就是该投入品用于国民经济其他部门而获得的最大收益。如果它是项目的产出品，机会成本就是它对于其他部门（或行业）生产的边际产值。对于最终消费品来说，由于它不具有中间产品的那种可选择用途，机会成本就是消费者的支付意愿。这样确定的经济价值就是影子价格。

**【例 2】** 某新建项目设计能力为年产 A 产品 10 万吨。预计项目实施后，会挤占原有 A 产品市场份额。目前 A 产品的市场竞争价格为 2000 元（含税）。已知增值税率为 17%，求该产品国民经济评价中的价格。

**解**　项目的产出替代原有市场供应的，影子价格按机会成本确定。流转税属于转移支付，应予剔除。所以

$$\text{影子价格} = 2000/(1+17\%) = 1709.4(\text{元})$$

（三）由市场价格调整为影子价格

1. 影子汇率

影子汇率系指外汇的影子价格，是外汇的社会边际成本或边际贡献，即国家每增加或减少一个单位的外汇收入所需要付出或节约社会成本，或者是所增加这一单位外汇收入对社会

的边际贡献。

建设项目国民经济评价中，项目的进口投入物和出口产出物，应采取影子汇率换算系数调整计算进出口外汇收支的价值。

在现有外汇收支状况下，国家在现有水平上增加一个单位的外汇收入，可以用于增加进口或者减少出口，即这一单位外汇中有一部分用于增加进口，另一部分用于减少出口。用于增加进口，可以增加国内消费或投资，获得社会经济效益；用于减少出口，可以减少国内生产出口产品的资源消耗，减少社会资源消耗费用。增加进口与减少出口的比率取决于国家外贸的进出口弹性。一个单位外汇的社会经济价值，取决于其用于增加进口而获得的社会经济效益与减少出口获得的社会资源消耗费用节约两部分之和。增加进口的社会经济效益应当以使用者的支出意愿定价，减少出口节约的社会资源消耗费用由这些社会资源的社会经济价值决定，也决定于这些资源的社会使用者的支付意愿。基于这种理论，影子汇率可以采用以下公式计算。

$$SER = \sum_{i=1}^{n} f_i \times \frac{PD_i}{PC_i} + \sum_{i=1}^{n} X_i \times \frac{PD_i}{PF_i}$$

式中 $SER$——影子汇率；

$f_i$——边际上增加单位外汇时将用于进口 $i$ 货物的那部分外汇；

$X_i$——边际上增加单位外汇时将导致减少出口 $i$ 货物的那部分外汇；

$PD_i$——$i$ 货物的国内市场价格（人民币计价）；

$PC_i$——$i$ 货物的进口到岸价格（人民币计价）；

$PF_i$——$i$ 货物的出口离岸价格（人民币计价）。

$f_i$和 $X_i$代表边际上单位外汇使用与各种进出口货物的分配权重，其总和为 1。

如果外汇的边际成本等于边际贡献，那么国家的外汇收支就处于可以由市场自动平衡的状态，即外汇收支处于平衡状态，这种可以使外汇收支平衡的汇率称为均衡汇率。影子汇率的另一种理论上的确定方法是以均衡汇率为基础的。由于国家的外汇收支并没有处于市场自动平衡的状态，国家外汇牌价相对于影子汇率存在着差异。外汇牌价与影子汇率之间的差异，一方面来自于外汇牌价对均衡汇率的扭曲，另一方面来自于进出口关税带来的扭曲。采用均衡汇率理论计算影子汇率的方法如下：

$$SER = W_{\mathrm{s}} \times BER \times (1 + T_{\mathrm{o}}) + W_{\mathrm{d}} \times BER \times (1 + T_{\mathrm{I}})$$

$$W_{\mathrm{s}} + W_{\mathrm{d}} = 1$$

$$W_{\mathrm{s}} = \frac{-U_i \times \left(\frac{Q_i}{Q_{\mathrm{o}}}\right)}{U_{\mathrm{o}} - \left[U_i \times \left(\frac{Q_i}{Q_{\mathrm{o}}}\right)\right]}$$

$$W_{\mathrm{d}} = \frac{U_{\mathrm{o}}}{U_{\mathrm{o}} - \left[U_i \times \left(\frac{Q_i}{Q_{\mathrm{o}}}\right)\right]}$$

式中 $SER$——影子汇率；

$BER$——均衡汇率；

$T_{\mathrm{o}}$——出口补贴率；

$T_{\mathrm{I}}$——进口关税；

$U_i$——进口价格弹性；

$U_o$——出口价格弹性；

$Q_i$——进口总额；

$Q_o$——出口总额；

$W_s$——外汇需求权重；

$W_d$——外汇供给权重。

实践中，影子汇率的测定有多种简化方法：

（1）影子汇率可由官方汇率（外汇牌价）调整得到。计算公式为

$$影子汇率 = 外汇牌价 \times 影子汇率换算系数$$

根据我国外汇收支、外汇供求、进出口结构、进出口关税、进出口增值税及出口退税补贴等情况，影子汇率换算系数为1.08。

（2）采用进出口平均关税率确定影子汇率。

（3）采用进出口贸易逆差确定影子汇率。

（4）以出口换汇成本确定影子汇率。

2. 社会折现率

社会折现率系指资金的影子价格，也即投入资金的机会成本。它是社会对资金时间价值的估值。在以合理配置资源为目的的国民经济评价中，适当的社会折现率可以促进资源的合理分配，引导资金投向对国民经济贡献大的项目，调节资金的供求关系，促进资金在长期和短期项目间的合理配置。

在项目的国民经济评价中，社会折现率主要用来作为计算经济净现值时的折现率，或者用作判断国民经济内部收益率高低的基准（基准内部收益率）。

从理论上来讲，社会折现率应根据国家一定时期内所能投入基本建设的资金总额来确定，具体方法是将所有可供选择的投资项目，按照它们各自的经济内部收益率从大到小依次排队，从收益率最大的项目起，依次累计它们投资额之总和，直到这个累计数额达到预计可能筹集的投资总额为止，这最后一个项目的收益率就是社会折现率（截止收益率）。因此，社会折现率的高低取决于国家和社会资金供应量的多少，资金供应量越多，社会折现率就越低，反之就高。如图8-1所示。

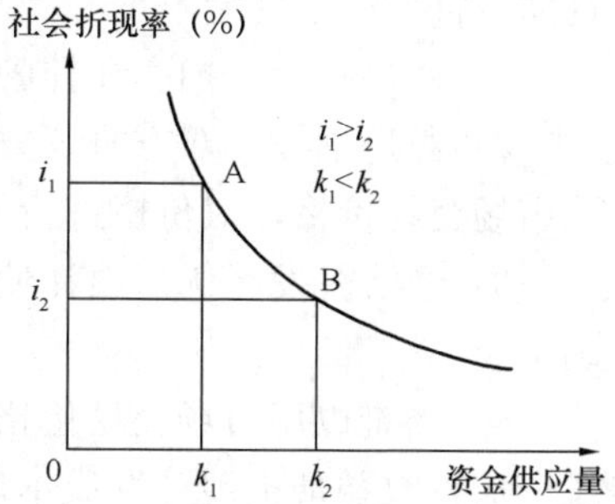

图8-1　社会折现率与资金供应量关系图

实际中，社会折现率应根据国家的社会经济发展目标、发展战略、发展优先顺序、发展水平、宏观调控意图、社会成员的费用效益时间偏好、社会投资收益水平、资金供给状况、资金机会成本等因素综合测定。当前的社会折现率为8%；对于受益期长的建设项目，如果远期收益较大，效益实现的风险较小时，社会折现率可适当降低，但不应低于6%。

3. 特殊投入品的影子价格

（1）劳动力的影子价格。在国民经济评价中，将劳动力作为一种特殊投入品对待，劳动力的费用按影子工资来计算。

影子工资是指在项目中使用劳动力资源而使社会付出的代价。在国民经济评价中，影子工资是从项目招募职工会使国民经济其他部门付出多少代价这一机会成本的角度而被视为国民经济费用的。影子工资由两部分内容组成：

1）劳动力机会成本，即劳动力在本项目被使用，而不能在其他项目中使用而被迫放弃

的劳动收益。

2）新增资源消耗，即劳动力在本项目新就业或由其他就业岗位转移到本项目而发生的社会资源消耗。这些资源的消耗并没有提高劳动力的生活水平。

影子工资的计算公式如下

影子工资 ＝ 劳动力机会成本 ＋ 新增资源消耗

在国民经济评价中，影子工资可通过影子工资换算系数得到。影子工资换算系数系指影子工资与项目财务分析中的劳动力工资之间的比值。影子工资可按下式计算

影子工资 ＝ 财务工资 × 影子工资换算系数

影子工资的确定，应符合下列规定：

1）影子工资应根据项目所在地劳动力就业状况、劳动力就业或转移成本测定。

2）技术劳动力的工资报酬一般可由市场供求决定，即影子工资一般可以财务实际支付工资计算。

3）对于非技术劳动力，根据我国非技术劳动力就业状况，其影子工资换算系数一般取为0.25～0.8；具体可根据当地的非技术劳动力供求状况确定，非技术劳动力较为富余的地区可取较低值，不太富余的地区可取较高值，中间状况可取0.5。

（2）土地的影子价格。土地的影子价格是指建设项目使用土地资源而使社会付出的代价。在建设项目国民经济评价中以土地影子价格计算土地费用。

土地影子价格应按下式计算

土地影子价格 ＝ 土地机会成本 ＋ 新增资源消耗

土地机会成本按拟建项目占用土地而使国民经济为此放弃的该土地“最佳替代用途”的净效益计算；土地改变用途而发生的新增资源消耗主要包括拆迁补偿费、农民安置补助费等。在实践中，土地平整等开发成本通常计入工程建设费用中，在土地影子价格中不再重复计算。

土地影子价格应根据项目占用所处地理位置、项目情况以及取得方式的不同分别确定，具体应符合以下规定：

1）通过招标、拍卖和挂牌出让方式取得使用权的土地，其影子价格应按财务价格计算。

2）通过划拨、双方协议方式取得使用权的土地，应分析价格优惠或扭曲情况，参照公平市场交易价格，对价格进行调整。

3）经济开发区优惠出让使用权的土地，其影子价格应参照当地土地市场交易价格类比确定。

4）当难以用市场交易价格类比方法确定土地影子价格时，可采用收益现值法或以开发投资应得收益加土地开发成本确定。

5）当采用收益现值法确定土地影子价格时，应以社会折现率对土地的未来收益及费用进行折现。

建设项目如需占用农村业用地时，应以土地征用费调整计算土地影子价格。具体应符合下列规定：

1）项目占用农村土地，土地征收补偿费中的土地补偿费及青苗补偿费应视为土地机会成本，地上附着物补偿费及安置补助费应视为新增资源消耗，征地管理费、耕地占用税、耕地开垦费、土地管理费、土地开发费等其他费用应视为转移支付，不列为费用。

2）土地补偿费、青苗补偿费、安置补助费的确定，如与农民进行了充分的协商，能够充分保证农民的应得利益，土地影子价格可按土地征收补偿中的相关费用确定。

3）如果存在征地费用优惠，或在征地过程中缺乏充分协商，导致土地征收补偿费低于市场价格，不能充分保证农民利益，土地影子价格应参照当地正常土地征收补偿费标准进行确定。

4. 可外贸货物的影子价格

外贸货物是指其生产或使用直接或间接影响国家进出口的货物。包括：项目产出物中直接出口（增加出口）、间接出口（替代其他项目产品供应国内市场而使其他企业增加出口）或替代进口（以产品满足其他企业或最终消费从而减少进口）；项目投入物中直接进口（增加进口）、间接进口（挤占其他企业投入物使其增加进口）或减少出口（挤占原可用于出口的国内产品）。

可外贸货物的影子价格以实际可能发生的国际市场价格（一般取边境价格）为基础确定。边境价格的选取应注意国际市场的变化趋势，进行有根据的预测。

$$\text{出口产出物的影子价格} = \text{离岸价}(FOB) \times \text{影子汇率} - \text{出口费用}$$

$$\text{进口投入物的影子价格} = \text{到岸价}(CIF) \times \text{影子汇率} + \text{进口费用}$$

离岸价（*FOB*）、到岸价（*CIF*）均以项目所在国口岸为依据。进口或出口费用是指货物进出口环节在国内发生的相关费用，包括运输、储运、装卸、运输保险等以及物流环节的各种损失、损耗等。一般情况下，大致包括国内运杂费和贸易费用。

**【例3】** 某建设项目拟进口设备，已知设备到岸价为150万美元。进口环节增值税率为17%，关税税率为10%。国内运杂费为24万元人民币，贸易费用贸易费用率为3%，外汇牌价为1美元兑换8元人民币。试计算设备的影子价格。

**解**　进口环节的增值税、关税属于转移支付，不予考虑。

$$\begin{aligned}\text{进口投入物的影子价格} &= \text{到岸价} \times \text{影子汇率} + \text{进口费用} \\ &= 150 \times 8 \times 1.08 + 150 \times 8 \times 3\% + 24 \\ &= 1356(\text{万元})\ \text{人民币}\end{aligned}$$

## 第四节　国民经济评价

### 一、国民经济评价的步骤

（一）在财务评价基础上进行国民经济评价的步骤

1. 效益和费用范围的调整

（1）转移支付的处理。剔除已经计入财务效益和费用的转移支付。

（2）确定间接效益和间接费用。结合项目的具体情况来识别项目的间接效益和间接费用，既不要漏掉“外部效果”，又要防止“外部效果”的重复计算。对能定量的应进行定量计算，不能定量的应作定性描述。

2. 效益和费用数值的调整

（1）固定资产投资调整。

1）调整引进设备价值。剔除属于国民经济内部转移支付的引进设备、材料的关税和增殖税，并用影子汇率、影子运费和贸易费用对引进设备价值进行调整。

2）调整国内设备。采用影子价格计算国内设备的价值、运输费用和贸易费用。

3）调整建筑费用。根据建筑工程消耗的人工、三材（钢材、木材、水泥）、其他大宗材料、电力等，用影子价格进行调整，或通过建筑工程影子价格换算系数直接调整建筑费用。

4）安装费用的调整。若安装费用中，材料费用占很大比重，或有进口安装材料，也应按材料的影子价格调整安装费用。

5）土地费用按项目占用土地的机会成本进行调整。

6）其他调整。如剔除涨价预备费等。

（2）流动资金的调整。调整由于流动资金估算基础的变动引起的流动资金占用量的变动。

1）如果在财务评价中流动资金是用扩大指标估算的，则国民经济评价中的流动资金可按调整后的销售收入、经营成本或固定资产价值乘以相应的资金率进行调整。

2）如果在财务评价中流动资金是按分项详细估算的，则在国民经济评价中也应采用影子价格分项详细估算流动资金。

（3）经营成本的调整。先用影子价格、影子工资等参数调整各费用要素，然后再加总求得经营成本。

（4）销售收入的调整。先确定项目产出品的影子价格，然后重新计算销售收入。

（5）外汇借款还本付息的调整。在涉及外汇借款时，用影子汇率计算外汇借款还本付息的数额。

3. 编制现金流量表

当各项指标都做了调整后，用调整后的数据编制国民经济评价的全部投资现金流量表，对使用国外贷款的项目，还应编制国民经济评价的国内投资现金流量表。

4. 计算各项经济指标

编制现金流量表后，据此计算国民经济评价所需的各项经济指标，如经济内部收益率、经济净现值等。

5. 计算与出口相关的各项指标

对于产出品出口或替代出口的项目，编制经济外汇流量表，计算经济外汇净现值、经济换汇成本等。

（二）直接进行国民经济评价的步骤

（1）用货物的影子价格、土地的影子价格、影子工资、影子汇率、社会折现率等参数计算项目的投资；

（2）估算流动资金；

（3）根据生产经营的实物消耗，用货物的影子价格、影子工资、影子汇率等参数计算经营成本；

（4）根据产出品的性质（是否属于外贸货物）确定产出品的影子价格，并据此计算项目的直接效益；

（5）识别和计算项目的间接效益和间接费用。对能定量的应进行定量计算，对难以定量的，应作定性描述；

（6）编制有关报表，计算相应的经济指标。

## 二、国民经济评价基本报表的编制

### （一）国民经济评价辅助报表

为了调整投资、销售收入、经营成本，计算经济换汇成本或经济节汇成本，在国民经济评价中需要编制4个辅助报表。

1. 出口（替代出口）产品国内资源流量表（见表8-2）

**表8-2　　出口（替代进口）产品国内资源流量表**　　万元

| 序号 | 项目＼年份 | 建设期 | | | 投产期 | | 达到设计能力生产期 | | | | | 合计 |
|---|---|---|---|---|---|---|---|---|---|---|---|---|
| | | 0 | 1 | 2 | 3 | 4 | 5 | 6 | 7 | … | $n$ | |
| | 生产负荷（%） | | | | | | | | | | | |
| 1 | 建设投资中国内投资 | | | | | | | | | | | |
| 2 | 流动资金中国内投资 | | | | | | | | | | | |
| 3 | 经营成本中国内费用 | | | | | | | | | | | |
| 4 | 其他国内投资 | | | | | | | | | | | |
| 5 | 国内资源流量（1+2+3+4） | | | | | | | | | | | |

涉及产品出口创汇及替代进口节汇的项目，需要编制出口（替代进口）产品国内流量表，主要用于计算经济换汇成本或经济节汇成本指标。此表的功能为：一是汇总计算期内各年国内资源的消耗量；二是依据汇总的国内资源流量和社会折现率计算国内资源流量现值。

2. 国民经济评价投资调整表

投资调整表主要是用于调整投资（包括建设投资和流动投资）中价格不合理的部分，以确定国民经济评价中的投资额。该表是用与财务评价中各项投资比较的方式调整投资的。先列出财务评价中各项投资金额，再列出国民经济评价中调整以后的投资金额，分析两者的增减情况。

一般来说，可能调整的建设投资项目包括建筑工程、设备、安装工程和其他费用；可能调整的流动资金项目主要是存货。表格的形式见表8-3。

**表8-3　　国民经济评价投资调整计算表**　　万元（万美元）

| 序号 | 项目 | 财务评价 | | | | 国民经济评价 | | | | 国民经济评价比财务评价增减（±） |
|---|---|---|---|---|---|---|---|---|---|---|
| | | 合计 | 其中 | | | 合计 | 其中 | | | |
| | | | 外币 | 折合人民币 | 人民币 | | 外币 | 折合人民币 | 人民币 | |
| 1 | 建设投资 | | | | | | | | | |
| 1.1 | 固定资产投资 | | | | | | | | | |
| 1.1.1 | 建筑工程 | | | | | | | | | |
| 1.1.2 | 设备 | | | | | | | | | |
| | 其中：（1）进口设备 | | | | | | | | | |
| | （2）国内设备 | | | | | | | | | |
| 1.1.3 | 安装工程 | | | | | | | | | |
| | 其中：（1）进口材料 | | | | | | | | | |
| | （2）国内部分材料及费用 | | | | | | | | | |
| 1.1.4 | 其他费用 | | | | | | | | | |
| | 其中：（1）土地费用 | | | | | | | | | |
| | （2）涨价预备费 | | | | | | | | | |
| 2 | 流动资金 | | | | | | | | | |
| 3 | 合计 | | | | | | | | | |

3. 国民经济评价经营成本调整计算表（见表 8-4）

国民经济评价经营成本调整表主要是调整投入品的不合理价格，以确定国民经济评价的费用。表格的形式见表 8-4。

**表 8-4** **国民经济评价经营成本调整表** 元、万元

| 序号 | 项目 | 单价 | 年耗量 | 财务评价 | | 国民经济评价 | |
|---|---|---|---|---|---|---|---|
| | | | | 单价 | 年经营成本 | 单价（调整系数） | 年经营成本 |
| 1 | 外购原材料 | | | | | | |
| 2 | 外购燃料和动力 | | | | | | |
| 2.1 | 煤 | | | | | | |
| 2.2 | 水 | | | | | | |
| 2.3 | 电 | | | | | | |
| 2.4 | 汽 | | | | | | |
| 2.5 | 重油 | | | | | | |
| 3 | 工资及福利费 | | | | | | |
| 4 | 修理费 | | | | | | |
| 5 | 其他费用 | | | | | | |
| 6 | 合计 | | | | | | |

4. 国民经济评价销售收入调整表（见表 8-5）

编制国民经济评价销售收入调整计算表，主要是调整产出品的不合理价格。在该表中，国民经济评价的数据与财务评价的数据是对应的。详见表 8-5。

**表 8-5** **国民经济评价销售收入调整计算表** 单价单位：元（美元）

销售收入单位：万元（万美元）

| 序号 | 产品名称 | 年销售量 | | | | | 财务评价 | | | | | 国民经济评价 | | | | | | |
|---|---|---|---|---|---|---|---|---|---|---|---|---|---|---|---|---|---|---|
| | | 单位 | 内销 | 替代销售 | 外销 | 合计 | 内销 | | 外销 | | 合计 | 内销 | | 替代进口 | | 外销 | | 合计 |
| | | | | | | | 单价 | 销售收入 | 单价 | 销售收入 | | 单价 | 销售收入 | 单价 | 销售收入 | 单价 | 销售收入 | |
| 1 | 投产第一年负荷（%） | | | | | | | | | | | | | | | | | |
| | …… | | | | | | | | | | | | | | | | | |
| | 小计 | | | | | | | | | | | | | | | | | |
| | 投产第二年负荷（%） | | | | | | | | | | | | | | | | | |
| 2 | …… | | | | | | | | | | | | | | | | | |
| | 小计 | | | | | | | | | | | | | | | | | |
| | 正常生产年份负荷（100%） | | | | | | | | | | | | | | | | | |
| | …… | | | | | | | | | | | | | | | | | |
| 3 | 小计 | | | | | | | | | | | | | | | | | |

（二）国民经济评价基本报表

在国民经济评价中，需要编制国民经济现金流量表和经济外汇流量表。

1．国民经济现金流量表

为了计算经济净现值和经济内部收益率等指标，进行国民经济盈利能力分析，需要编制国民经济全投资效益费用流量表和国民经济国内投资效益费用流量表。

（1）国民经济全投资效益费用流量表。国民经济全投资效益费用流量表，不考虑资金来源，把全部投资看作国内资金，在此基础上计算经济内部收益率和经济净现值等评价指标，考察项目全投资的国民经济盈利能力，为各个投资项目进行比较建立了共同的基础。表中的数据来源于前面 4 个辅助报表。表格的形式见表 8-6。

**表 8-6　国民经济全投资效益费用流量表**　万元

| 序号 | 年份 / 项目 | 建设期 | | | 投产期 | | 达到设计能力生产期 | | | | 合计 |
|---|---|---|---|---|---|---|---|---|---|---|---|
| | | 0 | 1 | 2 | 3 | 4 | 5 | 6 | … | $n$ | |
| | 生产负荷（%） | | | | | | | | | | |
| 1 | 效益流入量 | | | | | | | | | | |
| 1.1 | 产品销售（营业）收入 | | | | | | | | | | |
| 1.2 | 回收固定资产余值 | | | | | | | | | | |
| 1.3 | 回收流动资金 | | | | | | | | | | |
| 1.4 | 项目间接收益 | | | | | | | | | | |
| 2 | 费用流出量 | | | | | | | | | | |
| 2.1 | 固定资产投资 | | | | | | | | | | |
| 2.2 | 流动资金 | | | | | | | | | | |
| 2.3 | 经营成本 | | | | | | | | | | |
| 2.4 | 项目间接费用 | | | | | | | | | | |
| 3 | 净效益流量（1−2） | | | | | | | | | | |

（2）国民经济国内投资效益费用流量表

对于有利用外资的投资项目，除了要编制“全投资国民经济效益费用流量表”外，还需要编制“国民经济国内投资效益费用流量表”，以国内投资的费用和收益作为计算的基础，将国外贷款利息和本金的偿还作为资金流出，用于计算国内投资的经济净现值和经济内部收益率等经济指标，主要用于考察国内资金的国民经济盈利能力，作为利用外资项目经济评价和方案比较的依据。详见表 8-7。

2．经济外汇流量表

涉及产品出口创汇及替代进口节汇的项目，还要编制经济外汇流量表，用以计算经济外汇净现值、经济换汇成本和经济节汇成本等经济指标，进行外汇效果分析。此表见表 8-8。

表 8-7 国民经济国内投资效益费用流量表 万元

| 序号 | 项目 \ 年份 | 建设期 | | | 投产期 | | 达到设计能力生产期 | | | | 合计 |
|---|---|---|---|---|---|---|---|---|---|---|---|
| | | 0 | 1 | 2 | 3 | 4 | 5 | 6 | … | $n$ | |
| | 生产负荷（%） | | | | | | | | | | |
| 1 | 效益流入量 | | | | | | | | | | |
| 1.1 | 产品销售（营业）收入 | | | | | | | | | | |
| 1.2 | 回收固定资产余值 | | | | | | | | | | |
| 1.3 | 回收流动资金 | | | | | | | | | | |
| 1.4 | 项目间接收益 | | | | | | | | | | |
| 2 | 费用流出量 | | | | | | | | | | |
| 2.1 | 固定资产投资中国内资金 | | | | | | | | | | |
| 2.2 | 流动资金中国内资金经营成本 | | | | | | | | | | |
| 2.3 | 流至国外的资金 | | | | | | | | | | |
| 2.4 | 国外借款本金偿还 | | | | | | | | | | |
| 2.4.1 | 国外借款利息支付 | | | | | | | | | | |
| 2.4.2 | 其他 | | | | | | | | | | |
| 2.4.3 | 项目间接费用 | | | | | | | | | | |
| 2.5 | | | | | | | | | | | |
| 3 | 净效益流量（1－2） | | | | | | | | | | |

## 三、国民经济评价指标

国民经济评价包括国民经济盈利能力分析和外汇效果分析。国民经济盈利能力分析以经济净现值和经济内部收益率为主要评价指标。产品出口创汇及替代进口节汇的项目，要计算经济外汇净现值、经济换汇成本和经济节汇成本等指标。

### （一）国民经济盈利能力分析指标

#### 1. 经济净现值（*ENPV*）

经济净现值（Economic Net Present Value，简称 *ENPV*）是反映项目对国民经济净贡献的绝对值。它是指用社会折现率将项目计算期内各年的净收益折算到建设初期（通常是第 0 年）的现值累加值。其经济含义是在整个寿命期内项目的投资对国民经济的净贡献值。其表达式为

$$ENPV=\sum_{i=0}^{n}(ECI-ECO)_t(1+i_s)^{-t}$$

式中 $ENPV$——经济净现值；

$ECI_t$——第 $t$ 年经济现金流入量；

$ECO_t$——第 $t$ 年经济现金流出量；

$(ECI-ECO)_t$——第 $t$ 年经济净现金流量；

$i_s$——社会折现率；

$n$——项目寿命期。

表 8-8　　经济外汇流量表　　万美元

| 序号 | 项目 \ 年份 | 建设期 | | | 投产期 | | 达到设计能力生产期 | | | | 合计 |
|---|---|---|---|---|---|---|---|---|---|---|---|
| | | 0 | 1 | 2 | 3 | 4 | 5 | 6 | … | $n$ | |
| | 生产负荷（%） | | | | | | | | | | |
| 1 | 外汇流入 | | | | | | | | | | |
| 1.1 | 产品销售外汇收入 | | | | | | | | | | |
| 1.2 | 外汇借款 | | | | | | | | | | |
| 1.3 | 其他外汇收入 | | | | | | | | | | |
| 2 | 外汇流出 | | | | | | | | | | |
| 2.1 | 固定资产投资中外汇流出 | | | | | | | | | | |
| 2.2 | 进口原材料 | | | | | | | | | | |
| 2.3 | 进口零部件 | | | | | | | | | | |
| 2.4 | 技术转让费 | | | | | | | | | | |
| 2.5 | 偿付外汇借款本息 | | | | | | | | | | |
| 2.6 | 其他外汇支出 | | | | | | | | | | |
| 3 | 净外汇流量（1−2） | | | | | | | | | | |
| 4 | 产品替代进口收入 | | | | | | | | | | |
| 5 | 净外汇效果（3+4） | | | | | | | | | | |

经济净现值等于（或大于）零，表明拟建项目在整个寿命期内的净贡献不仅可以达到社会折现率要求的净贡献，还会带来与经济净现值等值的超额净贡献。

2. 经济净现值率（*ENPVR*）

经济净现值率（Rate of Economic Net Present Value，简称 *ENPVR* ）是反映项目单位投资为国民经济所做的净贡献，它是一个相对指标，是经济净现值与投资现值之比。其表达式为

$$ENPVR = \frac{ENPV}{K_p}$$

式中　*ENPVR*——经济净现值率；

$K_p$——投资（包括固定资产投资和流动资金）的现值。

3. 经济内部收益率（ *EIRR* ）

经济内部收益率（Economic Internal Rate of Return，简称 *EIRR* ）是项目计算期内各年经济净现值等于零时的折现率。它是反映项目对国民经济贡献的相对指标。其经济涵义是项目占用的投资对国民经济的净贡献能力。其表达式为

$$\sum_{t=0}^{n}(ECI - ECO)_t(1 + EIRR)^{-t} = 0$$

式中　*EIRR*——经济内部收益率。

经济内部收益率等于（或大于）社会折现率，表明项目对国民经济的净贡献值达到或超过了要求的水平，项目是可以接受的。

（二）国民经济外汇效果分析指标

涉及产品出口创汇及替代进口节汇的项目，需进行外汇效果分析，计算经济外汇净现值、经济换汇成本和经济节汇成本等指标。

1. 经济外汇净现值（$ENPV_F$）

经济外汇净现值是反映项目实施后对国家外汇收支直接或间接影响的重要指标。通过经济外汇流量表可以直接求得经济外汇净现值，用以衡量项目对国家外汇真正的净贡献。其表达式为

$$ENPV_F = \sum_{t=0}^{n} (FCI' - FCO')_t (1+i_s)^{-t}$$

式中 $ENPV_F$——经济外汇净现值；

$FCI'_t$——第 $t$ 年外汇流入量；

$FCO'_t$——第 $t$ 年外汇流出量；

$(FCI'-FCO')_t$——第 $t$ 年的净外汇流量。

在方案比较时，经济外汇净现值大的方案应予优先考虑。当有产品替代进口时，可按净外汇效果计算经济外汇净现值。

2. 经济换汇成本

经济换汇成本是分析、评价项目实施后在国际上的竞争能力，进而判断其应否出口的指标。它是指用影子价格、影子工资和社会折现率计算的项目生产出口产品所消耗的国内资源价值的现值（人民币）与外汇（美元）净收益的现值之比，即换取 1 美元外汇所需的人民币金额。其表达式为

$$\text{经济换汇成本} = \frac{\sum_{t=0}^{n} DR'_t (1+i_s)^{-t}}{\sum_{t=0}^{n} (FCI - FCO)_t (1+i_s)^{-t}}$$

式中 $DR'_t$——项目在第 $t$ 年为生产出口产品所投入的国内资源的价值。

若经济换汇成本小于或等于影子汇率时，表明项目生产出口产品的经济效益好，国际竞争力强。

3. 经济节汇成本

当产品可替代进口节汇时，应计算经济节汇成本，即节约 1 美元所需的人民币金额。它等于项目计算期内生产替代进口产品所投入的国内资源的净现值与生产替代进口产品的经济外汇净现值之比。其表达式为

$$\text{经济换汇成本} = \frac{\sum_{t=0}^{n} DR''_t (1+i_s)^{-t}}{\sum_{t=0}^{n} (FCI'' - FCO'')_t (1+i_s)^{-t}}$$

式中 $DR''_t$——项目在第 $t$ 年为生产替代进口产品投入的国内资源的价值（元）；

$FCI''_t$——生产替代进口产品所节约的外汇（美元）；

$FCO''_t$——生产替代进口产品的外汇流出（美元）。

当经济节汇成本小于或等于影子汇率时，表明项目生产替代进口产品是有利的。

## 思考题

1. 为什么要进行国民经济评价？

2. 国民经济评价与财务评价有什么区别和联系？

3. 如何识别国民经济效益与费用？

4. 什么是影子价格、影子汇率？

5. 为什么在财务评价的基础上进行国民经济评价要对货物的价格进行调整？哪些货物的价格需进行调整？

# 第九章　不确定性分析与风险分析

项目经济评价所采用的数据多数来自预测和估算，项目实施后的实际情况难免与预测情况有所差异，这种差异有可能带来风险。也就是说，立足于预测和估算进行项目经济评价的结果有不确定性，而不确定性有可能带来风险。为了提高经济评价的准确度和可信度，尽量避免和减少投资决策的失误，有必要对投资方案作不确定性分析，为投资决策提供客观、科学的依据。

## 第一节　基　本　概　念

### 一、不确定性分析的概念

（一）不确定性与风险

（1）不确定性，所谓不确定性是指人们分析问题时所依据的基础变量与实际状态值的偏离程度不能确知的性质。概括说不确定性源于人们对客观世界认识的局限性以及描述这种认识所采用方法的局限性。事物的发展变化是一复杂工程，所以不确定性是一种客观存在，绝不可能完全消除。

（2）风险是指未来可能面临的不利状态。正是由于项目评价所基于的基础变量具有不确定性，所以简单依据财务评价和国民经济评价的结论而决策，无疑会给未来项目的实施带来风险。风险因不确定性而引发，不确定性而导致风险。风险因不确定性而产生。

（二）不确定性分析

所谓的不确定性分析，就是分析项目的不确定性因素对项目经济评价结论的影响，预测项目承担风险的能力，确定项目在经济上的可靠性，避免项目投产后造成不必要的损失。

不确定性又可进一步分为两种类型：一种是完全不确定型的，也就是不可测定的不确定性；一种是风险型的，也就是可测定的不确定性。完全不确定型，是指不但经济活动可能出现的结果是不确定的，而且决策者或行为人对结果出现的概率分布也全然不知。风险型是指虽然方案执行最终将出现的结果是不确定的，但这些结果出现的可能性即概率分布状况是已知或是可估计的。习惯上人们将这两种的分析统称为不确定性分析，并将其概括为分析和研究由于不确定因素的变化所引起的项目经济效益指标的变化和变化程度。

不确定性分析包括盈亏平衡分析、敏感性分析和风险分析。盈亏平衡分析一般只适用于项目的财务评价，敏感性分析与风险分析既可用于财务评价，也可用于国民经济评价。

### 二、产生不确定性的原因

（1）项目数据的统计偏差。

（2）通货膨胀。

（3）技术进步。

（4）市场供求结构变化。

（5）其他外部因素（政府政策、法规的变化）。

### 三、不确定性分析的作用

不确定性分析是项目经济评价的一个重要内容，通过不确定性分析，明确不确定性因素的存在、存在范围以及对项目经济效果的影响程度，提高项目的风险防范能力，以提高投资决策的科学性和可靠性。

### 四、不确定性分析的步骤

（一）鉴别不确定性因素

尽管项目运行中涉及的所有因素都具有不确定性，但它们在不同条件下的不确定性程度是不同的。没有必要也不可能对所有的不确定性因素都进行分析，所以要找出不确定性程度较大的关键因素作为分析的重点。

（二）界定不确定性的性质

不确定性包括不可测定的不确定性与可测定的不确定性。对不可测定的不确定性因素，应界定其变化的幅度、变化的范围，确定其边界值；对可测定的不确定性因素应确定其概率分布状况。

（三）选择不确定性分析的方法

根据不确定性因素的性质，选择不确定性分析的方法。一般情况下，盈亏平衡分析与敏感性分析适用于不可测定的不确定性分析；风险分析适用于可测定的不确定性分析。

（四）确定分析的结果

不确定性分析，根据分析的需要和依据的指标不同，其分析的结果可以为：平衡点确定、不同区间的方案选择、不同方案的比选、敏感度与敏感因素的界定、风险预测等。

## 第二节　盈亏平衡分析

不确定性因素的变化会影响投资方案的经济效果，当这些因素的变化达到某一临界值时，就会影响方案的取舍。盈亏平衡分析的目的就是找出这种临界值，判断投资方案对不确定因素变化的承受能力，为决策提供依据。它通过对项目盈亏平衡点（或称保本点）的预测分析，观察该项目可承受风险的程度。

### 一、盈亏平衡点（BEP）的含义

盈亏平衡分析是在一定的条件下，研究拟建项目成本与收益平衡关系的方法。项目的盈利与亏损的转折点，称为盈亏平衡点（BEP）。

盈亏平衡点就是当项目的产量（销售量）、成本（固定成本、变动成本）与利润之间的达到某一特定的平衡关系时，某一因素的特定值。通常用产量表示，也可以用产品单价、成本、销售收入、生产能力利用率等来表示。可以根据盈亏平衡点来分析和判断项目的风险大小。

### 二、盈亏平衡的数学模型

设：年度营业总收入函数：$S=f$（$Q$、$P$、…）

年度总成本费用函数：$C=f$（$Q$、$F$、$v$、$t$、…）

年度总利润函数 $P=S-C=f$（$Q$、$P$、$f$、$v$、$t$、…）

根据 $P=0$ 建立平衡算式，就可求解各个因素的平衡点。也可以借助盈亏平衡图进行分析求解。

（一）线性盈亏平衡分析

当营业收入与销售量（产量）、成本费用与销售量（产量）呈线性关系时，盈亏平衡分析称为线性盈亏平衡分析。

线性盈亏平衡分析的建立在以下基本假定条件基础上：

（1）销售量等于产量，即产销平衡。

（2）单位可变成本、固定成本是常数。

（3）销售单价是常数。

（4）生产单一产品，或生产多种产品但可以换算为单一产品计算。

在上述基本假设基础上，可得以下函数关系式。

销售总收入函数：$S=(p-t)Q$

年度总成本费用函数：$C=F+vQ$

年度总利润函数：$P=S-C=(p-t-v)Q-F$ 均为线性函数。

式中 $p$——单位产品售价；

$Q$——产量；

$t$——单位产品营业税金额；

$F$——年固定成本；

$v$——单位变动成本；

$P$——年度总利润；

$S$——年度销售收入；

$C$——年度总成本费用。

如图 9-1 所示。

由图 9-1 可以看出，$S$ 线与 $C$ 线有一个交点，这个交点就是盈亏平衡点（BEP）。它把 $S$、$C$ 两条直线所夹的范围分为两个区：交点左边总成本线高于营业收入线，为亏损区；交点右边销售收入线高于总成本线，为盈利区。交点所对应的产量 $Q_0$，就称为盈亏平衡点产量或保本产量。也就是说，当产销量高于 $Q_0$ 时，项目是盈利的；当产量水平低于 $Q_0$ 时，项目是亏损的。盈亏平衡点越低，亏损区就越小，项目盈利的机会就越大，亏损的风险就越小。

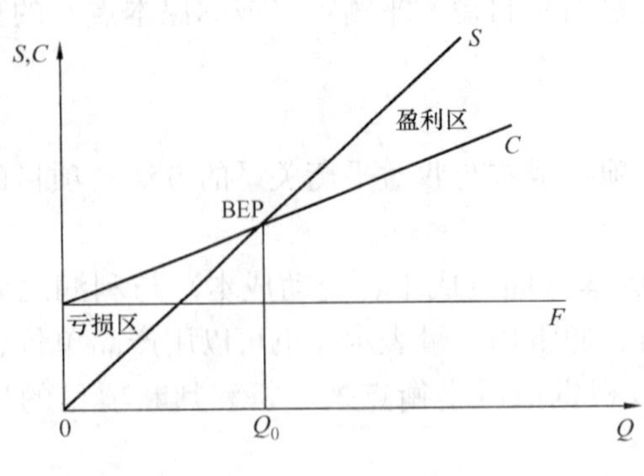

图 9-1 线性盈亏平衡分析图

盈亏平衡分析就是要找出盈亏平衡点。盈亏平衡点越低，项目盈利的可能性就越大，造成亏损的可能性就越小。

盈亏平衡点的表达形式有多种。盈亏平衡点可以用产销量、营业收入、产品单价、生产能力利用率等表示。其中以产量和生产能力利用率表示的盈亏平衡点最为广泛。

以年产销量表示盈亏平衡点，由 $Z=(p-t-v)Q-F=0$ 得

$$Q_0=F/(p-v-t)$$

$Q_0$ 为保本产量，即项目生产的保本规模，若实际产量小于 $Q_0$ 项目就要亏损。

以生产能力利用率表示盈亏平衡点，$Q_s$ 表示设计生产能力。则

$$a_0 = (Q_0/Q_s) \times 100\%$$

$a_0$是生产能力利用率，$a_0$值越小，表明生产能力利用率很小就可盈利，项目的可靠性越大。若实际生产能力利用率大于$a_0$，项目就可盈利。一般情况下，$a_0<70\%$，就可认为项目具备相当的抗风险能力。

盈亏平衡分析给出了项目的盈亏区域界限，只有在盈利区内项目才可行。但是，项目在实施过程中会受到很多不确定性因素的影响，可能会超越盈亏分界线，进入亏损区。生产经营离盈亏平衡点越远，项目安全性越大，抗风险能力越强。为此，我们可以引入经营安全度这一指标，来反映项目抗风险能力的大小。

$$A = |Q - Q_0| / Q_0$$

式中 $A$——经营安全度。

$A$越大，表明发生亏损的可能性越小，安全性越大，抗风险能力越强。一般认为，经营安全度大于等于30%时，项目经营安全。

**【例 1】** 某方案的设计年产量为30万件产品，每件售价为10元，单位产品可变费用为8元，年固定成本为40万元，预计年销售收入为320万元，不计销售税。试分别计算产量、生产能力利用率盈亏平衡点并评价经营安全程度。

**解** $Q_0 = 400000/(10-8) = 200000$（件）

$a_0 = (200000/300000) \times 100\%$

$= 66.7\%$

$A = (320-200)/200 = 60\%$

由于$a_0<70\%$，$A>30\%$，所以该项目运营安全。

（二）非线性盈亏平衡分析

线性盈亏平衡分析的基本假设具有一定的合理性，但当实际情况超越了合理界限时，营业收入函数和成本费用函数将不再是线性函数。这种情景下的盈亏平衡分析即非线性盈亏平衡分析。

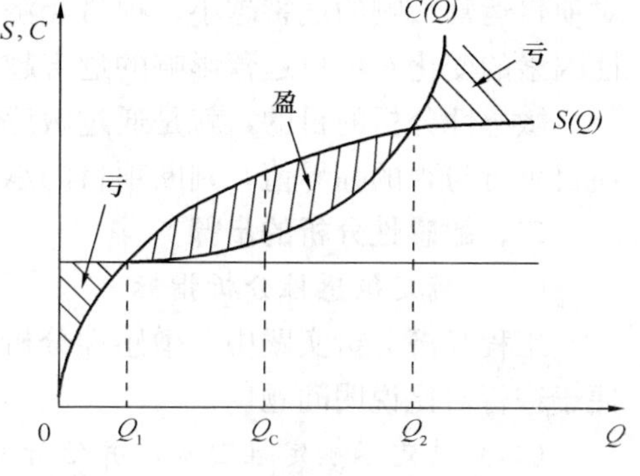

图 9-2 非线性盈亏平衡分析图

非线性盈亏平衡分析的基本原理与线性盈亏平衡分析相同，即通过$P=S-C=0$，确定盈亏平衡点，判断项目运营风险。

非线性盈亏平衡点往往不止一个，如图9-2所示。

## 第三节 敏感性分析

敏感性分析的目的是找出影响项目运营的不确定性因素中的最敏感因素，并为项目运营提供预警警示，以提高项目决策和实施的可靠性。

### 一、敏感性分析的概念

敏感性分析又叫灵敏度分析，是通过分析项目不确定性因素的变化对项目经济效益评价指标的影响，找出敏感的因素，并确定其影响程度，以预测项目承担的风险，以便制定相应对策，降低风险，确保项目达到预期目标或选择最佳方案的一种分析方法。

敏感性分析借助敏感度（也称灵敏度）系数指标进行。敏感度是指项目经济效益指标对不确定性因素变化的敏感程度，也就是不确定性因素估计值发生变化时，引起项目经济效益指标值相应变化的程度。通常用$\beta$表示，其计算式为

$$\beta=\frac{\Delta A/A}{\Delta F/F}$$

式中 $\beta$——评价指标$A$对于不确定因素$F$的敏感度系数；

$\Delta A/A$——不确定性因素$F$变化$\Delta F$时，评价指标$A$相应的变化率；

$\Delta F/F$——不确定性因素$F$的变化率。

$\beta>0$，表示评价指标与不确定因素同方向变化；$\beta<0$，表示评价指标与不确定因素反方向变化。当$|\beta|$值较大时，该不确定性因素就叫敏感因素。

也可以用转换值来进行项目的敏感性分析。转换值也称临界点，是指由于不确定性因素的影响使项目由可行变为不可行的临界数值。它表示项目可以接受的不确定性因素的极限变化值。临界点可以用不确定性因素变化的绝对值表示，也可以用不确定性因素变化的相对值（变化率）表示。影响项目评价指标的不确定性因素在可接受的转换值范围内变化时，不影响财务评价和国民经济评价结论；超过可接受范围时，将影响评价结论。

一般认为，项目对不确定性因素转换值可接受的范围越大，表明该不确定性因素的变化对项目运营影响的危害越小，项目经济可行性对该不确定性因素不敏感；反之，表明不确定性因素的变化对项目运营影响的危害越大，项目经济可行性对该不确定性因素敏感。

敏感性分析的目的，就是通过敏感性考察在不确定性因素影响下经济效益的变化趋势和项目可行与否的临界值，判断项目的承受能力，以提高决策的可靠性。

## 二、敏感性分析的步骤

### （一）确定敏感性分析指标

工程经济分析实践中，敏感性分析指标与项目财务评价和国民经济评价指标一致，这样便于进行对比说明问题。

### （二）选定不确定性因素，并估计其变化范围

概括地说，建设项目所涉及的所有经济要素都具有不确定性，因而应该对所有这些因素进行敏感性分析。但在实践中，出于各方面的考虑，对所有不确定性因素进行敏感性分析不必要。通常设定的不确定性因素主要有：价格、产销量、项目总投资、年经营成本、基准折现率等。

### （三）计算分析指标对不确定因素的敏感度系数

分别针对选定的分析指标，计算不确定性因素在估计变化范围内变化对其影响程度。

### （四）计算建设项目经济评价指标可以承受的不确定性因素的临界值

按照经济评价指标的计算方法，计算其临界状态所对应的具体不确定性因素的数值。

### （五）确定敏感因素

依据（三）、（四）结论，找出评价指标的敏感性因素。

### （六）提出风险防范对策建议

针对敏感性因素，估计其变化可能对项目建设和实施造成的风险并提出防范对策。

## 三、单因素敏感性分析

单因素敏感性分析就是在假设其他因素不变的情况下，研究单一不确定因素的变化对项目经济效益指标影响的敏感性。

**【例 2】** 某项目基本方案的有关数据估算值见表 9-1，试就年销售收入、年经营成本和投资对内部收益率进行单因素敏感性分析（基准收益率 $i_c=8\%$）。

**表 9-1　基本方案的基本数据估算表**

| 因　素 | 建设投资 $I$（万元） | 年销售收入 $B$（万元） | 年经营成本 $C$（万元） | 期末残值 $L$（万元） | 寿命 $n$（年） |
|---|---|---|---|---|---|
| 估算值 | 1500 | 600 | 250 | 200 | 6 |

**解**　(1) 计算基本方案的内部收益率 $IRR$：

$$NPV=-1500(1+IRR)^{-1}+(600-250)\sum_{t=2}^{5}(1+IRR)^{-t}+550(1+IRR)^{-6}$$

采用试算法得

$NPV(i=8\%)=31.08$（万元），$NPV(i=9\%)=-7.92$（万元）

采用线性内插法可求得

$$IRR=8\%+\frac{31.08}{31.08+7.92}(9\%-8\%)=8.79\%$$

(2) 计算销售收入、经营成本和建设投资变化对内部收益率的影响，结果见表 9-2。

**表 9-2　因素变化对内部收益率的影响**

| 不确定因素 \ 内部收益率% \ 变化率 | −10% | −5% | 基本方案 | +5% | +10% |
|---|---|---|---|---|---|
| 销售收入 | 3.01 | 5.94 | 8.79 | 11.58 | 14.30 |
| 经营成本 | 11.12 | 9.96 | 8.79 | 7.61 | 6.42 |
| 建设投资 | 12.70 | 10.67 | 8.79 | 7.06 | 5.45 |

内部收益率的敏感性分析图（如图 9-3 所示）。

(3) 计算 $IRR$ 对各不确定性因素的敏感度系数。

$$\text{年销售收入：敏感度系数}=\frac{(14.30-8.79)/8.79}{0.10}=6.27$$

$$\text{年经营成本：平均敏感度}=\frac{(6.42-8.79)/8.79}{0.10}=-2.70$$

$$\text{投资：敏感度}=\frac{(5.45-8.79)/8.79}{0.10}=-3.80$$

显然，对于 $IRR$ 的敏感性因素依次为销售收入、投资和经营成本。

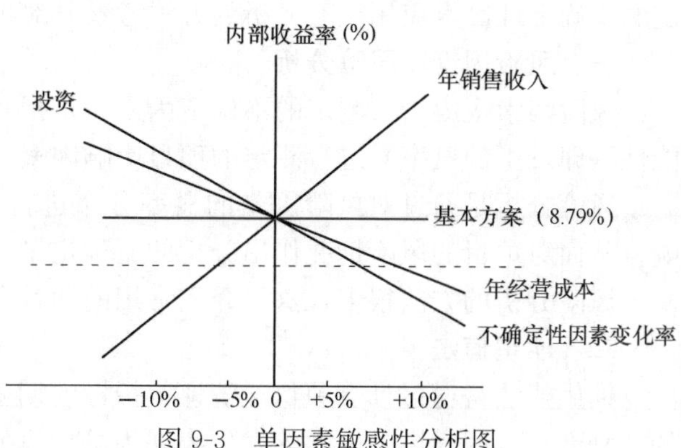

图 9-3　单因素敏感性分析图

**【例 3】** 依据［例 2］的资料，假定基准折现率为 10%，试用转换值进行项目敏感性分析。

**解**　(1) 计算基本方案的净现值

$$NPV=-1500+(600-250)(P/A,10\%,6)+200(P/F,10\%,6)=124.76\text{（万元）}$$

(2) 计算各不确定因素转换值

$$-1500\ (1+\Delta K)+(600-250)(P/A,10\%,6)+200(P/F,10\%,6)=0$$

$$\Delta K=9.15\%$$

$$-1500+[600\ (1+\Delta S)-250](P/A,10\%,6)+200(P/F,10\%,6)=0$$

$$\Delta S=-5.25\%$$

$$-1500+[600-250\ (1+\Delta C)\ ](P/A,10\%,6)+200(P/F,10\%,6)=0$$

$$\Delta C=12.6\%$$

显然，销售收入是净现值的最敏感因素。

上述分析过程可以用图 9-4 表示。

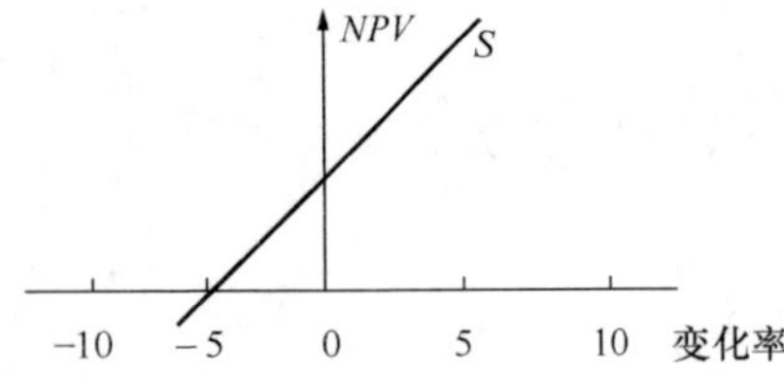


图 9-4 销售收入的敏感性分析

当年销售收入下降时，项目运行就承担了风险；当它的下降幅度达到预期的 5.32%时，项目就会处于可行与否的边缘。从图 9-4 上看，年销售收入线与横轴的交点，就是销售收入在该项目的转换值。

上例中，在进行项目的敏感性分析时，基准折现率取 10%，则项目销售收入的临界值为 5.32%。试问，如果基准折现率取值提高到 12%，项目的临界点会如何变化？基准折现率降低到 8%呢？学习者可以自行思考这个问题。

除了单因素敏感性分析之外，还有双因素和多因素敏感性分析。其基本原理相同，在此不再赘述。

**四、敏感性分析的局限性**

敏感性分析能够发现敏感性因素，提示风险防范重点。但不能确定不确定因素发生的概率。而两个同样敏感的因素，因其出现的概率不同，显然对项目的风险也不同。并且不敏感因素可能因其出现的概率很大而对项目构成风险。这些问题是敏感性分析所解决不了的，是敏感性分析的局限所在。

## 第四节 风 险 分 析

项目的不确定性可分为不可测定的不确定性和可测定的不确定性。前面两节内容主要对不可测定的不确定性因素进行，以判断其存在和变化对项目可靠性的影响或威胁。对于可测定的不确定性因素应用风险分析的方法考察其对项目的影响。

**一、风险因素和风险分析**

风险因素也成为可测定的不确定因素，是指其未来状态具有不确定性，可对其出现的可能性（即发生的概率）进行测定的项目影响因素。

风险分析是通过对风险因素的概率分布进行分析，判断其对项目经济效益评价指标影响，从而对项目的风险情况作出分析的一种定量分析方法。

风险分析的方法很多，这里介绍常用的两种方法：期望值法和蒙特卡洛法。

**二、期望值法**

期望值法是通过计算项目经济评价指标的期望值、标准差等参数，来判断项目风险程度的一种方法。因为风险因素的发生表现为某种概率分布状态，因而使判断项目经济状况的评价指标也随之表现为某种概率分布状态。因此可利用描述变量分布状态的期望值、标准差来考察项目的风险状况。

其计算公式为

$$E(X)=\sum X_iP_i$$

式中　$E(X)$——评价指标 $X$ 的期望值；

$X_i$——评价指标第 $i$ 种可能状态下的取值；

$P_i$——第 $i$ 种可能状态出现的概率，$\sum P_i=1$。

$$\sigma=\sqrt{\sum[X_i-E(X)]^2}$$

式中　$\sigma$——标准差。

一般地，$\sigma$ 越大，表明 $X_i$ 偏离 $E(X)$ 越大，项目的风险就越大。

期望值法可用列表和概率树形式计算。列表法就是通过表格表示项目的相关计算参数；概率树法就是用树形图的形式，用方案枝、状态枝分层形象地表示项目要素的概率分布，并以此计算相关参数。

概率树的形式如图 9-5 所示。

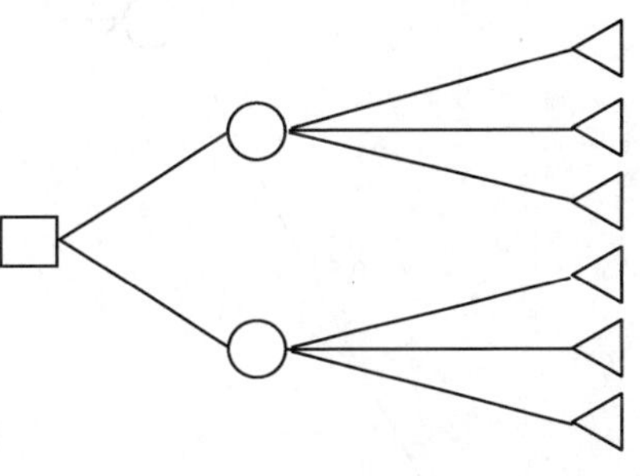

图 9-5　概率树图

**【例 4】** 某公司拟建火力发电厂，投资规模视筹资情况而定。如果金融市场有大量游资，可能筹集资金 300 万元，其概率为 0.5；若资金市场供需均衡，可能筹集资金 200 万元，其概率为 0.4；若资金供应紧张，可能筹集资金 100 万元，其概率为 0.1。项目建成后的年收入与投资规模有直接关系，同时还受到电力市场供求情况的影响。在市场状况良好时，年收入为投资规模的 40%，其概率为 0.3；在市场状况一般时，年收入为投资规模的 30%，其概率为 0.5；在市场状况萧条时，年收入为投资规模的 20%，其概率为 0.2。该发电厂的年运行费用受煤炭供求关系的影响，煤炭供应充足时，年运行费用为投资规模的 5%，概率为 0.2；煤炭供求平衡时，年运行费用为投资规模的 10%，概率为 0.5；煤炭供应紧张时，年运行费用为投资规模的 15%，概率为 0.3。该项目的基准贴现率为 10%，项目计算期为 10 年，期末无残值。试对该项目进行风险分析。

**表 9-3　不确定因素值及其概率分布**

| 不确定因素 | 状态（机会事件） | 概率分布 |
|---|---|---|
| 投资 $I$ | 300 万元 | 0.5 |
| | 200 万元 | 0.4 |
| | 100 万元 | 0.1 |
| 年收入 $B$ | 40%$I$ | 0.3 |
| | 30%$I$ | 0.5 |
| | 20%$I$ | 0.2 |
| 年运行费用 $C$ | 5% $I$ | 0.2 |
| | 10% $I$ | 0.5 |
| | 15% $I$ | 0.3 |

**解**　(1) 绘制概率树，如图 9-6 所示。

(2) 确定不确定因素值及其概率分布，见表 9-3。

(3) 利用概率树确定每一状态的组合概率及净现值。

如第 1 分枝的概率：

$$P_1 = P\ (I=300)\ \times P\ (B=120)\ \times\ P\ (C=45)$$
$$=0.5\times0.3\times0.3=4.5\%$$

其相应的净现值：

$$NPV_1=(B-C)(P/A,10\%,10)-I$$
$$=\ (120-45)\ \times6.145-300$$
$$=160.875\ (\text{万元})$$

逐枝计算，结果标于概率树，如图 9-6 所示。

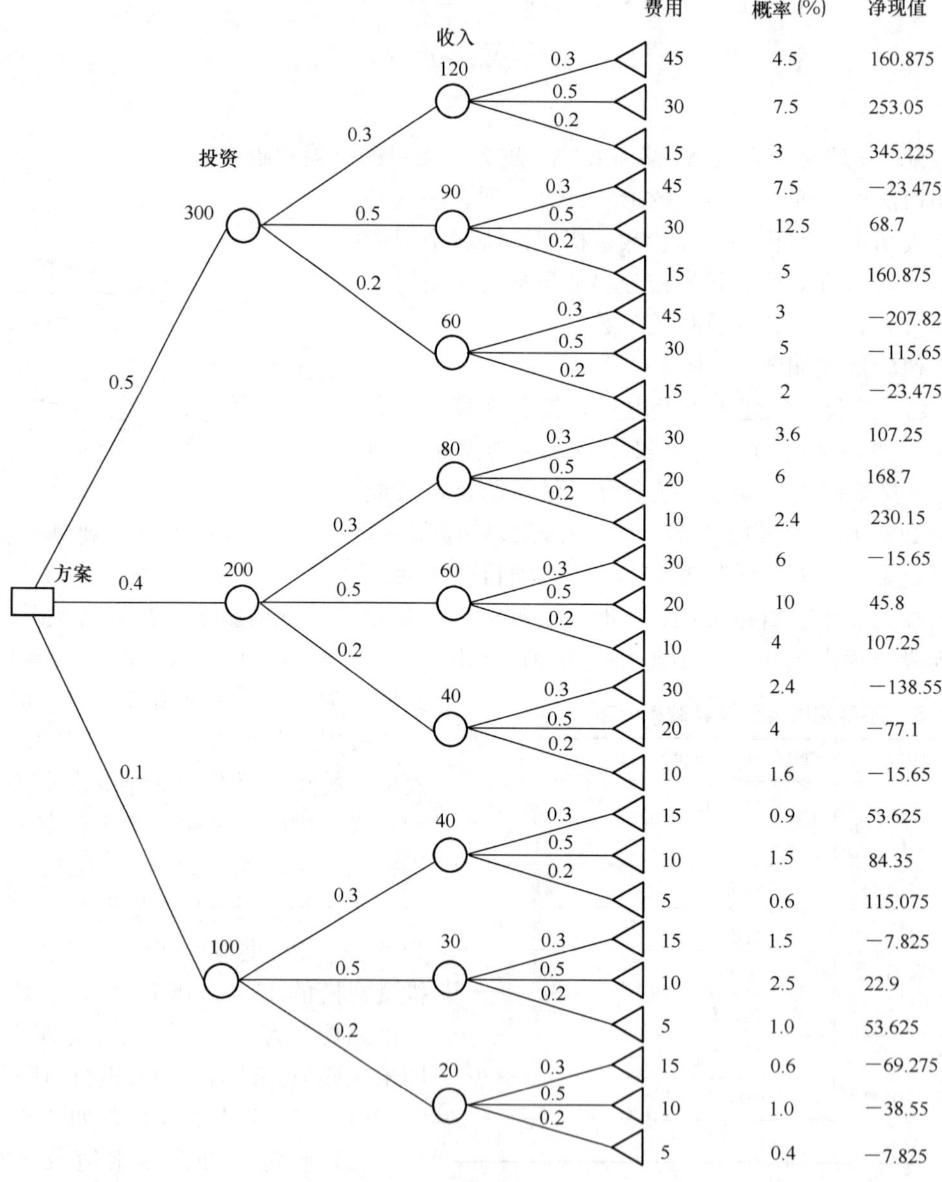


图 9-6 概率树结构图

（4）计算净现值的期望值。

$$E\ (NPV)\ =\sum NPV_iP_i=64.647\ (\text{万元})$$

（5）求净现值的标准差和 $Z$ 值

$$S=\sum[NPV_j-E(NPV)]^2=415520.8$$

$$\sigma=\sqrt{S}=644.61$$

$$Z=[NPV_j-E(NPV)]/\sigma=(64.647-0)/644.61=0.1002$$

（6）确定 $NPV\geqslant0$ 的累计概率。

由 $Z=0.1002$ 查表得，

$$P\ (NPV\geqslant0)\ =0.539$$

（7）结论。项目的净现值的期望值大于 0，项目可以接受，但可行的概率为 53.9%，超过半数不多，存在较大的风险。

**三、蒙特卡洛法**

蒙特卡洛法是一种用随机模拟（仿真试验）的方法解决不确定性问题十分方便的方法。

用蒙特卡洛法进行风险分析，计算工作量很大，因为要获得一个随机因素的概率分布就要进行几十、甚至几百次的反复模拟试验。试验次数越多，形成的概率分布就越接近于真实的分布。实际工作中可以借助计算机进行模拟计算。

蒙特卡洛法实施的一般步骤：

（1）分析确定项目的随机变量（因素）及其概率分布。

（2）利用随机数表或计算机形成随机数，根据随机变量的概率分布模拟出（确定）随机变量的取值。

（3）确定经济效果的评价指标，并根据模拟的随机变量的取值计算评价指标值，形成样本值。

（4）经过多次模拟试验的样本值，求出评价指标的概率分布或特征值。

（5）检验试验次数是否满足预定的精度要求。

1. 项目经济评价后，为什么还要进行不确定分析？
2. 常用的不确定性分析的方法有哪些？它们的主要区别在哪里？
3. 简述盈亏平衡分析的目的、特点。
4. 何为敏感性分析？举例说明敏感性分析的步骤。
5. 简述风险分析的基本方法。

## 练 习 题

1. 某企业开发新产品，预计固定费用包括年基本折旧费 10000 万元，大修理基金 4000 万元，工资及福利基金 9000 万元；单位产品变动成本为 12 万元，单位产品售价 20 万元；销售税金为产品单价的 5%。求盈亏平衡点产量。若设计生产能力为 4000 单位产品，问此项目抗风险能力如何？

2. 某住宅区开发项目，根据市场预测，商品房售价为 1500 元，单位变动成本为 500 元，固定成本为 300 万元，销售税率为 5%。问：开发商应开发多少面积的商品房才能保本？若期望获得 500 万元销售利润，至少应开发多少平方米？

3. 现有三种生产方式可供选择，其数据如下：手工生产，固定总成本 2000 元，单位产品可变成本 50 元；机械化生产，固定总成本 8000 元，单位产品可变成本 20 元；自动化生产，固定总成本 14000 元，单位产品可变成本 10 元。试确定不同产量时，生产方式的选择。

4. 假定修建一座建筑面积为 1000～3000$m^2$ 的住宅楼，有三种方案可供选择，资料见表 9-4，年利率为 10%，试进行方案选择。

**表 9-4**

| 结构类型 | 单方造价（元） | 年维修费（元） | 年空调费（元） | 使用年限（年） | 残 值 |
|---|---|---|---|---|---|
| 砖混 | 2500 | 5600 | 2400 | 20 | 造价 0.2% |
| 框架 | 3800 | 5000 | 1500 | 20 | 造价 3.2% |
| 砖木 | 4000 | 3000 | 1250 | 20 | 造价 1% |

5. 某项目期初投资 500 万元，寿命期 10 年，年均收入 140 万元，年均经营成本 33 万元，残值 70 万元，经预测，投资、销售收入、经营成本可能在±20%范围内变动。设基准收益率为 10%，试对净年值指标进行敏感性分析。

6. 某投资项目期初投资 10000 万元，残值 2000 万元，年收入 5000 万元，年支出 2200 万元，预计服务年限变动的概率为：3 年（$p$=30%），5 年（$p$=40%），7 年（$p$=30%），若基准收益率为 8%，试求净现值的期望值和净现值大于等于零的概率。

# 第十章　改扩建项目的经济评价

利用既有企业资源，通过新投资形成新的生产能力，扩大或完善既有企业生产营运系统，以实现增加产品供给，开发新产品，调整生产结构，提高技术水平，降低生产消耗，减少污染排放等目的，是项目建设的突出特征。这类改扩建项目的经济评价有其特殊性。

## 第一节　改扩建项目概述

### 一、改扩建项目的概念

改扩建项目是指在既有企业基础上，借助既有资源，通过新投资活动形成的新生产能力而扩大或完善既有生产营运系统的建设项目总称。包括技改项目、扩建项目、迁建项目和复建项目。

改扩建项目是相对于新建项目而言的。改扩建项目建立在既有企业的基础上，全部或部分利用既有资源，通过项目“增量”投资而发挥“增量”和既有“存量”资源的关联效应。这是改扩建项目经济性的逻辑基础。

改扩建项目的目的主要是：增加既有适销产品供给量，开发新产品品种，调整项目生产经营结构，提高项目技术水平，提高产品质量，降低生产劳动消耗和运营费用，改善劳动条件，减少环境污染和废物、废水、废气排放等。体现在经济上主要是减亏（或扭亏）和增盈。

### 二、改扩建项目的主要特点

相对于新建项目，该扩建项目具有如下特点：

（1）改扩建项目是既有企业的有机组成部分，与既有企业存在着紧密的关联性。改扩建项目确立在既有企业基础上，由既有企业组织实施并承担后果。项目依托于企业，不能脱离于企业。

由于项目和企业的紧密关联性，所以改扩建项目的费用和效益识别和估计比新建项目要复杂。需要由企业费用和效益中“剥茧抽丝”分离出项目的增量费用和效益。

（2）改扩建项目有自身独立的区域范围，可区别于既有企业。因此应独立分析和估算项目的现金流量，用项目的增量现金流量考察项目增量投资的经济性——项目的经济性。

（3）改扩建项目借助于既有企业的资源，项目的建设和运营对企业的运营会产生影响。项目的实施和企业的运营通常同时进行，因项目实施而产生的对企业的影响应估算在项目的费用和效益中。比如，因项目实施导致的企业停产损失，设备拆迁费用等，应在项目的费用和效益流量中体现出来。

（4）改扩建项目的融资主体是既有企业，企业承担着项目的债务，负担项目的债务成本和风险。所以考察项目的经济性特别是偿债能力，既要在项目层次考察，也要在企业层次考察。

### 三、改扩建项目的范围界定

改扩建项目依据其对既有企业的关系可分为“整体改扩建项目”和“局部改扩建项目”。整体改扩建项目是指在使用全部既有企业资源基础上，再通过新投资注入对企业进行整体改扩建。局部改扩建项目是指仅使用部分既有企业资源，通过新投资对企业进行局部改扩建。

对于整体改扩建项目，项目的范围涵盖了全部企业。企业和项目的投资主体、融资主体、经营主体是统一的，项目范围就是企业范围。所以，识别和估算项目的效益和费用时，不仅要识别和估算项目直接的效益和费用，还要识别和估算企业其余部分的效益和费用。

对于局部改扩建项目，项目范围只是企业范围的一部分。企业和项目的投资主体、融资主体是统一的，但经营主体可能不统一。企业有一部分在项目内，还有一部分在项目外。所以，识别和估算项目的效益和费用时，应只识别和估算项目直接的效益和费用，不能识别和估算企业其余部分的效益和费用。

## 第二节　改扩建项目的经济性评价

概括说来，改扩建项目的经济评价和新建项目的经济评价本质上是相同的，都是通过现金流分析用评价指标来判断项目是否可行。但改扩建项目是在既有企业的基础上进行的，受着现有技术经济条件的影响，有其自身的特点，因而其费用效益识别和经济评价与新建项目有所不同。

### 一、改扩建项目效益与费用的识别

识别效益和费用是进行改扩建项目经济评价的基础性工作，其准确合理性直接影响评价精度和评价结论。根据“有无对比”的原则，识别改扩建项目需注意以下数据：

（1）现状数据。现状数据是反映改扩建项目实施前既有企业资源和运营状况的数据。现状数据是实际统计的一个时点数据。一般采用项目实施前一年的数据。当该数据不具有代表性时，可取有代表性的年份值或几个年份值的均值。现状数据是改扩建项目数据识别与取得的基础。

（2）“有项目”数据，是指改扩建项目的投资注入后，在项目的计算期内，在项目范围内发生的费用和效益相关数据。“有项目”数据是预测的一组时间序列数据。

（3）“无项目”数据，是指既有企业利用拟建项目范围内的资源，在项目计算期内发生的费用和效益相关数据。“无项目”数据是预测的一组时间序列数据。

“有项目”数据和“无项目”数据均是在现状数据基础上，通过对“有项目”和“无项目”各自状态的分析，用预测和估算的方法取得的。

（4）增量数据，是“有项目”数据和“无项目”数据的相对数据，即“有项目”数据减去“无项目”数据的算术差。“有项目”投资减去“无项目”投资即为增量投资；“有项目”收益减去“无项目”收益即为增量收益；“有项目”费用减去“无项目”费用即为增量费用。增量数据是一组时间序列数据。

通过“有无对比”取得的增量数据反映着改扩建项目的实际效益和费用情况，是评价改扩建项目经济性的基础数据。

需要注意的是，在识别和估算改扩建项目的费用和效益时，采用的是“有项目”与“无项目”对比的方法。一定要与“项目后”与“项目前”对比的“前后法”区别开来。“项目前”数据即现状数据，“项目后”数据即“有项目”数据。“有无法”和“前后法”识别和估算改扩建项目的费用和效益流量的区别主要有：

第一，因市场拉动和加强企业管理，在“无项目”情况下企业的年收益逐年增加，“有项目”后，企业的年收益增加幅度更大，如图 10-1（a）所示。在这种情况下，如果用“前后”法计算改扩建项目的收益，显然虚增了项目自身的收益。

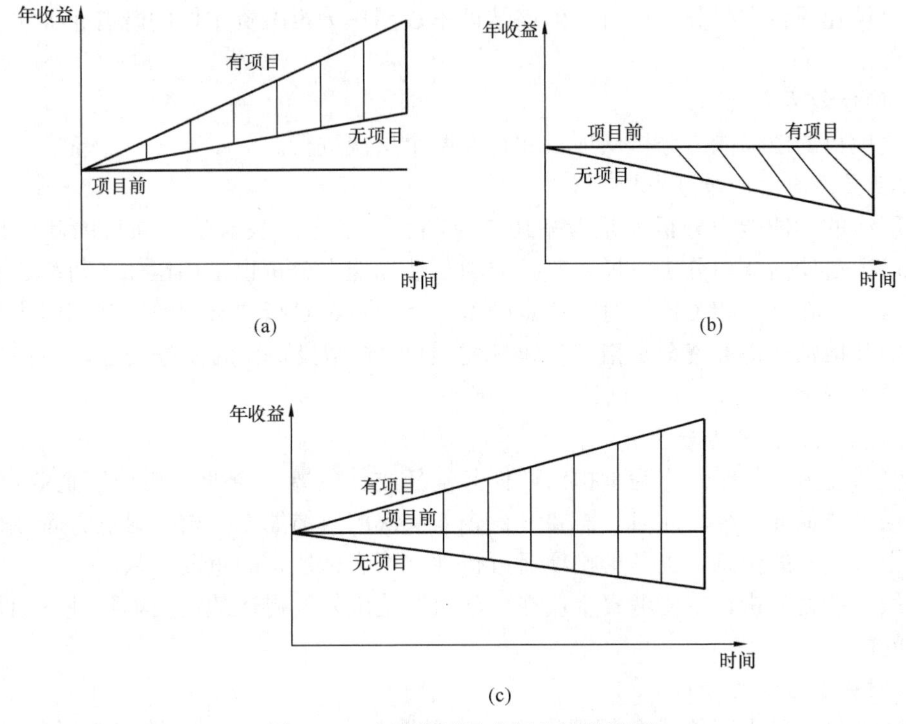


图 10-1　改扩建项目费用和效益识别

第二，“无项目”时企业收益逐年下降，由于实施改扩建项目而使企业维持目前收益水平，如图 10-1（b）所示。按“前后”法计算的增量净收益为 0，明显的虚减了项目的效益。

第三，“无项目”时，企业收益逐年下降，实施改扩建项目后，则使企业扭亏为盈，年收益逐年上升，如图 10-1（c）所示。若按前后法计算，则减少了技改项目的增量净收益，从而低估了项目的增量效果。

**二、改扩建项目的财务评价**

改扩建项目的财务评价采用与新设项目财务评价相同的原理、方法和的指标。具体评价与新设项目又有区别。

（一）盈利能力分析

改扩建项目的盈利能力分析利用“有无法”取得的“有项目”和“无项目”的“增量”数据进行。通过对“增量投资”、“增量营业收入”、“增量经营成本”、“增量营业税金”等增量经济要素形成的“增量现金流量”分析，计算相关的经济评价指标，比如增量净现值 $\Delta NPV$、增量内部收益率 $\Delta IRR$ 等，考察改扩建项目的盈利能力。

改扩建项目的盈利能力分析是通过“增量现金流量”分析进行的。这是改扩建项目经济评价区别于新设项目的“总量现金流量”分析经济评价之处。新设项目建立在“零项目”基础上，用“有无对比”取得的现金流量是项目的“总量现金流量”。而改扩建项目建立在既有企业基础上，“无项目”的基础是“非零”状态的。

需要注意的是，用“增量现金流量”分析的方法——增量法考察改扩建项目的盈利能力，当评价指标满足判据的要求时，比如 $\Delta NPV \geqslant 0$ 或 $\Delta IRR \geqslant i_c$，表明增量投资具有财务可行性，改扩建项目在财务上可行。但该结论不表明作为投融资主体的既有企业也具有财务上的可行性。

（二）偿债能力分析

改扩建项目的偿债能力分析从项目和企业两个层次进行。

1. 项目层次的偿债能力分析

项目层次的偿债能力分析就是考察用“有项目”状态的收益偿还项目的新增债务的能力。与新设项目偿债能力分析一样，改扩建项目偿债能力分析也是用偿债备付率、利息备付率指标考量的。在计算相关指标时应注意的是，还款资金是指“有项目”状态时产生的利润总额、折旧和摊销，债务资金是指用于改扩建项目“新增投资”的债务资金，不包括用于既有企业的债务资金。

2. 企业层次偿债能力分析

项目偿债能力不足时，作为承担偿还债务责任主体的既有企业就要动用企业自有资金，用于偿还项目的债务资金。此时，需要进行企业层次的偿债能力分析。显然，企业偿债能力是债权人十分关心的信息，也是影响项目可行性（可实施性）的重要参数。

企业偿债能力分析，主要考察企业在“项目”范围外取得还款资金，弥补“项目”还款资金不足的能力。

（三）财务生存能力分析

改扩建项目项目生存能力分析只在“有项目”状态下进行，分析的内容和方法同新设项目。

（四）对企业贡献分析

改扩建项目对既有企业贡献分析根据项目建设主要目标综合分析。在财务上，主要通过计算营业收入、利润总额等效益指标的“新增”数值及增长率，估计项目对企业的贡献。

特别地，当改扩建项目的实施目的是既有企业“扭亏”时，则应进行“整体项目”（包括既有企业和改扩建项目）的经济评价——“总量法”。

“总量法”相对于“增量法”而言。总量法是通过“整体项目”的效益和费用流量分析考察其总量经济性的，即在“有项目”状态下，考察“有项目”的现金流入和现金流出，判断“有项目”的总体财务可行性。

总量法的基本思路如图 10-2 所示。

增量法的基本思路如图 10-3 所示。

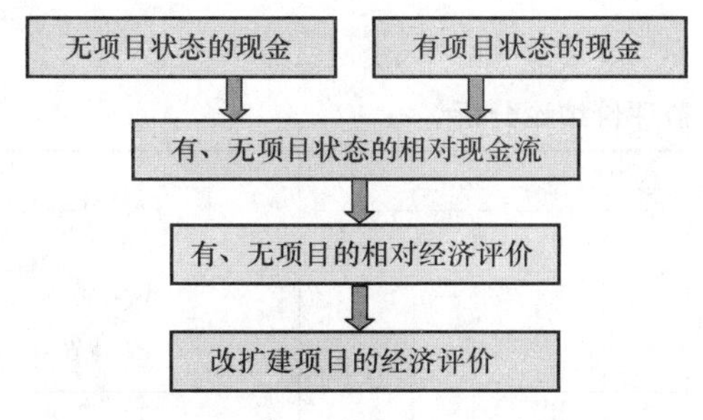


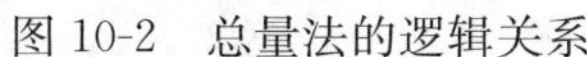
图 10-2　总量法的逻辑关系

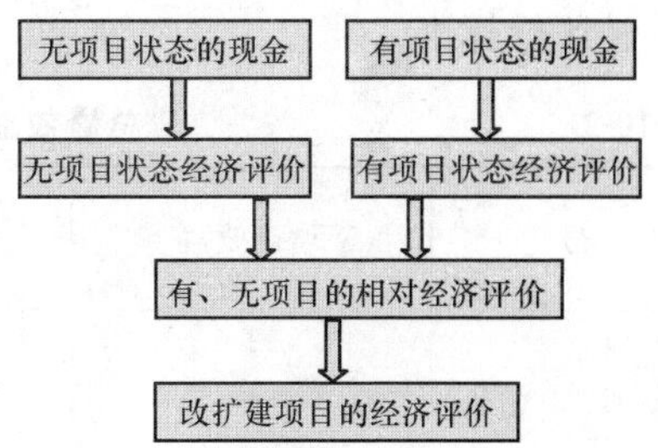


图 10-3　增量法的逻辑关系

**【例 1】** 某企业现有资产估价为 1000 万，拟投资 250 万进行整体改造以实现企业“扭亏”目标。不改造的年营业收入和经营成本分别为 650 万元和 500 万元，改造后分别增加 100 万元和 50 万元。项目寿命期 10 年，不改造时期末残值为 200 万元，改造后预计增加 150 万元。财务基准折现率为 10%，试对改造项目的盈利能力进行分析并判断项目对企业的贡献。

**解**　1. 增量法

(1) 计算项目的增量现金流，见表 10-1。

**表 10-1**　**项目的增量现金流**　万元

| 项　　目 | 投　资 | 年营业收入 | 年经营成本 | 期末残值 |
|---|---|---|---|---|
| “有项目”数据 | 1250 | 750 | 550 | 350 |
| “无项目”数据 | 1000 | 650 | 500 | 200 |
| “增量”数据 | 250 | 100 | 50 | 150 |

(2) 计算增量评价指标。

$$\Delta NPV = -250 + (150-50)(P/A, 10\%, 10) + 150(P/F, 10\%, 10)$$
$$= 115.0 \text{（万元）}$$

(3) 判断改造项目的财务可行性。由于 $\Delta NPV \geqslant 0$，所以在基准收益率为 10%时，项目在财务上可行。并且项目实施可以使年营业收入提高 100 万元，所以项目对企业是有贡献的。

但项目能否实现企业的“扭亏”目标，增量法无法判断。

2. 总量法

(1) 根据“有项目”数据计算评价指标，可得

$$NPV = -1250 + (750-550)(P/A, 10\%, 10) + 350(P/F, 10\%, 10)$$
$$= 113.7 \text{（万元）}$$

(2) 判断改造项目的财务可行性。由于 $NPV \geqslant 0$，所以在基准收益率为 10%时，项目在财务上可行。并且项目实施可以实现企业的“扭亏”目标，所以项目对企业是有贡献的。

增量法存在着只考察改扩建与否两个方案的相对经济性，不能直接用增量指标判断“整体项目”可行性和项目对企业“扭亏”目标贡献的不足。总量法面临着现有资产合理估价的困难。那么，什么情况下才能既避免总量法资产评估带来的麻烦又可以直接用增量指标评价技改项目的经济可行性呢？观察表 10-2 的分析。表中，“+”表示通过评价标准，“−”表

示没通过评价标准。

**表 10-2　　总量效益和增量效益评价结论分析**

| 序　号 | 增量效益 | 总量效益 | | 评价结论 |
|---|---|---|---|---|
| | | 不改造 | 改　造 | |
| 1 | ＋ | ＋ | ＋ | 改　造 |
| 2 | ＋ | － | ＋ | 改　造 |
| 3 | ＋ | － | － | 改造或破产 |
| 4 | － | ＋ | ＋ | 不改造 |
| 5 | － | ＋ | － | 不改造 |
| 6 | － | － | － | 不改造或破产 |

通过表 10-2 的分析，可得出结论：一般情况下，只需对改扩建项目进行增量现金流分析，以增量法的结论为依据进行决策。只有在既有企业面临关停并转破并且改扩建的目的在于“扭亏”时，才需要分别用总量法计算“整体项目”的总量效益和增量法计算的增量效益。

**三、改扩建项目的国民经济评价**

改扩建项目的国民经济评价采用新设项目国民经济评价的原理和方法，通过“有项目”和“无项目”的“有无对比”增量经济现金流量分析，计算增量经济净现值和增量经济内部收益率，判断项目的经济合理性。在此不再赘述。

**四、改扩建项目经济评价中应注意的问题**

（1）既有企业资产的利用问题。对于改扩建项目范围内的既有企业资产，不论项目是否利用，均应作为“有项目”的投资处理，在合理计价基础上与项目的新增投资一并计入项目投资。

（2）停产减产损失问题。改扩建项目的实施导致既有企业停产减产，造成营业收入的减少，应根据实际减少的数额计入“有项目”的营业收入估算表中，体现在费用效益流量中。

（3）沉没成本问题。在用增量法分析增量现金流，评价“项目”的经济性时，因沉没成本与有无项目均无关，所以不予考虑。但用总量法考察“整体项目”经济性时，需要将沉没成本作为费用处理。

（4）机会成本问题。如果改扩建项目利用的既有企业的资产有确定的其他用途和使用收益，则该收益是“有项目”的机会成本，应计入“无项目”的收益。

## 思考题

1. 与新设项目比较，改扩建项目经济评价的特殊性在哪方面？
2. 如何进行改扩建项目费用效益识别？识别和估算中应注意哪些问题？
3. 总量法、增量法各自的基本思路是什么？比较其优缺点。
4. 如何进行改扩建项目的盈利能力分析？
5. 改扩建项目的偿债能力分析有何特殊性？

## 练习题

某企业现在亏损运营，拟通过改造扭亏。设计的改造方案预计投资 1000 万元，利用现有对外出租（年租金净收入 50 万元）的资产估价 300 万元，项目实施后估计可增加年营业收入 240 万元，经营成本不变。项目计算期 10 年，期末净增残值 100 万元。营业税率为 5%。已知企业的现状数据为：年营业收入 120 万元，年经营成本 60 万元。试对改造项目的盈利能力进行分析并判断项目对企业的贡献。

# 第十一章　设 备 更 新 分 析

设备是项目运营的物质基础，为了保证项目正常运营，需对设备运营状况进行分析和研究，在磨损客观存在的基础上，应研究设备是否更新、何时更新、如何更新等问题。

## 第一节　设 备 更 新 概 述

### 一、设备更新的概念

设备更新就是用经济性更好、性能更完善、技术更先进和使用效率更高的设备去更换已陈旧过时的设备，这些被更换的设备可能是在技术上已经不能继续使用，也可能是在经济上不宜继续使用的设备。

广义的设备更新是指补偿设备的综合磨损，包括设备大修、设备更换、设备更新和设备现代化改装。

就实物形态而言，设备更新是用新设备替换陈旧落后的设备；就价值形态而言，设备更新是指使设备的价值或功能得到恢复。

设备更新的主要目的是为了维持或提高企业生产的现代化水平，尽快形成新的生产能力。进行设备更新方案的经济性分析，首先涉及的是设备的寿命、磨损及其补偿等问题。

### 二、设备的寿命

由于磨损的存在，设备的使用价值和经济价值逐渐消失，因而设备具有一定的寿命。设备的寿命，由于研究角度的不同其含义也不同，一般有以下几种不同的概念：

（1）设备的实际寿命（自然寿命、物理寿命），它是指设备从全新状态下开始使用，直到报废的全部时间过程。实际寿命的长短主要取决于设备有形磨损的速度。

（2）设备的技术寿命，它是指设备在开始使用后持续的能够满足使用者需要功能的时间。技术寿命的长短主要取决于无形磨损的速度。

（3）设备的折旧寿命，是指国家有关部门规定的设备计提折旧费的年限。

（4）设备的经济寿命，是从经济角度看设备最合理的使用期限，它是由有形磨损和无形磨损共同决定的。具体来说是指使投入使用的设备等额年总成本最低的期限。在设备更新分析中，经济寿命是确定设备最佳更新时期的主要依据。

### 三、设备的磨损

设备在使用（或闲置）过程中均会发生磨损，磨损可以分为两类：有形磨损和无形磨损。

#### （一）设备的有形磨损

设备在使用或闲置过程中所发生的实体的磨损称为有形磨损或物质磨损。有形磨损可分为两种。

（1）使用磨损：外力作用下（如摩擦、受到冲击、超负荷或交变应力作用、受热不均匀等）造成的实体磨损、变形或损坏。

（2）自然磨损：自然力作用下（生锈、腐蚀、老化等）造成的磨损。

（二）设备的无形磨损

所谓设备的无形磨损是指由于技术进步而不断出现性能更加完善，生产效率更高的设备，使原有设备的价值降低，或者是生产同样结构设备的价值不断降低使原有设备贬值。无形磨损不表现为设备实体的变化和损坏。无形磨损亦称经济磨损或精神磨损。无形磨损的形式有两种：

（1）第一种无形磨损。由于设备制造工艺不断改进，成本不断降低，劳动生产率不断提高，生产同样机械设备所需的社会必要劳动时间减少，因而使原有机械设备相应贬值。

（2）第二种无形磨损。在技术进步影响下，出现性能更加先进、技术更加完善、生产效率更高、耗费原材料和能源更少的新型设备，而使原有设备在技术上显得陈旧落后而贬值。

综上所述，设备在使用期内，既要遭受有形磨损，又要遭受无形磨损。

**四、设备磨损的补偿**

设备磨损的补偿方式一般有两种：局部补偿和完全补偿。设备有形磨损的局部补偿是修理，设备无形磨损的局部补偿是改造。有形磨损和无形磨损的完全补偿是更新，即淘汰旧设备，更换新设备。

**五、设备的折旧**

（一）折旧的概念

折旧是指在固定资产的使用过程中，随着资产损耗而逐渐转移到产品成本费用中的那部分价值。这种计入产品成本又在营业收入中回收的设备的转移价值称为折旧费。

（二）影响折旧计算的主要因素

影响折旧额计算的主要因素有：

（1）固定资产原值，指固定资产的原始价值或重置价值。

（2）设备的净残值，指设备的残值扣除清理费用后的余额。一般为原始价值的3%～5%。

（3）设备的折旧年限，指国家规定的计提折旧费的时间。

（4）折旧的计算方法，指国家规定的计提折旧费计算方法。

折旧的计算方法很多，一般可概括为两类：线性折旧法与加速折旧法。

（三）线性折旧法

线性折旧法就是各期计提的折旧额是相等的，是一种平均计算方法。线性折旧法计算简单，在我国应用较为广泛。

1. 平均年限法

年折旧率

$$R=(1-f_s)/N$$

年折旧额

$$D=K_0R$$

式中　$K_0$——固定资产原值；

$N$——折旧年限；

$R$——年折旧率；

$f_s$——净残值率；

$D$——年折旧额 。

**【例 1】** 某设备原值为 120 万元，折旧年限为 20 年，预计净残值率为 4%，试计算该设备的年折旧率和年折旧额。

**解** 折旧率＝（1－4%）/20＝4.8%

年折旧额＝120×4.8%＝5.76 万元

2. 工作量法

$$m=\frac{K_0(1-f_s)}{M},D_t=K_t\cdot m$$

式中 $M$——总工作量；

$m$——单位工作量折旧额；

$K_t$——第 $t$ 期的实际完成工作量；

$D_t$——第 $t$ 期的折旧额。

**【例 2】** 某企业有一设备原值为 12000 元，净残值率为 5%，估计可以工作 44800 小时，每年预计工作时数分别为：5200、5800、6800、4800、3600、5400、6200 和 700 小时。试计算各年计提的折旧费用。

**解** $m$＝12000（1－5%）/44800＝0.254

各年计提的折旧为

$$D_t=K_t\cdot m$$

计算结果为：1323、1476、1730、1221、916、1374、1578 和 1781 元。

（四）加速折旧法

1. 年数总和法

年折旧率

$$R_n=\frac{2(N-N_n)}{N(N+1)}$$

式中 $N_n$——已使用年限。

年折旧额

$$D_n=K_0(1-f_s)R_n$$

**【例 3】** 某设备的原值为 40 万元，预计使用 5 年，预计净残值 1.6 万元，试用年数总和法计算各年的折旧额。

**解** 第一年

$$R_1=2(5-0)/5\times(5+1)=5/15$$

$$D_1=(40-1.6)\times(5/15)=12.80(\text{万元})$$

第二年

$$R_2=2(5-1)/5\times(5+1)=4/15$$

$$D_2=(40-1.6)\times(4/15)=10.24(\text{万元})$$

依此类推，计算结果见表 11-1。

**表 11-1**　各 年 折 旧 额　万元

| 年　份 | 年折旧率 | 年折旧额 | 账面余额 | 年　份 | 年折旧率 | 年折旧额 | 账面余额 |
|---|---|---|---|---|---|---|---|
| 1 | 5/15 | 12.80 | 27.20 | 4 | 2/15 | 5.12 | 4.16 |
| 2 | 4/15 | 10.24 | 16.96 | | | | |
| 3 | 3/15 | 7.68 | 9.28 | 5 | 1/15 | 2.56 | 1.6 |

2. 双倍余额递减法

$$R = 2/N$$

$$D_n = K_n R$$

式中　$K_n$——第 $n$ 年账面净值。

**【例 4】** 某设备原值为 40 万元，预计使用 5 年，预计净残值为 1.6 万元。试用双倍余额递减法计算各年的折旧额。

**解**　折旧率＝2/5＝40％

第一年折旧额　$D_1$＝40×40％＝16（万元）

第二年折旧额　$D_2$＝（40－16）×40％＝9.6（万元）

第三年折旧额　$D_3$＝（40－16－9.6）×40％＝5.76（万元）

第四年折旧额　$D_4$＝［（40－16－9.6－5.76）－1.6］/2＝3.52（万元）

第五年折旧额　$D_5$＝［（40－16－9.6－5.76）－1.6］/2＝3.52（万元）

需要注意的是应用双倍余额递减法计算折旧，应当在固定资产折旧年限到期前两年内，将固定资产净值扣除预计净残值后的净额平均摊销，即最后两年改用直线折旧法计算折旧。

## 第二节　设备大修理分析

### 一、大修理的经济实质

为了保持设备在寿命期内的完好使用状态而进行的局部修复或更换工作称为修理或维修。修理按其实际发生的费用和修理的性质可以分为保养、小修和大修三种。保养是为了通过减少整机和零件磨损以保持设备性能，减少故障而进行的清洁、检查、调整、紧固、润滑，防腐等工作，必要时更换少量易损件。小修主要是排除设备运转中出现的突发性故障和异常，以及对损坏严重的局部进行调整修理。大修理是通过调整、修复或更换磨损的零部件，恢复设备的精度和生产率，使整机全部或接近全部恢复功能，以期达到设备原有的技术性能。

在进行设备大修理时保留了设备的部分既有零部件，只是对部分磨损严重的部分进行了更换。这是大修理的经济实质，也是大修理这种设备磨损补偿方式能够存在的经济前提。

为了提高设备的效能，有时可结合大修理进行设备的技术改造和更新。

### 二、设备大修理的经济界限

设备虽然通过大修理可以修复设备磨损，延长其使用寿命，但是这种延长，无论是在技术上，还是在经济上，都不是没有限度的。大修理不可能完全修复设备已经磨损的性能。每经过一个的大修理周期，都会导致设备性能的低劣化。大修理的周期会随着设备使用时间的延长而越来越短，即大修理的间隔时间呈现边际递减的现象。当修理达到一定的次数后，其综合性能指标特别是经济性能指标再也无法达到继续使用的要求或超出了一定的经济界限，就不应该再修理了。

设备大修理时应当考虑两个经济条件：

（1）该次大修理费用小于等于同种设备的重置价值，否则大修理不具有经济合理性，而应考虑设备更新。这是大修理在经济上合理性的基本条件或称最低经济界限。即

$$R \leqslant P - L$$

式中 $R$——该次大修理费用；

$P$——同种设备的重置价值，即同种新设备在大修理时的市场价格；

$L$——旧设备被替换时的残值。

符合基本条件的大修理，在经济上是不是最佳方案，还要看大修理后使用该设备生产的单位成本。因为大修理后设备性能低劣化，与新设备相比，会增加与设备使用有关的费用，如日常维护和小修理的费用等。

（2）该次大修理后的设备生产单位产品的计算费用小于等于具有相同功能的新设备生产单位产品的计算费用 。即

$$C \leqslant C_0$$

式中 $C$——设备大修理后生产的单位产品成本；

$C_0$——使用新设备生产的单位产品成本。

## 第三节 设备更新分析

设备更新有原型更新（设备更换）和新型更新（设备更新）两种形式。原型更新又称简单更新，是指用相同结构、性能、效率的同型号设备来代替原有设备。这种更新主要是用来更换已经损坏的或陈旧的设备。新型更新是以结构更先进、技术更完善、性能更好、效率更高的设备代替原有设备。这种更新主要用来更换遭到第二种无形磨损、在经济上不宜继续使用的设备。

### 一、原型更新（设备更换）分析

原型更新，主要针对设备在使用期内，没有出现技术更先进、功能更完全、性能更优越的新设备。所以，原型更新（设备更换）决策实质上是最佳更新时机的选择。

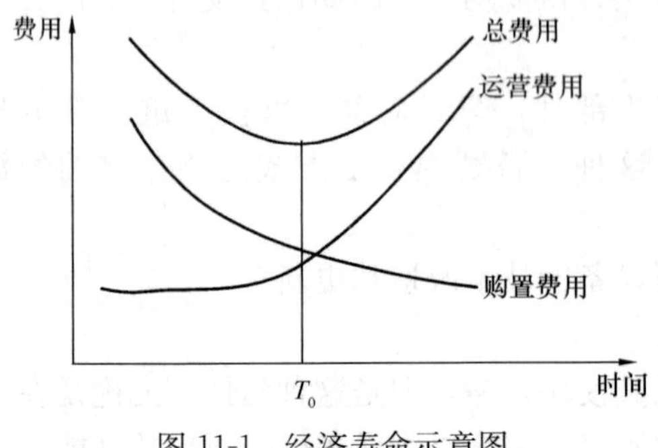

图 11-1 经济寿命示意图

最佳更新时机一般选择设备的经济寿命。其计算方法可采用静态或动态分析方法。

#### （一）经济寿命的静态计算

设备平均总成本由设备投资费用和年均运行费用构成，各自随时间的变化规律如图 11-1 所示，年均总费用最小值对应的年份即为经济寿命。

**【例 5】** 某设备的原始价值为 16000 元，使用寿命 7 年，有关资料见表 11-2。求设备的静态经济寿命。

**解**　列表计算及结果见表 11-2。

从中可以看出，设备的经济寿命为 4 年，年平均总费用为 6250 元。

**表 11-2**　**设备经济寿命的计算**

| 使用年限 | 年运行费用 | 年均运行费用 | 年末残值 | 年均购置费 | 年均总费用 |
|---|---|---|---|---|---|
| (1) | (2) | (3) =Σ (2) / (1) | (4) | (5) = [16000−(4)] / (1) | (6) = (3) + (5) |
| 1 | 2000 | 2000 | 10000 | 6000 | 8000 |
| 2 | 2500 | 2250 | 6000 | 5000 | 7250 |
| 3 | 3500 | 2667 | 4500 | 3833 | 6500 |
| 4 | 4500 | 3125 | 3500 | 3125 | 6250 |
| 5 | 5500 | 3600 | 2500 | 2700 | 6300 |
| 6 | 7000 | 4167 | 1500 | 2417 | 6584 |
| 7 | 9000 | 4857 | 1000 | 2143 | 7000 |

### （二）经济寿命的动态计算

经济寿命的动态计算即考虑资金的时间价值时的经济寿命计算。在计算设备年均购置费用和年均运行费用时，应将时间因素考虑进去。

**【例 6】** 根据上例的数据，设 $i_c=10\%$，计算设备的动态经济寿命。

**解**　计算过程及结果见表 11-3。由表可知，设备的动态经济寿命为 5 年。

**表 11-3**　**动态经济寿命的计算**

| 使用年限 | 年运行费用 | 年运行费现值 | 年均运行费用 | 年均设备费用 | 年末残值 | 年均残值 | 年均总费用 |
|---|---|---|---|---|---|---|---|
| (1) | (2) | (3) | (4) | (5) | (6) | (7) | (8) = (4) + (5) − (7) |
| 1 | 2000 | 1818 | 2000 | 17600 | 10000 | 10000 | 9600 |
| 2 | 2500 | 2066 | 2238 | 9219 | 6000 | 2857 | 8600 |
| 3 | 3500 | 2630 | 2619 | 6434 | 4500 | 1359 | 7694 |
| 4 | 4500 | 3074 | 3025 | 5048 | 3500 | 754 | 7319 |
| 5 | 5500 | 3415 | 3430 | 4221 | 2500 | 409 | 7242 |
| 6 | 7000 | 3952 | 3893 | 3674 | 1500 | 194 | 7373 |
| 7 | 9000 | 4619 | 4431 | 3286 | 1000 | 105 | 7612 |

**注**　(3) = (2) $(P/F, 10\%, j)$

(4) $=\sum$ (3) $(A/P, 10\%, j)$

(5) =16000 $(A/P, 10\%, j)$

(7) = (6) $(A/F, 10\%, j)$

## 二、新型更新（设备更新）分析

在不断的技术进步条件下，由于第二种无形磨损的作用，设备使用一段时间后，由于已经出现了生产效率更高和经济效果更好的新型设备而显得陈旧和过时。这种情况下，就要研究设备的更新决策，即比较继续使用旧设备还是购置新设备，考察哪一种方案在经济上更合理。

在新型设备出现的情况下，设备更新的方案比较常用的方法有：差额投资回收期法和年值成本法。

差额投资回收期法如前面章节的介绍，在此不再赘述。

年值成本法是指在考虑资金的时间价值条件下，通过分别计算比较既有旧设备和备选新设备服务期（或经济寿命期）内的年均总费用，决定使用新型设备和继续使用旧设备的取舍。

运用年值成本法进行设备更新决策需注意：

（1）在设备仍需使用较长时间时，需计算、比较新旧设备在其各自经济寿命期内的费用年值（即年均总费用）。若新设备费用年值小于旧设备费用年值，则应考虑马上进行设备更新；相反的情况下，则继续使用旧设备。

（2）在设备还需使用的时间是一固定的确切期限时，计算、比较新旧设备在该服务年限期内的费用年值。若新设备费用年值小于旧设备费用年值，则应考虑马上进行设备更新，否则继续使用旧设备。

（3）在计算旧设备费用年值时，因其初始购置费发生在决策之前，与决策事件无关，无论选择设备更新还是继续使用旧设备其均已发生，所以是设备更新决策的沉没成本不考虑。计算费用年值时应将设备的现时价值作为“拟制购置费”处理。

**【例 7】** 公司用某设备加工关键零件，设备是 8 年前以 9.6 万元购置及安装费的，设备目前市场价为 28000 元，估计可再使用 2 年，一年后残值为 15200 元，退役时残值为 2850 元。目前市场上出现了一种新型设备，购置及安装费为 12 万元，使用寿命为 8 年，第一年劣化 18000 元，以后年递减 1800 元，最后两年分别劣化 9200 和 13400 元。旧设备和新设备加工 100 个零件所需时间分别为 5.24 小时和 4.6 小时，公司预计今后年均销售 24000 件该产品。该公司人工费为 18.7 元/时。旧设备使用第一年的动力费为 8.7 元/时，次年为 9.7 元/时；新设备第一年动力费为 7.9 元/时，以后每年递增 0.50 元/时。试分析是否应进行设备更新。

**解** 分别计算新旧设备各自的费用年值，见表 11-4、表 11-5。

**表 11-4** **旧设备费用年值计算表** 元

| 计算年限 | 年运行费 | 年均运行费 | 期末残值 | 年均购置费 | 费用年值 |
|---|---|---|---|---|---|
| 1 | 34458 | 34458 | 15200 | 12800 | 47258 |
| 2 | 35716 | 35087 | 2850 | 12575 | 47662 |

**表 11-5** **新设备费用年值计算表** 元

| 计算年限 | 年运行费 | 年均运行费 | 期末残值 | 年均购置费 | 费用年值 |
|---|---|---|---|---|---|
| 1 | 29366 | 29366 | 102000 | 18000 | 47366 |
| 2 | 29918 | 29642 | 85800 | 17100 | 46742 |
| 3 | 30470 | 29918 | 71400 | 16200 | 46118 |
| 4 | 31022 | 30194 | 58800 | 15300 | 45494 |
| 5 | 31574 | 30470 | 48000 | 14400 | 44870 |
| 6 | 32126 | 30746 | 39000 | 13500 | 44246 |
| 7 | 32678 | 31022 | 29800 | 12886 | 43908 |
| 8 | 33230 | 31298 | 16400 | 12950 | 44248 |

由以上计算结果可以得出：

（1）若只需使用该类设备一年时间，则无须更换；

（2）若需较长时间使用该类设备，则应考虑马上更新设备。

## 思考题

1. 试述设备磨损的类型、特点以及补偿的形式。

2. 对同一种设备而言，一般情况下的物理寿命、技术寿命、折旧寿命、经济寿命，按时间长短如何排列？请简单说明理由。

3. 设备更新时机的选择应主要考虑哪些因素？

4. 简述设备折旧的含义，并举例说明各种折旧方法的区别。

5. 设备大修理经济界限的概念及其提出的意义。

## 练习题

1. 某设备原始价值为 250000 元，折旧年限为 6 年，预计净残值为原值的 3%，试分别用直线法、年数总和法、双倍余额递减法计算其每年的折旧额。

2. 某机器原值 2000 元，第一年使用费为 1000 元，以后每年递增 200 元，任何时候都不计残值，试求其经济寿命。

3. 某机器购价 25000 元，第一年末残值 15000 元，而后每年递减 1500 元；第一年的经营成本为 8000 元，以后每年递增 4000 元，若利率为 20%，试求其经济寿命。

4. 某企业年销售收入为 10000 万元，总成本为 9000 万元，其中固定成本为 4000 万元，变动成本为 5000 万元。有一新设备可提高产销量 36.5%，变动成本率降低 5%，固定成本增加 50%，问是否要更新设备？

5. 某企业 5 年前用 15.5 万元购得设备甲，预计寿命 10 年，终末残值 0.5 万元，线性折旧。继续使用的年运行费用分别为 1.4、2.1、2.75、3.7、4.8 万元。现有生产效率比甲设备提高 10%的新型设备乙可用于替代甲，乙的购置费为 20 万元，年运行费及年劣化值见下表。甲设备现在的退出变现值为 6 万元，年末价值为 4.5 万元，以后每年劣化 1 万元，见表 11-6。已知设备要长期使用，基准折现率为 12%。试问，是否更新设备，何时更新？

**表 11-6**

| 年　限 | 1 | 2 | 3 | 4 | 5 | 6 | 7 | 8 | 9 | 10 |
|---|---|---|---|---|---|---|---|---|---|---|
| 年运行费（万元） | 0.2 | 0.3 | 0.45 | 0.65 | 0.95 | 1.35 | 1.9 | 2.6 | 3.5 | 4.6 |
| 年劣化值（万元） | 4 | 3.6 | 3.1 | 2.5 | 1.8 | 1.2 | 0.8 | 0.5 | 0.5 | 0.4 |

# 第十二章　价　值　工　程

价值工程，是一种新兴的技术经济分析方法，它是研究产品功能和成本之间关系的管理方法。功能属于技术问题，成本属于经济问题，价值工程同时从技术和经济两个方面来提高产品的价值。

## 第一节　价值工程概述

价值工程是美国人迈尔斯（L. D. Miles）首先提出的。在二战期间，时任通用电器（GE）公司设计工程师的迈尔斯受命采购石棉板。而战争使美国市场的原材料供应十分紧张，该产品的货源不稳定，且价格昂贵。Miles 开始针对这一问题研究材料代用问题。通过对公司使用石棉板的功能进行分析，发现其用途是铺设在给产品喷漆的车间地板上，以避免引起火灾。Miles 基于此分析，遂在市场上找到了一种同样可以起到防火作用防火纸，并且成本低，易采购。但依据当时美国的消防法，这种防火纸代用材料是不能通过消防审查的。Miles 依据他的分析据理力争，最终消防局通过了通用电器公司的代用材料。这就是美国历史上的“石棉事件”。据此，Miles 开始对产品的功能、费用、价值等进行深入系统地研究。1947 年研究成果以“价值分析”发表。标志着这门学科的正式诞生。

### 一、价值工程的基本概念

价值工程（VE）是一种技术经济分析方法，它是以对象的功能分析为核心，以提高对象的价值为目的，力求以最低寿命周期成本可靠地实现对象所要求的必要功能的一项创造性活动。

这里的对象是指具有特定功能的事物，如产品、作业、工程和服务等等，为了叙述的方便，以下内容主要针对产品进行分析。

#### （一）功能

功能是指产品所具有的特定用途，即产品所能满足人们某种需要的属性。由于产品的功能只有在使用过程中才能最终体现出来，所以某一产品功能的大小是由用户来承认、决定的。对某一特定产品功能的要求，并不是越高越好，而视用户的要求而定。

产品的功能蕴藏于内部而以不同的物理形态表现出来。使用者购买某种产品，其根本目的在于取得产品的功能，而不是产品本身。生产者向用户提供某种产品，其实质是向用户提供产品的某些具体功能。价值工程在进行功能分析时，需要用某种数量形式来表达产品功能的大小。

#### （二）成本

成本是指为获得产品的功能而支付费用。在价值工程中，成本是指产品寿命周期成本，即一个产品从开发、设计、制造到使用全过程的耗费。具体来说，产品在研制、设计、生产和销售过程中所发生的费用为生产费用；而在使用过程中所发生的人工、能源、维修等费用为使用费用。产品的寿命周期成本就是生产费用和使用费用之和。即

$$C = C_1 + C_2$$

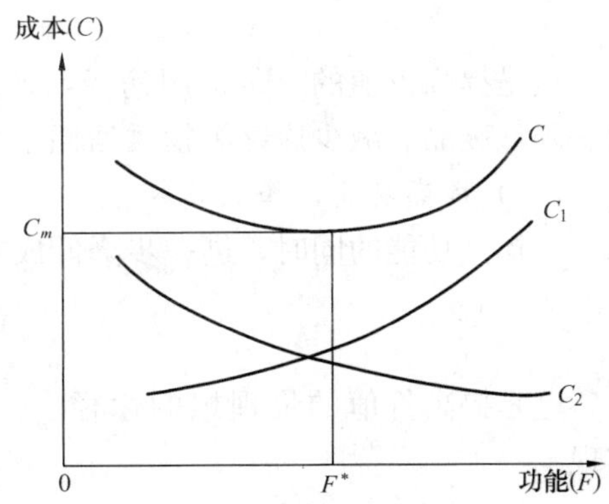

图 12-1　产品功能与成本的关系

式中　$C$——产品寿命周期成本；

$C_1$——产品生产成本；

$C_2$——产品使用成本。

一般情况下，产品随着功能的提高，生产费用上升，使用费用下降。在一定时期，产品的寿命周期成本最低，如图 12-1 所示。

由图 12-1 可以看出，在某一功能点 $F^*$ 处，存在寿命周期成本最低点 $C_m$，价值工程就是要寻找寿命周期成本的最低点。

分析 Miles 的思维过程，可以总结出 Miles 思考的一般“路径”——“Miles 式思考”：①行为的目的是什么？——追踪、探究行为背后的目的。②有多少路径可选？——搜索实现目的的手段。③哪条路径最合理？——比较判断手段的性价比。Miles 的逻辑思维过程实质上就是价值判断过程。目的和实现目的的手段的匹配判断就是价值判断。所谓价值就是目的和实现目的的手段的合理匹配。价值工程中的“价值”是一个比较的概念。比较达成目标后得到的“满足”和达成目标过程中“付出”的比例关系，价值受“满足”和“付出”双因素影响。

（三）价值

价值工程中的价值可定义为产品所具有的功能与获得该功能的全部费用之比。价值的表达式为

$$V = \frac{F}{C}$$

式中　$V$——价值（Value）；

$F$——功能（Function）；

$C$——成本（Cost）。

由此可以看出，价值是对功能和成本所做的综合评价。

**二、价值、功能、成本三者的关系**

价值与功能成正比，与成本成反比。功能越高，成本越低，价值就越大。价值工程是根据功能与成本的比值来判断产品的经济效益，它的目标是提高产品的价值。具体来说，可以通过下列途径提高产品的价值。

（一）成本不变，提高功能

在不增加产品成本的前提下，通过提高功能来提高产品的价值。其表达式为

$$V\uparrow = \frac{F\uparrow}{C}$$

一般可以通过产品的技术改造、工艺改造等方式，在成本不变的情况下提高产品的功能。

（二）功能不变，降低成本

在保证产品原有功能不变的情况下，通过降低产品的成本来提高产品价值。其表达式为

$$V\uparrow=\frac{\bar{F}}{C\downarrow}$$

这是提高价值的一条常用途径，通过挖掘潜力，用标准件代替非标准件、寻找替代材料、降低废品、减少库存等物质消耗，在保证质量的前提下，降低成本。

（三）提高功能，降低成本

在提高功能的同时，进一步降低成本，使价值大幅度地提高。其表达式为

$$V\uparrow\uparrow=\frac{F\uparrow}{C\downarrow}$$

这是提高价值的最理想的途径。一般需要应用新的科技成果，有新的发明创造才能实现。

（四）成本小幅度增加，功能大幅度增加

通过增加少量的成本，使产品功能有较大幅度的提高，从而来提高产品的价值。其表达式为

$$V\uparrow=\frac{F\uparrow\uparrow}{C\uparrow}$$

对于一些技术改造项目和工艺革新项目，使用了新设备、新材料，产品成本有所提高，但使产品的功能得到极大提高，因此价值也得到提高。

（五）功能小幅度降低，成本大幅度减低

在不影响产品基本功能的前提下，适当降低一些次要功能，使产品的成本大幅度下降，亦可达到提高产品价值的目的。其表达式为

$$V\uparrow=\frac{F\downarrow}{C\downarrow\downarrow}$$

这条途径可以根据不同层次消费者的需求，来设计产品的功能。对于较低层次的消费者，可以取消一些奢侈功能，而仅保留基本功能，从而降低成本。

为了直观起见，我们将上述五种关系列在表 12-1 中。

**表 12-1　功能、成本和价值之间的关系**

| 项目<br>途径 | 功能<br>($F$) | 成本<br>($C$) | 价值<br>($V$) |
|---|---|---|---|
| 1 | ↑ | — | ↑ |
| 2 | — | ↓ | ↑ |
| 3 | ↑ | ↓ | ↑↑ |
| 4 | ↑↑ | ↑ | ↑ |
| 5 | ↓ | ↓↓ | ↑ |

## 三、价值工程的特点

价值工程是一门新兴的学科、新的管理思想和技术。与传统的管理相比，价值工程具有以下几个特点。

（一）将研究对象作为一个整体，系统地研究功能和成本的关系

价值工程在对研究对象进行功能分析时，既不片面地强调降低成本，也不过分地强调提高产品的功能，而是从功能和成本的关系分析入手，分析实现用户所需要功能的生产成本，

功能和成本之间是否匹配。如果不匹配，通过调整功能和成本之间的关系使之匹配。

（二）价值工程以满足用户的功能需求为出发点

在市场经济条件下，以用户需求为导向，适应和满足用户需求。价值工程是以最低的寿命周期成本实现用户所需要的功能，同时还要创造需求、满足用户的潜在需求。

（三）价值工程是致力于提高价值的创造性活动

价值工程要提高产品的功能和降低产品的成本，必须创造出新的功能载体——新产品（工艺），或者对现有产品和工艺进行技术改造。

（四）价值工程是一项有组织的集体活动

价值工程研究的对象涉及产品的设计、生产工艺、原材料采购、产品的生产、销售和财务等各个方面，完成这一工作必须依靠设计人员、管理人员、生产人员、采购和销售人员以及各方面专家的共同努力，运用多学科的知识和经验，发挥集体智慧，调动各方面的积极性。

## 四、价值工程的工作程序

价值工程是一项有目的、有步骤、有组织的活动。开展价值工程的整个过程就是一个提出问题、分析问题、解决问题的过程。具体由三个阶段和八个步骤组成，见表 12-2。

三个阶段：分析、综合和评价。

八个步骤：对象选择；情报收集；功能分析；功能评价；方案创造；方案评价；方案实施；成果评价。

**表 12-2　　价值工程工作程序**

<table>
<tr><td rowspan="2"></td><td colspan="2">工作程序</td><td rowspan="2">提出问题</td></tr>
<tr><td>基本程序</td><td>具体程序</td></tr>
<tr><td rowspan="6">分析问题</td><td rowspan="4">功能定义</td><td>对象选择</td><td rowspan="2">对象是什么？</td></tr>
<tr><td>情报收集</td></tr>
<tr><td>功能定义</td><td rowspan="2">功能是什么？</td></tr>
<tr><td>功能整理</td></tr>
<tr><td rowspan="2">功能分析</td><td>功能成本分析</td><td>成本是多少？</td></tr>
<tr><td>功能评价</td><td>价值是多少？</td></tr>
<tr><td rowspan="4">综合研究</td><td rowspan="2">功能设计</td><td>方案创造</td><td>有无其他方案可以实现这一功能吗？</td></tr>
<tr><td>概略评价</td><td rowspan="3">新方案的成本是多少？</td></tr>
<tr><td rowspan="2">功能实现</td><td>方案具体制定</td></tr>
<tr><td>试验研究</td></tr>
<tr><td rowspan="4">方案评价</td><td rowspan="2">实施前评价</td><td>详细评价</td><td rowspan="4">新方案能满足要求吗？</td></tr>
<tr><td>方案审批</td></tr>
<tr><td rowspan="2">实施后评价</td><td>方案实施</td></tr>
<tr><td>成果评价</td></tr>
</table>

由表 12-2 可见，开展价值工程活动主要是围绕下列七个问题展开工作的：

（1）价值工程的对象是什么？

（2）它的作用是什么？

（3）它的成本是多少？

（4）它的价值是多少？

（5）有无其他的方案实现同样的功能？

（6）新方案的成本是多少？

（7）新方案能满足要求吗？

针对上述提出的七个问题，价值工程开展一系列的活动，其主要步骤如下：

1. 确定价值工程活动的对象

企业把有待改进的产品、部件或工艺作为价值工程的对象。

2. 收集情报资料

围绕确定的对象，收集一切对开展价值工程活动有用的技术和经济资料。从某种意义上来说，价值工程成果的大小取决于资料的质量、数量与适宜的时间。在资料的收集过程中要注意目的性、可靠性、适时性。

3. 功能分析

对选定的对象进行功能分析是价值工程的核心。功能分析是通过给选定的对象下功能定义的方式，重点搞清楚对象及各组成部分具有哪些功能、彼此之间的相互关系。在此基础上对功能进行分类和整理，根据用户的需求判断这些功能是否都有必要，寻求实现必要功能的最低费用。

4. 功能评价

在功能分析的基础上，对功能进行评价，评价的内容主要包括：测定各个功能的价值系数；找出价值低的功能范围；明确工作对象中存在的关键问题。

5. 方案创造

针对对象中存在的关键问题，制定各种具体改进方案。

6. 方案评价

运用科学方法，对提出的各个方案进行技术和经济评价，在此基础上进行筛选，从中选择最优方案。

7. 试验研究

对提出的最优方案进行技术上的试验，进一步论证其在技术上的可行性和经济上的合理性。

8. 详细评价和方案实施

对所选择的方案进一步从技术、经济和社会等方面进行整体综合评价，最后确定最优方案，并进行方案审批，批准后组织实施。

9. 成果评价

方案实施后，需要进行跟踪调查，从而对价值工程成果进行全面评价。

## 第二节　价值工程选择的对象

### 一、价值工程对象选择的原则

开展价值工程活动，首先要正确选择价值工程活动的对象。一个企业有许多种产品，每种产品又由许多要素或成分组成。我们只有正确选择价值工程分析的对象，抓住关键，才能取得明显的效果。

从理论上说，凡是为获得功能而发生费用的事物，都可以作为价值工程的研究对象。如产品、工艺、工程、服务或它们的组成部分等。但企业在进行价值工程活动时，不可能把所有的产品都作为对象，必须有主次、轻重之分，根据具体情况做出选择。

价值工程选择对象一般应遵循下列几个原则：

1. 根据社会需求的程度选择对象

优先考虑对国计民生有重大影响的产品；优先考虑市场需求大或有潜在需求的产品；优先考虑用户对其质量不太满意的产品。

2. 根据产品的设计性能选择对象

优先考虑结构复杂、零部件多的产品；优先考虑技术落后、工艺繁杂、材料性能差的产品；优先考虑体积大、重量大、耗用紧缺物资多的产品。

3. 根据生产成本的角度选择对象

优先考虑工艺落后、生产成本高的产品；优先考虑原材料消耗多、次品率高、废品率高的产品。

4. 根据社会生态环境的要求选择对象

优先考虑能耗高的产品；优先考虑“三废”问题严重的产品。

**二、价值工程对象选择的方法**

在选择对象中需要运用一些特定技术方法进行定量分析，下面介绍几种常用方法。

（一）因素分析法

又称经验分析法。这种分析方法是对象选择中最简单、最实用的方法。它是凭借参加者的经验和知识，在对产品情况和存在问题的关键所在都清楚了解的基础上，对影响产品、零件或各个工序有关因素进行全面综合分析后，选择对象。这种方法常用因果分析图来分析，如图 12-2 所示。

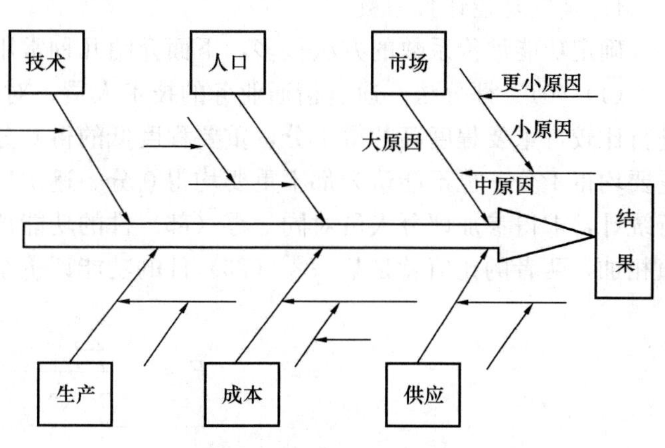


图 12-2 因果关系分析图

（二）ABC 分析法

ABC 分析法（也叫帕累托图）是用来从影响产品质量的许多因素中寻找其主要因素的一种方法。

1897 年，意大利经济学家帕累托（V·Pareto）研究意大利的国民收入时发现：少数富人占多数财富，而绝大多数人处于贫穷状态，即存在“关键的少数，次要的多数”关系。他把这种现象概括为不均匀分布规律。后来人们发现类似的规律存在于成本分析、库存管理等许多经济问题之中。

价值工程 ABC 分析法就是把构成产品的零（部）件费用与产品总费用进行比较，从中找到价值工程的活动对象。具体来说，是把某一产品的全部零（部）件按照成本比重排队，将少数数量不多而占总成本比重相当大的零（部）件列为分析的主要对象。通常把全部零（部）件分成 A、B、C 三类。A 类零（部）件数量约占总数的 10%，成本约占总成本的

70%～80%；B类零（部）件数量占总数的10%～20%，成本约占10%～20%；C类零（部）件数量约占70%～80%，成本约占10%。

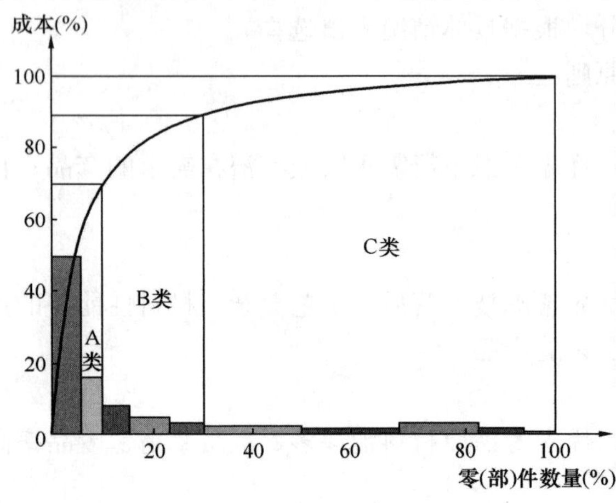


图12-3 ABC分析图

A类零（部）件数量少而成本比重大，是对产品成本举足轻重的关键种类，应列为价值工程的对象；B类零（部）件只作一般分析；C类零（部）件虽然数量多，但对整体成本影响不大，暂不作分析。如图12-3所示。

（三）强制确定法

这种方法是根据价值系数的大小，确定价值工程分析对象的方法。即先对产品所包含的功能进行粗略分析，估算或计算出所对应的成本，然后计算出价值系数，最后根据价值系数的大小进行分析，具体做法如下：

1. 确定功能评价系数

确定功能评价系数的方法很多，下面介绍几种常用的方法。

（1）"01"评分法。通过精通业务的技术人员，对组成产品的部件按其重要程度一对一进行比较，重要程度高的得1分，重要程度低的得0分。两个零（部）件比较时不能认为都重要均得1分，也不能认为都不重要均得0分。逐次比较后，将各零（部）件的得分结果进行统计，求得参加评分人员对同一零（部）件的功能评分之和，再将所有零（部）件的评分值相加，两者的比值就是某一零（部）件的功能评价系数。其计算公式为

$$F_i = \frac{\sum_{j=1}^{m} f_{ij}}{\sum_{i=1}^{n} \sum_{j=1}^{m} f_{ij}}$$

式中 $F_i$——第$i$个零（部）件的功能评价系数；

$f_{ij}$——第$j$位评分者给第$i$个零（部）件的功能评分值；

$m$——参加评分人数；

$n$——零（部）件个数。

（2）"04"评分法。"01"评分法虽然能判别零件功能的重要程度，但评分标准过于绝对，准确度不高，故可采用"04"评分法来弥补这一不足，具体做法是两个零件功能的总分为4分，其规则如下：

$F_i$比$F_j$重要得多：$F_i$得4分，$F_j$得0分；

$F_i$比$F_j$重要：$F_i$得3分，$F_j$得1分；

$F_i$与$F_j$同等重要：$F_i$得2分，$F_j$得2分；

$F_j$比$F_i$重要：$F_i$得1分，$F_j$得3分；

$F_j$比$F_i$重要得多：$F_i$得0分，$F_j$得4分。

（3）环比评分法。环比评分法也叫DARE法（Decision Alternative Ratio Evaluation

System)，是利用两种功能相互比较后确定的系数，对功能进行评价。具体方法和步骤如下：

第一，暂定功能重要性系数。从上至下依次比较相邻两个功能的重要程度，给出两个功能重要性比值（重要性系数）。

第二，修正功能重要性系数。令最后一个被比较的功能的重要性系数为1（基数），依次修正各功能的重要性系数。修正的方法是用排列在下面的功能重要性系数乘以与其相邻的上一个功能的重要性系数，就得出上一个功能修正后的重要性系数。

第三，求最终功能重要性系数。将各修正后的重要性系数求和，并用所求得的和去除修正后的重要系数。

2. 计算成本系数

成本系数的计算公式为

$$C_i = \frac{c_i}{\sum_{i=1}^{n} c_i}$$

式中 $C_i$——第 $i$ 个零（部）件的成本系数；

$c_i$——第 $i$ 个零（部）件的现状成本。

3. 计算价值系数

价值系数的计算公式为

$$V_i = \frac{F_i}{C_i}$$

式中 $V_i$——第 $i$ 个零（部）件的价值系数；

$C_i$——第 $i$ 个零（部）件的成本系数；

$F_i$——第 $i$ 个零（部）件的功能重要性系数。

4. 根据价值系数进行分析

如果价值系数接近1，说明零（部）件在功能上所占的比重与其在成本上所占的比重是基本匹配的，一般可不列为重点分析对象；如果价值系数大于1，说明零（部）件在功能上比较重要，而在成本上所占比重较低；如果价值系数小于1，说明零（部）件在功能上不太重要，而在成本上占有较大比重，应当作为重点分析对象。

（四）费用比重分析法

费用比重分析法是根据各个对象所花费用占总费用的比重大小，选择价值工程的活动对象。这种方法主要用于节约某种原材料或能源的活动中。例如，某企业要降低能源消耗费用，先列出各种产品所占该种费用的比例，然后选择其所占比重大的产品作为价值工程的活动对象。

（五）功能成本比较法

这种方法是先对产品所包含的功能进行粗略分析，再计算出各功能所对应的成本，然后将产品的功能从大到小的排序，再把实现各功能的成本从小到大的排序，选择成本位次排名比功能位次靠前的产品作为价值工程活动的对象。

## 第三节 功 能 分 析

功能分析，就是对价值工程对象的功能进行具体分类、描述和整理等系统分析研究，科学地确定其必要功能，并研究实现其功能所需的成本，从而确定其价值。通过功能分析，对对象应具备的功能加以确定，明确功能特性的要求，弄清楚产品各功能之间的关系，保留必要功能，去掉不必要功能，平衡功能间的比重。一方面使产品的功能结构更加合理，另一方面可以达到降低成本、提高价值的目的。

功能分析包括功能定义、功能分类、功能整理。

### 一、功能定义

所谓功能定义，就是用简明准确的语言对价值工程研究对象的功能进行明确描述，回答“这是什么”和“它是干什么用的”。这一描述应做到明确功能的实质、限定功能的内容，并区别于其他功能概念。

功能定义应包括给价值工程对象的整体和构成对象的组成部分下定义。

#### （一）功能定义的目的

功能定义是价值工程活动获得成功的基础，是决定价值工程活动的方向的阶段。其目的有以下几个方面。

（1）明确产品和零（部）件的功能。功能定义能够明确产品和零（部）件的功能的要求，帮助从事价值工程的人员抓住功能实质。

（2）进行功能评价。进行功能评价时，首先要确定实现必要功能的最低成本，然后才能将它与目前成本进行比较，得出成本可降低的幅度。因此，如果产品的功能都没有搞清楚，则实现这些必要功能的最低成本便无法确定，也就不可能进行功能评价。

（3）有利于开拓设计思路。功能定义要摆脱现有结构框框的束缚，使人们把注意力从产品本身转移到以功能为中心的研究上来。这样，有利于开拓设计思路，有利于功能的改进和创新。

#### （二）功能定义的要求

1. 确切、简洁

功能定义要确切，表达要简洁明确。一般可用一个动词和一个名词来下定义。如手表的功能定义为“显示时间”，电冰箱的功能定义为“冷藏食物”，电线的功能定义为“传送电流”等。

2. 抽象、概括

功能的表达要适当抽象和概括，不要与现实功能的具体方法相联系。即功能定义中的动词要尽量采用比较抽象的词汇准确概括，以利于开阔设计思路。例如，定义一种在零件上作孔的工艺的功能，若定义为“钻孔”，人们自然会想到用钻床；如果定义为“打孔”，人们就会想到除了钻床以外，还可以用冲床、电加工、激光等方法；如果定义为“作孔”，人们不仅会想到上述方法，而且还会想到在零件上直接铸出或锻出孔来。可见，动词“钻”、“打”、“作”虽然仅一字之差，但一个比一个抽象，一个比一个确切，一个比一个更容易开阔思路。

3. 可测量性、定量性

功能的定义要尽可能做到定量表达，即功能定义中的名词要尽量使用可测量的词汇，以利于功能评价。例如，电线功能定义为“传电”就不如定义为“传导电流”好，发电机的功能定义为“发电”就不如定义为“发出电能”好。

4. 一致性

如果对象具有复合功能，要分别下定义。即一个功能下一个定义。切忌只注意某些主要功能而忽略次要功能；或只注意表面功能，而忽视潜在的深层次功能；或只注意子系统的功能，而忽视了与系统总功能间的关系。

（三）功能定义的方法

功能定义要求用动词和名词宾语把功能简捷地表达出来，主语是被定义的对象。

对使用功能、外观功能、辅助功能常有不同的描述方法。使用功能用动宾词组来描述；外观功能和美学功能宜用主谓词组，通常是用形容词来描述对象的外观、特性或艺术水平；辅助功能可按对象性质不同分别用动宾词组或主谓词组来定义，常用形容词来描述对象具有辅助性功能的程度，被描述的主体可用名词或动词表达，见表 12-3。

表 12-3 功 能 定 义 表

| 功 能 | 定义方式 | 描 述 | | |
|---|---|---|---|---|
| 使用功能 | 动宾词组 | 机 床 | 切 削 | 工 件 |
| | | 手 表 | 显 示 | 时 间 |
| | | 冰 箱 | 冷 藏 | 食 物 |
| | | 灯 泡 | 发 | 光 |
| 外观功能 | 主谓词组 | 式 样 | | 新 颖 |
| | | 造 型 | | 高 雅 |
| | | 色 泽 | | 光 亮 |
| 辅助功能 | 动宾词组 | 操 作 | | 简 便 |
| | | 运 行 | | 平 稳 |
| | 主谓词组 | 性 能 | | 良 好 |
| | | 音 质 | | 优 美 |

## 二、功能分类

研究功能分类有助于搞清楚功能的性质，从而准确把握用户的功能要求，科学确定产品应具有的必要功能。从不同角度出发，按照不同的标准，可以将功能划分成不同的类型。

（一）基本功能和辅助功能

按功能的重要程度来分，功能可分为基本功能和辅助功能。基本功能是指产品必不可少的功能，是产品的主要功能，它是产品得以存在的主要依据，也是用户购买该产品的主要原因。如果产品失去了基本功能，价值工程对象及其组成部分也就失去了存在的意义。基本功能发生改变，则对象的结构也一定随之改变。基本功能是用户直接要求的必要功能，不能随意改动，而且必须想方设法给予保证的功能。

产品及组成部分的基本功能有时不止一个，可能有几个。例如供热式发电厂就有两个基本功能："发电"和"供热"；电视机也有两个基本功能："显示图像"和"发出声音"。

辅助功能是相对于基本功能而言的，是次要的功能，是为了有效地实现基本功能而起辅助作用的功能，是出于各种原因附加给产品的功能。例如，自行车的基本功能是人力驱动的代步工具，而车铃、车灯等辅件，所起的作用则是辅助功能。辅助功能亦称为二次功能。

在保证基本功能的前提下，辅助功能是可以改变的。辅助功能中常常包含着一些不必要的功能，通过改进方案，可以剔除。而且辅助功能有时在对象中所占比重很大，多达 60% 以上，所以价值工程的重点就应该对辅助功能进行研究改进。例如，手表的基本功能是显示时间，但采用什么手段实现这一基本功能是设计人员增设的辅助功能。它可以是机械表，也可以是电子表，还可以是石英表；可以是指针显示，也可以是液晶显示；可以是夜光显示，也可以是照明显示。

（二）使用功能和美学功能

如果按功能的性质和特点来分，功能可以分为使用功能和美学功能。使用功能具有使用价值，如手表显示时间的功能；美学功能具有外观的特征，如产品造型、色彩、上面的图案等。

使用功能是从功能的内涵上反映其使用属性，是指产品的实际用途和使用价值。它最容易被用户了解，是用户最为关心的功能。产品的使用功能一般包括性能、可靠性、安全性、操作性和维护性。美学功能是指满足用户审美的需要。它是从产品的外观反映功能的艺术属性。产品除了在性能上满足用户的需要之外，还应按用户的需要在造型、图案、色泽、式样以及外包装等方面加以美化。

产品的使用功能和美学功能都是通过基本功能和辅助功能来实现的。有的产品只要求有使用功能，而不要求有美学功能，如地下管道等；有的产品只要求有美学功能，如装饰品等；而绝大多数产品既要求有使用功能，又要求有美学功能。

区分使用功能和美学功能常常可以发现一些不必要的功能，通过剔除这些功能来节约设计和生产成本。

（三）必要功能和不必要功能

从用户的角度分类，功能可以分为必要功能和不必要功能。必要功能是用户要求的功能，是用户承认并愿意购买的功能。使用功能、基本功能均为必要功能，辅助功能有些属于必要功能，有些属于不必要功能。

不必要功能是不符合用户需要的功能。多余功能、重复功能和过剩功能均属于不必要功能。

价值工程就是要通过功能分析，剔除不必要功能，补充不足功能，使产品的功能构成更加合理。

（四）过剩功能和不足功能

从功能的标准化角度进行分类，可以分为过剩功能和不足功能。过剩功能是指对象所具有的，超过用户的需要的必要功能；不足功能是指对象尚未满足用户需要的必要功能。功能满足不了用户需要的产品很难占有市场。

不足功能和过剩功能都应列入价值工程的活动对象，补充不足功能，剔除过剩功能，进一步改进和完善产品的功能。

（五）上位功能和下位功能

按功能的目的和手段，可以将功能分为上位功能和下位功能。通常把处于目的地位的功能称为上位功能，而把处于手段地位的功能称为下位功能。可见，上位功能是功能的目的，下位功能是实现目的功能的手段。当然，上位和下位、目的和手段是相对的，一个功能对其上位功能来说是手段，而对其下位功能来说是目的。例如，手电筒中，开关的功能之一是接通回路，其目的是流通电流，流通电流的目的是加热灯丝，加热灯丝的目的是为了使手电筒发光。在分析功能时，如果问“这个功能要达到什么目的?”就应寻找它的上位功能，如果问“怎样实现这个功能?”就应寻找它的下位功能。

**三、功能整理**

所谓功能整理，就是按照一定的逻辑关系，把价值工程对象各组成部分的功能连接起来，画出功能系统图，以便明确各功能之间的关系，掌握用户的功能要求，达到用最低寿命周期费用可靠地实现研究对象必要功能的目的。

（一）功能之间的逻辑关系

功能之间的关系一般有两种：一种是从属关系（又称上下关系），它是指一个功能系统中某些功能之间存在着目标和手段的关系，我们把目的功能称为上位功能，把手段功能称为下位功能。往往一个功能在充当某一功能的下位功能的同时，又充当另一功能的上位功能。例如前面提到的手电筒的例子中存在如图 12-4 所示的功能关系。

另一种功能关系是并列关系（即并列功能，又叫同位功能）。所谓并列功能是指在一个上位功能之后，有几个手段功能并列存在，它们是实现同一功能的手段。存在并列关系的功能相互之间不存在从属关系，彼此独立，所以又称为独立关系。例如，一台车床的目的是切削工件，要实现这一目的必须具备刀具运动和工件运动两种手段。刀具运动和工件运动就是切削工件的下位功能，它们之间是并列关系，如图 12-5 所示。

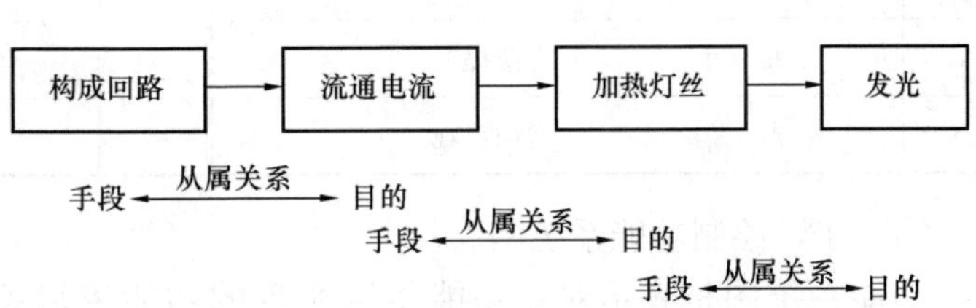

图 12-4 功能之间的从属关系图

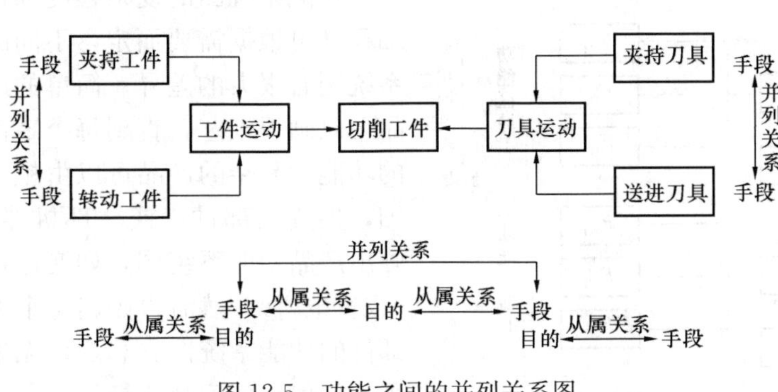

图 12-5 功能之间的并列关系图

（二）功能整理的方法

我们按照功能之间的从属和并列关系，整理功能系统图。其基本方法有两种：一种是由目的寻找手段。即从目的功能开始，将所有手段功能排列出来。另一种是由手段寻找目的。即把所有手段功能联系起来，寻找目的功能。

1. 由目的寻找手段

这种方法是从零级功能开始，逐级向下寻找手段功能。通过这样的提问“此功能是通过什么方法实现的”，由此寻找出其手段功能，然后再以这一手段功能为目的功能，进一步寻找其手段功能，如此下去，最后将全部功能整理出来，并绘制功能系统图。常用功能分析系统技术（简称 FAST）来绘制功能系统图。

FAST 法的基本步骤如下。

第一步，确定对象（产品或零件）的基本功能。

首先，按产品设计的结构系统列出基本功能，把其中最基本的功能排列在左端，这是产品的上位功能，其余的是辅助功能。例如，机械闹钟的基本功能和辅助功能见表 12-4。

**表 12-4 机械闹钟功能一览表**

| 基本功能定义 | 辅助功能定义 | | |
|---|---|---|---|
| 1. 计时<br>2. 闹时 | 1. 上紧发条<br>2. 对时<br>3. 闹时 | 4. 调速<br>5. 防尘 | 6. 防锈<br>7. 装饰 |

其次，列出零（部）件的功能明细表。例如，保温瓶零（部）件的功能明细见表 12-5。

**表 12-5** **保温瓶零（部）件功能明细表**

| 序号 | 零（部）件名称 | 功能定义 | 序号 | 零（部）件名称 | 功能定义 |
|---|---|---|---|---|---|
| 1 | 瓶　胆 | 保持温度 | 5 | 瓶　塞 | （1）保持温度<br>（2）防止灰尘 |
| 2 | 外　壳 | （1）保护瓶胆<br>（2）增加美观 | 6 | 口　圈 | （1）牢固瓶胆<br>（2）缓冲振动 |
| 3 | 把　手 | 方便提携 | 7 | 底　托 | 支撑瓶胆 |
| 4 | 瓶　盖 | 增加美观 | 8 | …… | …… |

第二步，绘制功能系统图。

功能系统图是表示对象功能得以实现的功能逻辑关系图。在功能整理的基础上，根据目的—手段的逻辑关系，目的功能（上位功能）的位置在左，手段功能（下位功能）的位置在右的顺序，按照从左到右的顺序，从总功能到末位功能，将各个功能之间的关系一一表示出来，由此绘制出功能系统图。其中任何一个功能及其各级下位功能的组合，称为功能区域。

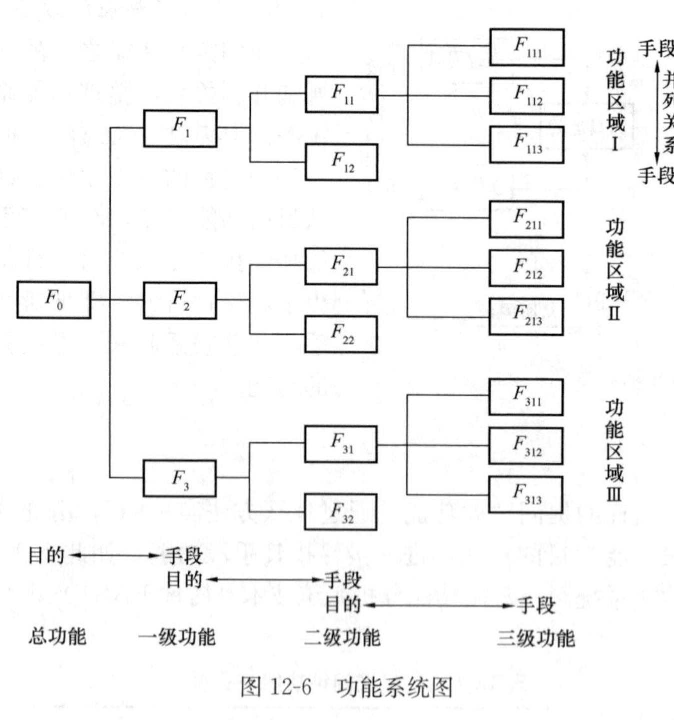


图 12-6　功能系统图

功能系统图的复杂程度和粗细程度可根据需要而定，不同的系统图有很大的差异。简单的产品可以画得细些，直到每个零件的功能。复杂的产品可以由粗到细，先按大部件（或一部机器）画出产品功能系统图，如变速箱（或发电机），然后再画出每个大部件的功能系统图。总之，无论画法如何，最后都要把每个主要零件的功能反映出来。

功能系统图的一般形式如图 12-6 所示。

在功能系统图中，各个零（部）件功能之间的关系一目了然。从图 12-6 所示的功能系统图一般模式中可见，$F_0$ 是上位功能，又是总功能；$F_{111}$、$F_{211}$、$F_{311}$ 为下位功能，又是末位功能；$F_1$、$F_2$、$F_3$ 是一级并列功能（也叫同位功能），它们既是 $F_0$ 的手段，同时又分别是 $F_{11}$、$F_{21}$、$F_{31}$ 等二级功能的目的；$F_1$、$F_{11}$、$F_{111}$ 等组成功能区域Ⅰ，其余类推。

第三步，检查功能系统图。

功能系统图的检查过程是对产品功能进一步理解、深化和系统化的过程。通过检查作为目的上位功能与作为手段的下位功能的关系，判断功能系统图是否正确。只要功能的相互关系同“目的—手段”的逻辑关系不相矛盾，功能系统图就是正确的。检查功能系统图应注意以下几个问题：

（1）功能系统图中的功能要与产品的构件实体相一致。也就是功能系统图中的功能应能包容全部构件的功能；通过构件实体能够实现功能系统图中的全部功能。

（2）下位功能的全体应能够保证上位功能的实现。

（3）上下位功能之间存在从属关系；同位功能之间不存在从属关系，而存在并列关系，是相互独立的。

通过功能整理，把产品设计的意图用功能系统图表示。这样就可以实现从对产品本身的思考转移为对功能的思考，而不受现有设计和现有结构的束缚，去开拓新途径，用更好的手段和更经济的办法，实现用户对产品功能的要求。

功能系统图一般不是一次就能画好，需要反复修改、完善。为使功能系统图中的末位功能都能与零件的功能定义相对应，在功能整理的过程中，有时还要调整零件的功能定义。

当功能数量很多时，为了防止遗漏、重复和混乱，可采用功能卡排列法。功能卡排列法的具体步骤如下：

第一步，编制功能卡片，每一张卡片记录一个功能。卡片记录的内容包括：功能内容、构成要素、零部件名称、功能成本等。卡片的位置可以按照思考特定功能以及研究功能之间的相互联系的需要而移动。

第二步，按照功能逻辑关系，对功能卡片进行排序。任意抽取一张卡片并提出两个问题——第一个问题是“为什么需要这个功能”，找出上位功能；第二个问题是“通过什么手段来实现这个功能”，找出下位功能。

第三步，按照功能的并列和从属关系，将全部功能卡排列成功能系统图，在此过程中可以检查并发现功能卡上功能定义或功能之间排列不够恰当的问题，并加以修改和更正，直到符合整个功能逻辑关系时，功能系统图就完成了。

2. 由手段寻找目的

零部件功能属于手段功能，不具有目的功能的特性。因此，只要定义得当，功能系统图上的末位功能必与零部件功能相对应。从产品的最终手段功能开始，提出这样的问题：“此功能的目的是什么?”由此推出其目的功能，再以目的功能为手段，进一步提问，直到追问出最终功能为止。

（三）功能整理的意义

通过功能整理可以明确各功能之间的相互关系，确定必要功能，发现不必要功能和过剩功能，弥补不足功能，提出合理的功能结构方案，使产品具有合理的功能结构，满足用户对产品功能的需求。同时降低成本，提高产品的价值。

## 第四节 功 能 评 价

功能评价就是评价产品某个功能值的大小，以及实现此项功能的最低成本是多少。产品功能的重要性是通过评价之后予以确定的。

## 一、功能评价值的概念

功能评价是对功能由定性分析转为定量分析的工作。也就是对功能系统图中各个功能给予的估价，可以用功能值或功能评价值来表示。

由于功能是一个抽象的概念，往往很难用数量来准确度量，更难将各项不同的功能累加起来。因此必须寻找一个可以适用并可以累加的量来表示功能。这个量就称为功能评价值（$F$）。

## 二、功能评价值的表示形式

功能评价值有金额和评分两种表示形式。

### （一）金额形式

在通常情况下，要实现产品的某一特定功能，总存在一个最低费用，我们把这一最低费用称为功能成本，它可视为该产品的功能评价值。生产中常常以这一最低费用作为实现该功能的零件的成本目标，所以也称为目标成本。在价值工程中，功能评价值与功能实现成本具有相同的金额单位，因此它们可以直接相比，两者的比值称为功能价值。其计算公式为

$$V=\frac{F}{C}$$

式中 $V$——功能价值；

$F$——功能评价值（目标成本或功能成本）；

$C$——功能实现成本。

如果 $V=1$，表示功能目标成本等于功能实现成本，即所花费的实现成本与实现该功能所必需的最低成本相当，可以认为是最理想的状态，此功能无改善的必要。

如果 $V>1$，表示功能目标成本大于功能实现成本，这种情况在理论上说是不该发生的，一般由于数据的收集和处理不当或实际必要功能没有实现而出现的，此时应作出具体分析。首先，应检查功能评价值是否确定得当，如果某些功能评价值定得偏高，就应降低。其次，如果功能评价值定得合理，则有可能目标成本定得过高或实现成本较低，并查找其原因。第三，检查是否有功能不足的现象，如果存在，就要采用改进和完善手段，提高功能，满足用户的需要。

如果 $V<1$，表示功能目标成本小于功能实现成本，即所花费的实现成本大于实现该功能所必需的最低成本。出现这种情况有两种可能：一种可能是由于实现功能的条件或方法不佳，使该项功能的成本有花的不当的地方，导致成本过高；另一种可能是由于功能过剩的情况。功能目标成本与功能实现成本两者之差为成本降低幅度，称为功能改善期望值。功能改善期望值越大，功能价值越小，意味着降低成本的潜力越大。这是价值工程活动的重点对象。

### （二）评分形式

评分形式是以得分的形式表示功能。需要采用一定的方式进行评分，并且以得分的多少表示功能的高低。这样，功能评价值就不能与以金额形式表示的功能实现成本直接相比，以致不能直接利用上式计算功能价值。所以需要采用其他方法，具体方法以后详细讨论。

## 三、功能评价值的计算方法

由于选择价值标准的依据和方法不同，功能评价值的计算方法也不同。当采用金额表示功能评价值时，有以下几种评价方法。

### （一）理论价值标准法

理论价值标准法是运用自然科学的某些计算公式和某些费用标准，求得实现某种产品或

零件功能所需的材料数量，进而从理论上计算出所需材料的最低成本，把它作为功能评价值。比如，根据工时定额和人工费用定额，可以计算出某个施工方案或某些加工功能的最低费用。理论价值标准法的具体方法和程序如下：

第一，分析某产品或零件功能评价值能否用某一自然科学公式进行定量计算，如果可行，列出计算公式。

第二，根据公式计算实现该功能所需材料消耗量。

第三，计算所需材料的最低成本。

第四，以材料成本为纵坐标，以功能实现程度为横坐标，画出坐标平面图，按照各种材料的功能实现程度与理论成本的关系，画在坐标图上。

第五，计算功能评价值和降低成本期望值。

例如，根据力学计算公式和材料费用资料，可以计算传递一定力矩和弯矩这一功能所需的最低费用。其计算公式如下：

根据材料力学公式

$$M_n = \frac{\pi}{16}\tau_b d^3 \tag{12-1}$$

式中　$M_n$——力矩（N・m）；

$\tau_b$——最大允许剪应力（N/m²）；

$d$——棒料直径（m）。

材料费用计算公式

$$C = \frac{\pi}{4}d^2 \cdot L \cdot \rho \cdot P \tag{12-2}$$

式中　$C$——材料费用（元）；

$L$——棒料长度（m）；

$\rho$——材料比重（kg/m³）；

$P$——材料单价（元/kg）。

由（12-1）、（12-2）两公式可以推导出功能实现程度与成本的关系，其表达式为

$$\frac{C}{L} = \frac{\pi}{4}\rho \cdot P\left(\frac{16}{\pi\tau_b}\right)^{\frac{2}{3}} M_n^{\frac{2}{3}} \tag{12-3}$$

令 $K = \frac{\pi}{4}\rho \cdot P\left(\frac{16}{\pi\tau_b}\right)^{\frac{2}{3}}$，为随材料不同而变化的系数，由式（12-3）可得

$$\frac{C}{L} = K \cdot M_n^{\frac{2}{3}} \tag{12-4}$$

式（12-4）就是所求力矩和所使用材料单位长度成本之间的关系式。

为了方便起见，对式（12-4）两边求对数，得

$$\ln\left(\frac{C}{L}\right) = \ln K + \frac{2}{3}\ln M_n \tag{12-5}$$

由式（12-5）可见，$\ln\left(\frac{C}{L}\right)$和 $\ln M_n$ 之间呈线性关系。如图 12-7 所示。

图中 A、B、C、D、E、F 为不同材料所对应的直线段。随着所要求的力矩大小的变化，每种材料的单位长度成本也相应变化。在同一力矩范围内，如果使用的材料不同，则其单位

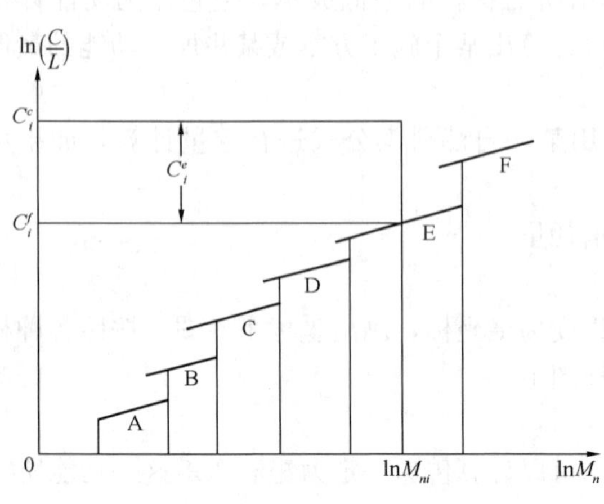


图 12-7 力矩—成本关系图

长度的成本也不一样。图中粗线对应于所要求力矩的最低成本。

当力矩为 $M_{ni}$ 时，使用 E 材料的成本最低，其最低成本（功能评价值）为 $C_i^f$，与力矩 $M_{ni}$ 相对应的实现成本为 $C_i^c$，所以成本改善期望值为 $C_i^e$，即

$$C_i^e = C_i^c - C_i^f$$

运用理论价值标准法，数据的确定有理论根据和公认标准，计算简便。但功能成本中有些费用无法用理论公式和定额标准计算，需采用其他方法确定。

（二）实际价值标准法

实际价值标准法是一种对现有产品或零件的实际技术经济资料进行广泛调查统计，从中选出功能相同而成本最低的作为功能评价值的方法。其具体方法和程序如下：

第一，全面收集具有同样功能的同类产品的各种技术经济指标和数据，如性能、质量、重量、外观、可靠性、安全性、生产条件以及成本数据，然后根据功能的实现程度、类似的生产前提、相应的最低成本来确定功能评价值。

第二，统一标准，将收集的资料按功能实现程度分级，把功能实现程度基本相同的产品或零件归为同一等级。

第三，以横坐标表示功能实现程度，纵坐标表示成本，绘制平面图，根据功能实现程度和成本状况，把每个产品或零件用符号×标入坐标平面中，如图 12-8 所示。

第四，找出每一级功能的最低成本，并把各最低成本点连接起来，以此为基础画出最低成本线。

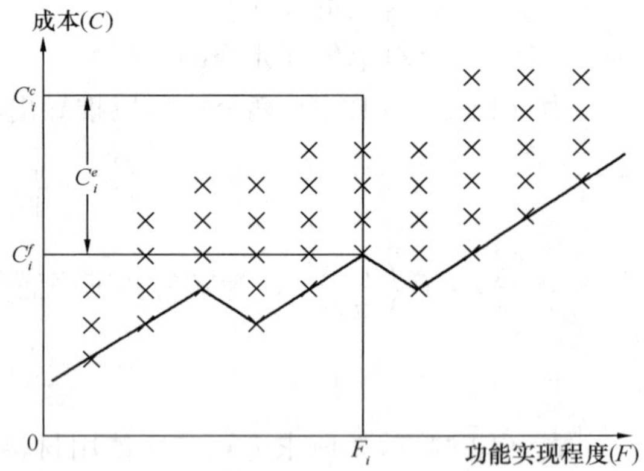


图 12-8 功能实现程度与成本的关系图

第五，按照功能实现程度和最低成本线确定产品或零件的功能评价值 $C_i^f$，求出成本改善期望值 $C_i^e$，即

$$C_i^e = C_i^c - C_i^f$$

实际价值标准法一般只适用于能具体测定性能的产品功能评价。它的优点在于最低成本线的确定是根据实际价值标准，有实际的技术条件保证使之实现，因此比较可靠。但是它的缺点是目标成本中可能含有不必要功能之类的不合理因素，所以要注意对实际价值标准进行必要的修正。

（三）功能评价系数法

功能评价系数法是按照功能评价系数分配产品目标成本以确定功能评价值的方法。在产品或零件的总目标成本已经确定的情况下，按各个功能的重要性系数分配目标成本。这种方法的关键问题在于如何准确地确定功能评价系数。下面介绍几种方法。

1. 强制确定法

这种方法已经在本章的第二节中详细讨论过，这里不再阐述。

2. 直接评分法

对功能数量较少的产品，依靠价值工程工作人员的经验，对各零件功能的重要性打分来确定功能值的大小。具体做法既可以由专家组成若干小组，站在各自的立场上分别评分，也可以请用户在企业所发的调查表上打分来评分。最后按不同类别功能取平均值。

3. 功能系统评分法

在功能评价时，常常会遇到对不同上位功能的下位功能之间评分，由于它们的上位功能（目的功能）不同，因而作用的性质也不同，它们之间存在着不可比性，很难评定出量的差异。为了克服这一困难，采用功能系统评分法。

功能系统评分法是在绘制出功能系统图的基础上，确定各个功能区，分系统、分层次地对功能系统图中的各个功能区分别评分，然后再汇总计算，如图 12-9 所示。

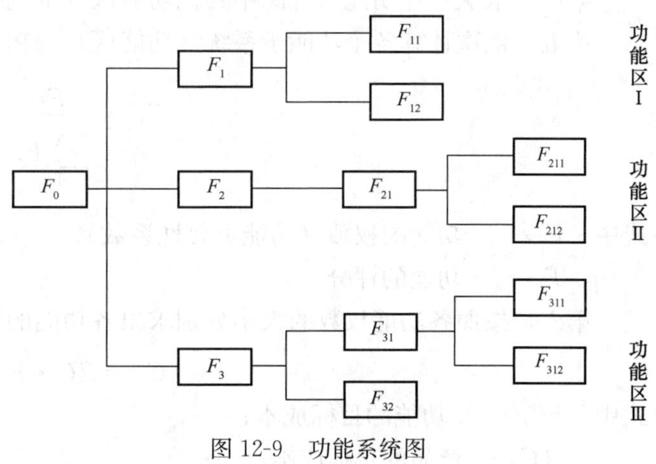


图 12-9 功能系统图

图 12-9 中 $F_0$ 是产品功能，它有三个直接下位功能 $F_1$、$F_2$、$F_3$。它们又各自与其下位功能构成三个不同的功能区（Ⅰ、Ⅱ、Ⅲ）。以上位功能为桥梁，分别对下位功能进行评分，评分的依据就是比较它们对其上位功能贡献的大小。具体方法和步骤如下：

第一，设总体功能 $F_0$ 的值为 100 分。根据功能系统图，找出总体功能的各直接下位功能 $F_1$、$F_2$、$F_3$。

第二，评定第一级手段功能，计算其功能分值的权数。

$$\text{功能分值的权数}=\frac{\text{功能分值}}{\text{直接上位功能的分值}}$$

设 $\overline{f}$ 表示功能权数，$f$ 表示功能分值。则

$$\overline{f}_1=\frac{f_1}{f_1+f_2+f_3}=\frac{f_1}{f_0}$$

$$\overline{f}_2=\frac{f_2}{f_1+f_2+f_3}=\frac{f_2}{f_0}$$

$$\overline{f}_3=\frac{f_3}{f_1+f_2+f_3}=\frac{f_3}{f_0}$$

第三，评定第二级手段功能的权数，计算其功能评分。

$$\overline{f}_{11}=\frac{f_{11}}{f_{11}+f_{12}}=\frac{f_{11}}{f_1}$$

$$\overline{f}_{12}=\frac{f_{12}}{f_{11}+f_{12}}=\frac{f_{12}}{f_1}$$

设 $F$ 表示功能评分，则

$$F_{ij}=\bar{f}_i\cdot\bar{f}_{ij}（或\ F_{IJK}=\bar{f}_i\cdot\bar{f}_{ij}\cdot\bar{f}_{ijk}）$$

由此可得

$$F_{11}=\bar{f}_1\cdot\bar{f}_{11}$$
$$F_{12}=\bar{f}_1\cdot\bar{f}_{12}$$
$$F_1=F_{11}+F_{12}$$

第四，依次计算功能系统图中其他功能区（本例Ⅱ、Ⅲ区）的功能评分。

第五，依次计算各个功能子系统（功能区）的功能重要性系数。其计算公式为

$$\bar{F}_i=\frac{F_i}{\sum_{j=1}^{n}F_j}$$

式中 $\bar{F}_i$——$i$ 功能的权数（功能重要性系数）；

$F_i$——$i$ 功能的评分。

第六，按照各功能权数的大小分别求出各功能的目标成本。其计算公式为

$$FC_i=TC\cdot\bar{F}_i$$

式中 $FC_i$——$i$ 功能的目标成本；

$TC$——产品的目标成本。

第七，计算功能价值和改善期待值。其计算公式为

$$V_i=\frac{FC_i}{C_i}$$

$$E_i=C_i-FC_i$$

式中 $V_i$——$i$ 功能的功能价值；

$C_i$——$i$ 功能的目前实现成本；

$E_i$——$i$ 功能的改善期待值。

根据各功能的功能价值和改善期待值，可以确定价值工程改进工作的先后次序。

例如，在图 12-9 中，三个功能区的目前成本见表 12-6。如果产品的目标成本确定为360 元。

**表 12-6　　功能区目前成本计算表　　元**

| 零件名称 | 目前成本 | 功能区 | | |
|---|---|---|---|---|
| | | Ⅰ | Ⅱ | Ⅲ |
| $A_1$ | 18 | 18 | — | — |
| $A_2$ | 20 | — | 15 | 5 |
| $A_3$ | 120 | 45 | 67 | 8 |
| ⋮ | ⋮ | ⋮ | ⋮ | ⋮ |
| $A_n$ | 30 | 20 | — | 10 |
| 合计 | 400 | 120 | 180 | 100 |

先用环比评分法求各功能区的重要性系数，见表 12-7。

表 12-7　**功能重要性系数**

| 功能区 | 环比评分法 | | |
|---|---|---|---|
| | 暂定功能重要性系数 | 修正后的功能重要性系数 | 功能重要性系数 |
| Ⅰ | 2.0 | 6.0 | 60 |
| Ⅱ | 3.0 | 3.0 | 30 |
| Ⅲ | — | 1 | 10 |
| 合　计 | | 10 | 100 |

然后按照功能区重要性系数分配目标成本，并求出各功能价值、改善期待值及改进次序。计算方法如下：

(1) 各功能区的目标成本。

$$FC_1 = 360 \times 60\% = 216(\text{元})$$
$$FC_2 = 360 \times 30\% = 108(\text{元})$$
$$FC_3 = 360 \times 10\% = 36(\text{元})$$

(2) 各功能区的功能价值。

$$FV_1 = \frac{216}{120} = 1.80$$
$$FV_2 = \frac{108}{180} = 0.60$$
$$FV_3 = \frac{36}{100} = 0.36$$

(3) 各功能的改善期待值。

$$FE_1 = 120 - 216 = -96(\text{元})$$
$$FE_2 = 180 - 108 = 72(\text{元})$$
$$FE_3 = 100 - 36 = 64(\text{元})$$

将以上计算结果列入表 12-8 中，并按照功能价值和改善期待值的情况，排出改进功能区的先后次序以及功能改进的方向和幅度，为后面的方案创新工作提供依据。

表 12-8　**功能区改善期待值计算表**

| 功能区<br>(1) | 重要性系数（%）<br>(2) | 目标成本（元）<br>(3) | 实现成本（元）<br>(4) | 功能价值<br>(5) $=\frac{(3)}{(4)}$ | 改善期待值（元）<br>(6) ＝ (4) － (3) | 改进次序<br>(7) |
|---|---|---|---|---|---|---|
| Ⅰ | 60 | 216 | 120 | 1.80 | −96 | |
| Ⅱ | 30 | 108 | 180 | 0.60 | 72 | ① |
| Ⅲ | 10 | 36 | 100 | 0.36 | 64 | ② |
| 合　计 | 100 | 360 | 400 | | 40 | |

## 四、确定价值工程对象的改进范围

功能评价值计算出来以后，就明确了评价对象是否为功能改进的重点，以及功能改进的方向和幅度，为后面的方案创新工作打下基础。确定改进对象的原则如下：

(1) 功能价值（$V$）低的功能区域。对于 $V<1$ 的功能区域都应列入价值工程功能改进的范围，改进的目标是力求使 $V=1$。一般来说，以剔除过剩功能及降低目前成本为改进

方向。

（2）成本和功能之差大的功能区域。成本和功能的差是成本降低期望值，也是成本应降低的绝对值。当各个功能区的价值系数都低时，就要优选成本和价值之差大的功能区域作为重点对象。

（3）复杂的功能区域。一般来说，功能区域越复杂，其价值系数也越低，所以功能复杂的区域应确定为价值工程对象的改进范围。

**五、功能成本分析**

功能成本分析是对所分析的功能的目前成本进行分析。功能成本分析一般从功能系统图的末位功能开始，逐级向上计算。末位功能成本计算中需要注意以下两个问题：

（1）如果一个功能由多个零件实现时，要把各零件成本相加。

（2）如果一个零件具有多个功能，要根据花费在各个功能上的实际成本进行分摊。

**六、价值的确定**

根据功能值和它所对应的目标成本，我们可以确定价值（或称为价值系数）。为了使各功能区的价值系数一目了然，可将功能系统图与价值系数计算结果结合在一起。表 12-9 列出了功能重要性系数、功能值（目标成本）、目前成本、价值系数、预计成本降低额等几项指标，这几项内容较全面地反映了末位功能区功能与成本之间的关系。

**表 12-9　　价值计算表**

| 末位功能 | 功能重要性系数 | 功能值（目标成本） | 目前成本 | 价值系数 | 成本可降低额 |
|---|---|---|---|---|---|
| $F_{11}$ | 0.115 | 0.75 | 0.50 | 1.502 | |
| $F_{12}$ | 0.141 | 0.92 | 0.65 | 1.408 | |
| $F_{13}$ | 0.229 | 1.49 | 0.85 | 1.753 | |
| $F_{21}$ | 0.108 | 0.70 | 0.60 | 1.173 | |
| $F_{22}$ | 0.151 | 0.99 | 0.65 | 1.517 | |
| $F_{31}$ | 0.063 | 0.41 | 0.70 | 0.586 | 0.29 |
| $F_{32}$ | 0.065 | 0.42 | 0.58 | 0.728 | 0.16 |
| $F_{33}$ | 0.128 | 0.83 | 0.84 | 0.992 | 0.01 |
| 合计 | 1.000 | 6.51 | 5.37 | | |

## 第五节　方　案　创　新

经过对象选择、情报收集、功能分析和功能评价之后，价值工程活动就转入制定改进方案的创新阶段。这一阶段包括三方面的内容：改进方案的制定，改进方案的评价，价值工程活动成果的评价。回答三方面的问题：有无其他方案能够实现同样的功能？新方案的成本是多少？新方案能可靠地满足要求吗？以前各阶段都是价值工程的准备阶段，只有方案创造与制定才是价值工程出成果的阶段，也是价值工程的重点和难点所在。

**一、方案创造**

（一）方案创造过程

在选择分析对象时，某一产品经过功能分析和功能评价后，确定了价值工程的对象和目标成本。目标成本的实现，取决于我们能否创造出具体可行的最优化方案。制定改进方案的内容和程序如图 12-10 所示。

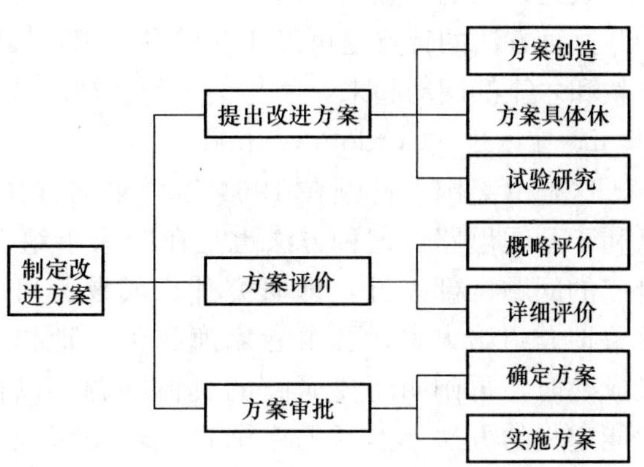

图 12-10 制定改进方案过程示意图

由图 12-10 可见，方案创新的具体内容包括三个方面：提出改进方案、评价改进方案和审批改进方案。由七个步骤组成：方案创造、方案具体制定、试验研究、概略评价、详细评价、确定方案和实施方案。

(1) 改进方案的创造。改进方案的创造是价值工程的生命，是价值工程目标得以实现的手段和途径。所以要求发挥创新的精神，尽可能地多提设计构思和改进设想以代替原来的方案。

(2) 方案具体制定。价值工程的构思和设想，需要通过一定的载体来实现，这种载体就是具体的方案。

(3) 试验研究。对改进方案从技术上进行必要的可行性研究，并进行方案的全面分析，克服和消除所发现的问题。

(4) 概略评价。在方案具体化之前，需要淘汰部分价值较低的设想方案，作为进一步研究的基础，这是方案评价的第一步。

(5) 详细评价。通过以上各项活动以后，对初选出的价值高的改进方案进行详细评价。

(6) 确定方案。将经过详细评价后所选出的最优方案作为最后的改进方案，要制定正式提案，交有关部门审查批准后，方可组织实施。

(7) 实施方案。方案实施是价值工程的最后一个环节，它是把美好的构思和设想通过产品这个载体变为现实的阶段。

(二) 方案创造的方法

改进方案的创造关键在于价值工程工作人员要积极进取，刻苦钻研，深入思考和勇于创新。要敢于打破框框，大胆设想，集思广益，充分发挥人的想象力和创造力。

在方案的创造活动中，使用的方法有很多种，这里仅介绍几种常用的方法。

1. BS 法

BS 法是“Brain Storming Method”的缩写，原意为“忽然想到的好主意”或“突如其来的好想法”，中文译法不一，有的译为“畅谈会法”，有的直译为“头脑风暴法”，而国外则多简称“BS 法”。这种方法是由美国 BBDO 广告公司的奥斯本于 1941 年首次提出的，他通过这种方法创造出许多新的广告创意。

这种方法是通过召集一些有经验、有专长的专家参加会议的形式来讨论价值工程问题。会前将讨论的内容通知各位专家。开会时要求主持人头脑清醒，思路敏捷，作风民主，善于启发引导。本着集思广益的方式，让与会者自由奔放地发表自己的见解和设想，互相之间进行启发和诱导，实现连锁反应，提出更多的创新方案，最后得到较好的方案。要求会议的气氛热烈、协调、环境优美。

会议遵循四个原则：不许评论别人意见；鼓励自由奔放地提出设想；要求多提构思方

案；欢迎结合别人意见提出自己的设想。

这种方法的特点是可以相互启发，相互鼓励，从而把与会人积累的常态的和潜在的全部智慧和才能都调动起来，使与会者的智慧能处于激发态，往往得到超常发挥。

2. 哥顿法（Gordon Method）

这是由美国人哥顿在 1964 年提出的方法，其指导思想是把要研究的问题适当抽象，以利于开阔思路。这种方法也是在专家小组会上提方案，但主持者在会议开始时不把要研究的问题全部摊开，即研究什么问题、目的是什么，先不向与会者说明，而只把问题抽象地介绍给大家，要求专家海阔天空地提出各种设想。待会议进行到一定程度，即时机成熟时，再阐明所要研究的具体问题，以作进一步研究。这种方法实际上是先用抽象功能定义的方法，然后循序渐进、步步深入，直到获得新方案为止。它的优点是常常可以得到一些新奇的设想。

例如，要研究改进割草机的方案，开始只是提出“用什么方法可以把一种东西切断和分离?”当与会者提出一些诸如剪切、刀切、锯切等等方案之后，再宣布会议的目的是要研究割草机的改进方案，让与会者再具体思考，舍去不可行方案，对可行方案进一步发展完善。这样就可能提出用旋转刀片、圆盘形刀片等各种方案，便于对照选择。

3. 德尔菲（Delphi）法

德尔菲法也叫函询调查法。这种方法是采用函询调查的形式，由组织者将所提出的方案分解为若干内容，函寄有关专家，请对方根据要求提出建议方案后再寄回，然后将征询到的意见整理归纳，提出若干较合适的方案和建议，再寄给有关专家进行第二次意见征询。如此多次反复，直到得到满意的方案为止。

这种方法的优点是有利于专家独立思考，各抒己见，充分发挥自己的见解，避免专家会议当面讨论可能产生的心理影响，同时又简便易行、节约开支，具有较高的可靠性。这种方法的缺点是信件往返时间长，对信件的分析整理费时费力，有待改进。

4. 特性列举法

这种方法一般多用于新产品设计。具体做法是把对设计对象的要求、功能特性一一列举出来，针对这些特性逐一研究实现它的手段，从而达到要求的特性。

5. 缺点列举法

这种方法多用于老产品的改造。具体做法是把要求改进设计的对象的缺点一一列举出来，然后针对这些缺点提出改进的方法。

6. 期望列举法

这种方法是将产品功能的要求和期望提出来，按照这些期望改进方案。当然也可以将此方法用于新产品的设计，启发人们更好地构想，设想出能够提高功能，满足各方面需要的新型产品。

7. 输入输出法（Input-Output System）

输入输出法是美国通用汽车公司在产品设计阶段所使用的一种方法。它是通过输入、输出和制约条件的研究，提出解决问题的方法。这里的输入是指研究对象的初始状态，输出是指对象功能目的，制约条件是指实现功能的要求事项。

采用这种方法，首先要给定制约条件，然后设想输入和输出之间有无联系。如果没有联系，就要研究输入能与什么事物联系，通过什么手段才能达到输出的目的。这样逐步地深入来接近所需要达到的目的。

## 二、方案评价

对于方案创造阶段所提出的各种改进方案，经过归纳、系统整理、分类后，要对其进行评价。评价分为概略评价和详细评价两种。评价的内容和步骤如图 12-11 所示。

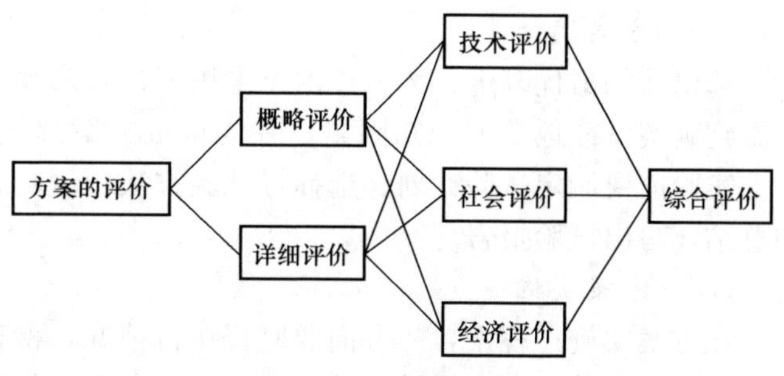


图 12-11 方案评价内容和步骤示意图

### (一) 方案的概略评价

在方案创造阶段提出很多方案，不可能对所有的方案都进行具体化。因为这样做会浪费许多人力、财力和时间。因此，在进行方案具体化之前，首先要进行概略评价，从大量的方案中筛选出一部分较好的方案。

为了有效地进行筛选，通常在概略评价之前，将方案进行整理、分类。概略评价多采用定性分析方法。

概略评价包括技术评价、经济评价、社会评价和综合评价等几个方面。进行概略评价需要有一定的评价项目和评价标准作为评价的基础，通常以现有产品作为评价的基准，比较新方案和旧方案在技术上的可行性和先进性、经济上的可能性和合理性、社会上的可持续发展性和长期利益性。

### (二) 方案的详细评价与提案审批

详细评价是在概略评价的基础上，对经粗略筛选后保留下来的少数方案作更加详细、具体的深入分析与比较，以便从中选择出最优可行方案作为最终方案。详细评价亦从社会、技术和经济等几个方面，采用定性和定量相结合的方法进行。

(1) 社会评价。社会评价是从整个社会的可持续发展和长期利益的角度，从资源和生态环境影响、用户利益维护、社会就业、促进科技进步等方面系统地分析评价方案实施后给社会带来的各种效益。

(2) 技术评价。方案的技术评价是以用户所需的功能为依据，看其对必要功能的实现程度。一般应从产品的技术性能、产品的可靠性、产品的安全性、产品操作性、产品的美观性、产品的环境适应性、产品的维修保养方便性及产品本身的加工、装配、搬运性等方面进行评价。

进行技术评价常用的方法有优缺点列举法、加权评分法和综合评价法等。

(3) 经济评价。经济评价是围绕方案的经济效益进行评价。进行经济评价的评价指标和评价方法很多，可参照本书的相关内容，这里不再赘述。

(4) 综合评价。在技术评价、经济评价、社会评价的基础上，进行综合评价。综合评价是对方案进行的综合性的全面评价和审查。

常用的定性综合评价方法有优缺点列举法和德尔菲法；定量评价方法有加法评分法、连乘评分法、加乘评分法和定量评分法等，这些定量评价方法的共同特点是利用打分的办法区分项目的重要程度和各个方案对评价项目的满足程度，根据方案的得分多少确定方案的优劣。

## 三、方案实施

（一）方案试验

选出新的最优改进方案后，由于采用了过去未曾用过的新结构、新工艺、新材料等，为了做到确实可靠地掌握未知因素，并为审批方案提供有说服力的依据，还需进行必要的实验。实验前要制定试验计划、选择好试验方法，试验后要对试验结果进行汇总、整理、分析和总结，写出试验报告。

（二）方案实施

在方案实施过程中，一方面要监督执行情况，检查实施效果，不断进行反馈和控制；另一方面要对价值工程成果进行总结和评价。所以，价值工程活动的工作人员要自始至终参与方案的实施过程，并要做好以下工作：

（1）健全组织。在企业负责人领导下，以技术部门为主，组织产品设计人员、工艺人员、质量管理人员、财会人员、营销人员等参加，组成价值工程领导小组，开展价值工程的实施活动。

（2）培训人员。通过学习与培训，使广大员工理解、支持和参与价值工程活动，掌握新方案实施技术。

（3）反馈与提高。对在实施价值工程方案中出现的问题及时反馈，并把它作为价值工程下一个循环活动的对象，使之不断完善与改进。

## 四、价值工程活动成果的评价

方案实施后，要进行成果的评价和总结。评价和总结的内容包括以下几个方面。

（一）技术水平对比评价

技术水平对比评价主要评价采用新方案后，产品性能与功能条件的改善程度，包括各项性能指标、质量、寿命、可靠性、安全性、操作性、可维修性、美观性、装配和搬运的方便性、系统的协调性等方面的对比评价。

设 $F_1$、$C_1$ 和 $V_1$ 为价值工程活动前的功能、成本和价值，$F_2$、$C_2$ 和 $V_2$ 是价值工程活动后的功能、成本和价值，$R_f$、$R_c$ 和 $R_v$ 为功能指数、成本指数和价值指数。则有

$$R_v = \frac{V_2 - V_1}{V_1}$$

$$R_f = \frac{F_2 - F_1}{F_1}$$

$$R_c = \frac{C_2 - C_1}{C_1}$$

当 $R_f > 0$ 时，则说明价值工程活动在技术上是肯定的；当 $R_f < 0$ 时，说明价值工程活动在技术上是否定的。

（二）经济效果对比评价

价值工程活动的经济效果可根据需要计算方案实施对劳动生产率、材料消耗、能源消耗、资金利用、设备利用、产品品种、利润等指标的效果。一般主要计算下列几项指标：

（1）成本降低率。成本降低率是指方案改进后成本降低的比率。其计算公式为

$$成本降低率 = \frac{改进前成本 - 改进后成本}{改进前成本} \times 100\%$$

（2）全年净节约额。全年净节约额是指全年生产成本的节约额与价值工程活动费之差。

其计算公式为

全年净节约额＝（改进前单位成本－改进后单位成本）×年产量－价值工程活动费

（3）节约倍数。节约倍数是指方案改进后全年净节约额与价值工程活动费的比值。其计算公式为

$$节约倍数=\frac{全年净节约额}{价值工程活动费}$$

（三）社会效果对比评价

方案实施后，在社会效果方面的提高和改善主要可以从以下几个方面来评价：

（1）填补国内外科学技术或产品的空白；

（2）满足国家经济或国防建设的需要；

（3）促进地区经济发展和增加就业的需要；

（4）改善资源的优化配置，促进自然资源、能源的合理开发和综合利用；

（5）节约能源消耗；

（6）降低生产成本和用户使用成本；

（7）防止或减少污染。

1. 价值工程的理论实质是什么？
2. 提高产品价值的途径是什么？
3. 价值分析对象的选择方法有几种？
4. 收集情报对开展价值工程活动有何重要作用？
5. 怎样进行功能定义？试试举例说明。
6. 功能整理的方法有几种？它们的特点是什么？
7. 功能评价值的计算方法有几种？它们各有什么优缺点？

练 习 题

1. 试用 DARE 法计算表 12-10 中各功能区的功能重要性系数。

**表 12-10**

| 功能区 | DARE 法 | | |
|---|---|---|---|
| | 暂定功能重要性系数 | 修正功能重要性系数 | 功能重要性系数 |
| $FA_1$ | 2.0 | | |
| $FA_2$ | 3.5 | | |
| $FA_3$ | 2.0 | | |
| $FA_4$ | 3.0 | | |
| $FA_5$ | 4.5 | | |
| $FA_6$ | — | | |
| 合 计 | | | |

2. 根据表 12-11 内数据计算各功能区的功能评价值，改善期待值，并确定功能区改进

的先后顺序。

**表 12-11**

| 功能区 | 功能实现成本 $C_i$ | 功能评价值 $F_i$ | 功能价值 $V=F_i/C_i$ | 成本降低的目标 $C_i-F_i$ | 功能改善顺序 |
|---|---|---|---|---|---|
| $FA_1$ | 70 | 70 | | | |
| $FA_2$ | 130 | 106 | | | |
| $FA_3$ | 65 | 48 | | | |
| $FA_4$ | 60 | 36 | | | |
| $FA_5$ | 35 | 20 | | | |
| 合　计 | 360 | 280 | | | |

# 第十三章 建设项目后评价

建设项目后评价是工程经济评价的一个重要组成部分。项目后评价的实施，有利于检验建设项目管理工作的质量，总结建设项目投资决策的经验教训，促进项目决策科学化、程序化、规范化和民主化，提高项目决策和实施的管理水平，具有十分重要的意义。

## 第一节 项目后评价概述

### 一、项目后评价的含义

项目后评价是指对已经建成投产并运行一段时间（一般为2年）的项目的目的、执行过程、效益（经济效益、社会效益和环境效益）、作用和影响进行系统、客观的分析评价。

建设项目后评价是对项目投资目标实现程度的一种评价。也就是对项目决策前的评价报告及其设计文件中规定的技术经济指标进行再评价，并通过对整个建设项目建设全过程各个阶段工作的总结，进一步提高决策和管理水平。

### 二、建设项目后评价的目的

建设项目后评价的目的主要有以下几个方面：

（1）根据项目的实际成果和效益，检查项目预期的目标是否达到，项目是否合理有效，项目的主要效益指标是否实现。

（2）通过分析评价，找出成功的经验和失败的教训。

（3）为项目实施、营运中出现的问题提出改进建议，从而达到提高投资效益的目的。

（4）通过及时有效的信息反馈，提高和完善项目今后的营运管理水平。

（5）通过项目建设全过程各个阶段工作的总结，提高未来新项目的决策科学化、民主化、程序化水平。

总之，项目后评价要达到总结经验、研究问题、吸取教训、提出建议，不断提高项目决策、管理水平和投资效益的目的。

### 三、建设项目后评价的特点

建设项目后评价不同于项目决策前的可行性研究和项目评价（即项目前评价），它的特点主要体现在以下几个方面。

#### （一）现实性

建设项目后评价是从实际出发，对建设项目建设、投产后一段时间的营运状态、存在问题的一种研究、总结评价。它分析研究的是项目的实际情况，所依据的数据资料是现实发生的真实数据或根据实际情况重新预测的数据，总结的是现实存在的经验教训，提出的是实际可行的对策措施。

建设项目后评价的现实性决定了其评价结论的客观性和可靠性。

#### （二）全面性

建设项目后评价的内容不仅包括投资项目立项决策、设计施工等投资过程，而且包括生产、营运等过程；不仅要分析项目投资的经济效益，而且还要分析项目的社会效益、环境效益以及潜在效益。

（三）反馈性

建设项目后评价的目的在于对现有项目的投资决策、设计实施、生产营运等实际情况的回顾和检查，并为有关部门反馈信息，以利于提高建设项目决策水平和管理水平。因此项目后评价的主要特点是反馈性。

（四）可靠性

建设项目后评价是对建成投产并运行一段时间的项目实际情况的检查分析。它通过采集现实发生的实际数据资料，采用科学实用的评价方法，分析研究项目的实际效益，客观反映项目实施的成功经验和失败教训，具有很高的可靠性。

（五）探索性

建设项目后评价是在分析建设项目现状的基础上，及时发现问题、研究问题，以探索项目未来的发展方向和发展趋势。

**四、项目后评价的基本原则**

（一）客观性

项目后评价工作必须从实际出发，尊重客观事实，依据项目实际所达到的技术、经济、社会和环境等各项指标，实事求是地评估项目的效果。

（二）全面性

项目后评价要公正、全面地看待问题，既不脱离当时当地的客观环境和条件，正确评价当时的工作，又要站在发展的高度评价项目的成败，分析原因，总结经验教训，全面地对项目决策、设计施工、生产营运过程以及产生的结果作出评价。

（三）独立性

项目后评价应该由投资者和收益者以外的第三者来完成，避免由项目决策者和管理者自己评价。这样才能保证后评价的公正性和合法性。

（四）科学性

项目后评价工作必须要有可靠的资料数据、科学的评估方法、合理的工作程序和有效的组织管理作保障；评价的结论和提出的改进建议要切合实际、切实可行；总结的经验教训要经得起实践的检验；整个评价工作要有益于指导今后的项目决策和建设管理工作。

（五）透明性

透明性是项目后评价的重要原则之一。一方面，项目后评价往往引起公众的高度关注，社会对投资决策活动及其效果实施有效的监督；另一方面，项目后评价的结论和成果要供更多的人借鉴，具有反馈性和扩散性。所以项目后评价必须具有高度的透明性。

**五、建设项目后评价的作用**

建设项目后评价的作用主要体现在以下几个方面：

（一）提高项目决策的科学化水平

项目后评价是对投资项目决策的总结和检验，通过评价各项指标，检验建设程序各环节、生产经营全过程各项工作取得的实际效果，检验项目是否达到投资决策时所确定的目标，分析和探索建设过程中的立项、投资规模、技术选择、设计施工以及所采取的管理方法和营运手段等是否正确合理，并从中得出有益的经验教训，及时纠正项目决策中存在的问题，为今后项目投资决策提供借鉴的模式，从而提高未来项目决策的科学化水平。

（二）提高项目管理水平

投资项目的管理是一项十分复杂的综合性的活动。它涉及计划和主管部门、银行、物资供应部门、勘测设计部门、施工部门、相关地方行政管理部门等较多单位。项目能否顺利完成并取得预期的投资效果，不仅取决于项目本身的因素，而且还取决于这些部门能否相互协作、密切配合、保质保量地完成各项任务。如何协调各部门之间的关系，应采取什么样的协作形式等都尚在不断探索过程中。项目后评价通过对已建成项目实际情况的分析研究，总结项目实施全过程各阶段的管理经验，查找存在问题以及原因，提出相应的切实可行的改进措施和建议，指导未来项目管理活动，从而进一步提高项目管理水平。

（三）为国家制定投资政策、产业政策和技术经济政策提供依据

通过项目后评价，能够发现国家的投资政策和产业结构中存在的某些问题，国家可以及时修正某些不适合的技术经济政策，运用税收、利率、汇率和价格等宏观经济政策合理控制投资规模和投资方向，调节各产业、各部门之间的各种投资比例关系，充分运用法律的、经济的和行政的手段，加强项目投资管理。

（四）监督和改进项目营运状态，促使其正常化

项目后评价是在营运阶段进行的，因而可以分析和研究项目投产初期的实际状况，并与预测情况进行比较，查找项目在投资决策、设计、施工以及生产营运各个阶段存在的问题，提出切实可行的建议和措施，从而促使项目营运状态的正常化。

**六、项目后评价与前评价的区别**

项目后评价与前评价有较大的不同，二者的区别在于以下几个方面：

（一）评价的主体不同

项目前评价主要由投资主体（投资者、贷款银行和项目审批部门）组织实施的；而项目后评价则多是以投资主体之外的第三者（投资运行的监督管理机构、单独设立的后评价机构、决策的上一级机构）为主，组织主管部门会同计划、财政、审计、银行、质量等有关部门进行。

（二）评价的性质不同

项目前评价是对将要投资的项目进行评价，其结果作为投资决策、项目取舍的依据；项目后评价是对已经实施一段时间的项目进行总结和鉴定，其结果一方面直接对存在的问题提出改进和完善的建议，另一方面间接作用于未来项目的投资决策，提高投资决策的科学化水平。

（三）评价的依据不同

项目前评价主要依据国家、行业和部门颁布的政策规定、参数和指标，以及历史资料和对未来的预测资料；项目后评价主要依据项目实施的现实资料，并将预测数据和实际数据进行比较，总结经验，查找差距。

（四）评价的阶段不同

项目前评价属于项目前期工作；项目后评价则是项目竣工投产后的后期工作。

（五）评价的内容不同

项目前评价主要论证项目的必要性、可行性、合理性、经济效益、社会效益和环境效益；项目后评价除了对上述内容进行再评价外，还要对项目决策的准确程度和实施效率进行

评价。

总之，项目后评价不是对项目前评价的简单重复，而是对投资项目的决策水平、管理水平和实施结果进行严格的检验和总结。它是在前评价的基础上，总结经验教训，对存在的问题提出改进和完善的措施，促使项目更好地发挥效益和健康地发展。同时有利于提高投资决策水平和项目实施的管理水平。所以，项目后评价是对项目前评价的升华。

## 第二节 项目后评价的评价内容和方法

建设项目后评价是一项十分复杂而又极其重要的工作，评价参与的部门多，评价内容广。所以必须做好项目后评价的组织和管理工作，包括机构设置、工作要求、评价内容和程序的确定。

### 一、项目后评价的内容

#### （一）世界银行贷款项目后评价内容简介

从 20 世纪 70 年代初世界银行开始贷款项目后评价，到现在已形成了一套完整的制度和方法。其评价制度和方法已为世界各国、各种国际经济组织认可和借鉴。世界银行的项目评价一般分为制定项目完成报告和全面总结评价两个阶段进行。

1. 制定项目完成报告

项目完成报告的内容包括以下内容。

（1）项目背景：项目的提出、项目准备和进行的依据、项目目标的范围和内容。

（2）项目管理机构的设置、咨询专家的聘用及其实绩。

（3）项目实施的时间进度、实际进度与预测进度的偏差及其原因。

（4）在物资财务管理方面的问题及其产生原因。为了解决这些问题或减轻其造成的影响，采取了什么措施，其实际效果如何。

（5）对项目作出重大修改及修改的原因。

（6）发放贷款出现的不正常情况，这些不正常情况与贷款条件、贷款协议或贷款程序有何关系。

（7）双方在培训工作人员过程中有何经验教训。

（8）违约事件的发生及其所采取的措施。

（9）采购、供应商及承包商的表现。

（10）财务条件：财务内部收益率、财务成果、财务实绩及财务目标的比较分析。

（11）经济评价：国民经济效益、社会效益评价以及与预测效益的比较分析。

（12）机构体制方面的实绩：组织方面的成长、组织管理措施及其经验教训。

（13）结论：项目总评价和对类似项目提供的经验教训。

2. 全面总结评价

全面总结评价是在第一阶段项目完成报告的基础上进行，其内容包括：

（1）对项目背景、目标、实施过程和结果做一简单描述；

（2）项目目标完成情况作出评价，重点回答项目目标是否正确合理、目标是否达到，若没有达到，其原因是什么；

（3）在项目选定和准备阶段预期到的不利条件是否消除、减轻或改变，若没有，其原因是什么；

（4）列出主要经验教训和有特殊意义的问题，包括改动建议和补充措施；

（5）表明审核报告单位有多大程度接受“项目完成报告”的观点和结论，并提出审核报告和完成报告有分歧的意见；

（6）重点阐明“项目完成报告”中未提及或含糊敷衍的有关项目某些方面的问题。

（二）我国投资项目后评价的内容

借鉴世界银行项目后评价经验，结合我国实际情况，项目后评价的基本内容包括项目前期工作后评价、项目实施过程后评价、项目生产营运阶段后评价、项目效益后评价、项目持续性后评价、项目影响后评价和项目目标后评价等。

1. 项目前期工作的后评价

建设项目前期工作是指从项目的酝酿到开工建设以前进行的各项工作，它是项目建设全过程的一个重要组成部分，是整个项目后评价的重点。项目前期工作的后评价主要包括以下几个方面。

（1）项目立项决策后评价。投资项目立项决策后评价是投资项目建设后评价的重点，其内容包括以下几个方面：

1）决策依据。根据工程实际资料论证立项条件（项目提出、项目准备、项目进行依据）的正确程度；对项目建议书和可行性研究报告中有关项目方案（厂址选择、资源供应、工厂布局、建设规模、工艺流程、设备选型、产品方案、产品性能等）预测和项目后评估的实际资料作出比较分析和评价；对建设进度、工期和投资估算进行评价。

2）投资方向。根据国情国力现状分析投资方向的正确性；根据国家的产业政策、城乡建设和社会经济发展前景评价项目对提高行业的生产能力和技术水平以及对繁荣区域经济和文化生活的促进作用。

3）技术水平。分析建设项目的技术状况，并与国家的技术经济政策和国内外同类项目的技术水平相比，评价其先进性、合理性、经济性、实用性、高效性、可靠性、耐久性以及所采用的工艺、设备标准、规范规程等的成熟程度。

4）引进效果。涉外项目还应对引进技术、引进设备的必要性和消化吸收情况、签约程序、合同条款及其变更、索赔事项、外资筹措和支付等方面的情况进行评价。

5）协作条件。评价项目所在地外部协作配合条件，包括供电、供热、供气、供水、排水、防洪、通信、交通、气象、劳务等方面的落实程度。

6）土地使用。对土地占用情况的评价，主要评价是否遵守国家有关土地规划、城市规划以及文物保护、环境保护、资源保护等方面的法令法规，分析土地征用、建筑物拆迁、人员安置等是否合理。

7）决策程序和方法。主要评价项目决策程序及决策体制是否切合实际，项目决策方法是否科学和完善，决策过程是否科学、民主、高效。

8）效益评价。项目效益评价主要包括项目的财务评价和国民经济评价。财务评价主要是评价项目的财务目标是否切合实际，预期财务效益是否科学合理，经济评价的结果是否客观准确等。国民经济评价主要评价项目的宏观经济效益和社会效益是否满足资源最优配置的需要，这些效益是否实现等。

（2）项目管理组织机构设置的评价。项目管理组织机构评价主要评价组织机构设置的类型、定编定员情况、组织人员的聘用及其业绩、职责划定、管理跨度、组织机构内部的协作等，是否体现了精干高效的原则。

（3）项目前期管理工作的评价。项目前期管理工作的评价主要分析筹建工作、人员培训工作、资金筹措工作、征地拆迁工作、勘测设计工作、项目物资落实工作、委托施工工作、项目配套工作等各方面的组织管理工作。

2. 项目实施阶段的后评价

项目实施阶段是指项目从开工到竣工的整个过程。它是项目建设周期中延续时间最长的一个时期，也是投资资金集中发生和使用的时期。项目实施阶段的后评价内容主要包括以下几个方面。

（1）项目施工准备工作评价。项目施工准备工作评价主要包括：

1）项目开工的各种条件是否具备、所需手续是否齐全，项目是否按计划开工等。

2）项目资金到位情况，材料、设备供应情况，概算、预算书是否齐备以及精度如何，工程造价是否能满足工程建设的需要等。

3）招标标书的制定是否科学合理，施工和设备的招标投标是否按照程序进行，是否遵循公开、公平和择优的原则，中标的施工企业资质等级、综合素质、社会信誉度、施工业绩如何。

4）施工组织计划的制定是否科学合理，施工技术措施、组织管理措施是否制定，制定的依据是否充分，制定的方案是否有效等。

（2）项目施工工作评价。项目施工工作评价主要包括以下几个方面。

1）项目施工管理评价。项目施工管理评价的主要内容：建设单位的项目管理水平，施工单位的经营管理水平，工期履约情况和各单位工程网络计划的执行情况，项目进度和实施情况。

2）建设项目资金供应和使用评价。建设项目资金供应和使用评价内容：项目筹资计划是否科学合理，项目所需资金是否及时供应，全部工程资金的使用是否高效等。

3）工程质量和安全评价。工程质量和安全评价内容：评价建设项目施工质量（合格率、优良率），将实际施工质量与计划质量或同类优质工程质量相比存在哪些差异，存在差异的原因，存在的质量问题对项目投产后产生哪些影响，应该如何补救；建设项目有无重大安全事故及其发生的原因、造成的损失等。

4）建设项目成本的控制评价。项目成本的控制评价内容：项目成本控制方法是否有效，物资消耗、工时定额、设备折旧、管理费用等计划是否与计划相符，偏差的原因。

（3）项目竣工验收评价。项目竣工验收评价主要内容：竣工验收成员是否合格，竣工验收程序是否符合国家的有关规定，竣工验收是否遵循国家的有关标准，竣工验收所需的各种资料是否齐全，收尾工作和遗留问题的处理等。

3. 项目生产营运阶段后评价

项目营运阶段是指项目从竣工验收投产到项目后评价时的整个过程。项目营运阶段的后评价包括以下几个方面。

（1）生产准备工作的评价。生产准备工作的评价内容：生产营运机构设置是否合理，机构运作是否高效，定员标准是否科学；生产营运人员是否按计划培训、考核上岗，熟练程度如何；生产营运所需流动资金是否按计划到位，流动资金的周转效率如何；生产营运的外协配套条件是否得到满足等。

（2）项目营运评价。项目营运评价的内容包括以下几个方面。

1）经营管理水平评价。经营管理水平评价内容：经营管理体制是否建立和健全，运作机制是否高效；管理人员的知识结构、业务水平是否与生产经营理念、生产经营活动相适应；生产经营策略是否切实可行；经营管理制度是否健全等。

2）技术水平评价。技术水平评价内容：生产经营技术是否先进合理；生产人员是否全部掌握生产技术；生产技术人员的知识结构、业务水平是否与生产经营活动相一致；技术操作规程是否健全；生产过程中存在哪些技术问题，应如何改进等。

3）产品方案评价。产品方案评价的内容：产品规格、品质的变化情况及其对经济效益的影响；产品方案的调整情况及其对经济效益的影响；现行产品方案是否适应市场需求；产品的销售方式是否正确等。

4）财务评价。财务评价就是根据项目运行的实际数据（如销售收入、总成本费用、利润总额等）计算有关财务评价指标（如净现值、内部收益率、投资回收期等），将计算出的有关指标与项目前评价中的有关数据进行比较，分析财务目标的实现情况。

5）社会效益评价。社会效益评价主要评价项目实施给社会带来的影响，如技术外溢效益、环境影响等。

4. 项目综合评价

项目综合评价就是综合上述几个方面评定项目立项时所预定的目标的实现程度，它是项目后评价的主要任务之一。项目综合评价的内容有以下几个方面。

（1）目标评价。项目目标评价就是要对照原定目标所需完成的主要指标，根据项目实际完成情况，评定项目目标的实现程度。如果项目的预定目标未全面实现，需要分析未能实现的原因，并提出补救措施。目标评价的另一项任务，是对项目原定目标的正确性、合理性及实用性进行分析评价。有些项目原定目标不明确，或不符合实际情况，项目实施过程中可能发生重大变化，如政策变化或市场变化等，项目后评价要给予重新分析和评价。

（2）项目可持续性评价。项目可持续性评价是指项目后评价之后，项目的既定目标是否可以继续，即项目是否可以顺利地持续实施；项目的后续发展能否实现良性循环，越来越好；项目是否具有可重复性，即项目能否在未来以同样的方式建设同类工程。项目可持续性评价要从政策因素、组织管理因素、技术因素、财务因素、市场因素、社会文化因素、环境和生态因素以及其他外部因素等方面来分析项目的可持续性。

（3）项目影响评价。项目影响评价的内容主要包括以下几个方面。

1）经济影响评价。经济影响评价主要分析项目对所在地区、所属行业以及国家所产生的经济方面的影响，包括资源合理配置、产业结构的调整、能源开发和综合利用、技术进步等。

2）环境影响评价。环境影响评价就是根据所在地区对环境保护的要求，评价项目实施后对大气、水、土地、生态等方面的影响，评价内容包括项目污染控制，项目对地区环境质量、自然资源的保护和利用、区域生态平衡等的影响。

3）社会影响评价。社会影响评价是对项目在社会发展方面的效益和影响进行分析，重点评价项目对所在地区和社区的影响，评价的主要内容有：项目对社会文化、教育、卫生的影响；对就业、扶贫、公平分配的影响；对居民生活条件和生活质量的影响；对妇女、民族团结、风俗习惯和宗教信仰等的影响。

4）技术进步影响评价。项目采纳的先进技术的含量以及对推进科学技术进步的影响；项目引进技术、设备或标准对行业技术进步、国产化、推广应用和提高国家的科技水平、装备水平所产生的影响。

### 二、项目后评价的方法

项目后评价的基本原理是比较法（也叫对比法），就是将项目投产后的实际效果与决策时的目标相比较，从中找出问题，查明原因，提出切实可行的改进办法。项目后评价的方法一般有以下四种。

#### （一）效益评价法

效益评价法是通过项目竣工营运后的实际资料计算反映项目实际效益的各项指标，并与可行性研究时所预测的相关指标对比，来衡量和比较项目投产后实际所取得的效益，并对其盈利能力和存在问题进行分析，提出改进措施和建议。在项目后评价阶段，效益指标（包括经济效益指标、社会效益指标和环境效益指标）的计算完全以统计的实际数据为依据，进行统计分析。

#### （二）影响评价

通过项目竣工投产后对社会的政治、经济、文化、科技和环境等方面的影响来评价项目决策的正确性，衡量项目实际效果同预测效果或其他同类项目效果之间的偏差，从差距中发现项目存在的问题，分析存在问题的原因，从而判断项目决策的正确性。

#### （三）过程评价法

过程评价法是对项目的立项决策、设计施工、竣工投产、生产营运等全过程进行系统分析，将实际结果与预期的计划目标进行比较，分析主观愿望与客观实际之间的差距，找出问题症结所在，提出相关的建议和措施。

过程评价按项目建设程序可划分为四个阶段：立项决策阶段、设计和施工准备阶段、项目实施和竣工验收阶段、投产营运阶段。

#### （四）系统综合评价法

系统综合评价法是将上述三种评价方法有机地结合起来，进行系统的综合分析与评价工作，以获得最佳的评价效果。由于项目建设的各项具体工作和产生的效果、影响是互相作用、密不可分的。因此，只有进行系统综合的评价，才能符合项目评价的客观、公正和科学的要求。

## 第三节 项目经济后评价

### 一、项目经济后评价的概念

项目经济后评价是以投产后实际取得的经济效益和社会效益为基础，重新预测计算项目计算期内各项主要效益指标，并与项目前期决策效益指标进行比较，在比较中发现问题，找出原因和改进措施，总结经验教训，为提高项目的投资效益、管理水平和投资决策水平服务。

项目经济后评价有别于可行性研究中的经济评价。它不是以预测效益目标为基础的预测分析，而是建立在对已投产项目取得的实际效益进行统计分析的基础上所做的一种评价方法。

项目经济后评价也不同于企业日常经营活动的盈亏平衡分析。它是对项目整个计算期进行的长期分析，是从项目总投入和总产出的角度考察项目的盈利能力和借款偿还能力。

## 二、项目经济后评价的主要任务

项目经济后评价的任务主要包括：

（1）评价项目经济目标的正确性；

（2）分析项目实际经济效益情况；

（3）分析预测项目未来阶段的经济发展趋势；

（4）检验经济评价方法的正确性和实用性，总结经济评价的经验和教训，以提高项目可行性研究的水平和项目决策的质量；

（5）提出可行的改进建议，以提高项目经济效益；

（6）提出综合评价结论，编制项目综合后评价报告。

## 三、项目经济后评价的主要内容

项目经济后评价的主要内容包括：

### （一）审查后评价资料

进行项目经济后评价需要收集项目投产营运后的效益资料以及项目建设前期立项、决策、施工等方面的资料，并对这些资料的完整性、准确性和有效性进行审查。

### （二）项目投资估算及资金运用的评价

主要是对建设项目实际总投资情况、资金筹集和运用的合理性和经济性以及利用外资情况进行评价。

### （三）项目投产后的经济效益评价

主要是对项目建成后产品的实际生产成本、销售收入、利润等情况进行分析评价，并在此基础上对项目的经济效益和社会效益进行综合分析和评价，并与预期指标进行对比分析，以检验决策目标的实现程度。

### （四）替代方案的经济效益分析

替代方案的经济效益分析就是对项目可行性研究中的备选方案与项目实施中的改进方案进行评价比较，进一步总结经验，改进和完善实施方案，有利于提高实施方案的效益。

### （五）经济后评价的综合结论和建议

在对各种经济、社会和环境因素进行综合分析和评价的基础上，提出经济后评价的总体结论和对存在问题的改进建议。

## 四、经济后评价的指标

经济后评价的主要指标包括项目前期工作后评价指标、项目实施后评价指标、项目营运后评价指标等。

### （一）项目前期工作后评价指标

项目前期工作后评价应根据评价内容，以定性评价为主，定量评价为辅。其常用指标如下：

（1）项目决策周期。项目决策周期是指项目从提出“项目建议书”起，至项目可行性研究报告被批准为止所经历的时间。该指标反映了投资者与有关部门投资决策的效率。将拟建项目的实际决策周期与当地同类项目的决策周期或计划决策周期进行比较，以便考察项目的决策效率。

（2）项目决策周期变化率。项目决策周期变化率是指项目实际决策周期减去项目计划决策周期的差与项目计划决策周期之比率。其计算公式为

$$项目决策周期变化率=\frac{项目实际决策周期-项目计划决策周期}{项目计划决策周期}\times100\%$$

（二）项目实施后评价指标

项目实施阶段是指从项目开工建设起至竣工交付使用为止所经历的全过程。对项目实施阶段后评价时应计算以下几个指标：

（1）项目建设工期变化率。项目建设工期变化率是指项目实际建设工期减去项目计划建设工期的差与项目计划建设工期之比率。其计算公式为

$$项目建设工期变化率=\frac{项目实际建设工期-项目计划建设工期}{项目计划建设工期}\times100\%$$

（2）项目实际投资额变化率。项目实际投资额变化率是指项目实际投资总额减去项目计划投资总额的差与项目计划投资总额之比率。其计算公式为

$$项目实际投资额变化率=\frac{项目实际投资总额-项目计划投资总额}{项目计划投资总额}\times100\%$$

（3）项目单位生产能力实际投资额。项目单位生产能力实际投资额是指项目为形成单位生产能力而耗费的投资额。其计算公式为

$$项目单位生产能力实际投资额=\frac{项目实际投资总额}{项目达产年生产能力}\times100\%$$

（4）工程质量指标。反映工程质量的指标主要有三项：项目实际工程合格率、项目实际工程优良率、项目实际工程停返工损失率。其计算公式分别为

$$项目实际工程合格率=\frac{项目实际单位工程合格数量}{项目实际单位工程总数}\times100\%$$

$$项目实际工程优良率=\frac{项目实际单位工程优良数量}{项目实际单位工程总数}\times100\%$$

$$项目实际工程停返工损失率=\frac{项目因质量事故停返工累计增加的投资额}{项目总投资额}\times100\%$$

（三）项目营运后评价指标

项目营运阶段是指项目从交付使用、投入生产起，至项目寿命期末（报废）为止所经历的全过程。项目营运后评价指标分为财务评价指标和国民经济评价指标。财务评价指标分为静态评价指标和动态评价指标。主要有：

（1）项目产品价格变化率。项目产品价格变化率是指项目在营运期所生产的产品实际价格减去产品计划价格之差与产品计划价格之比率。其计算公式为

$$项目产品价格变化率=\frac{产品实际价格-产品计划价格}{产品计划价格}\times100\%$$

（2）项目生产成本变化率。项目生产成本变化率是指项目营运期的产品实际成本减去产品计划成本的差与计划产品成本之比率。其计算公式为

$$项目生产成本变化率=\frac{产品实际成本-产品计划成本}{产品计划成本}\times100\%$$

(3) 项目利润总额变化率。项目利润总额变化率是指项目营运期年实际利润总额减去年计划利润总额的差与年计划利润总额之比率。其计算公式为

$$项目利润总额变化率=\frac{年实际利润总额-年计划利润总额}{年计划利润总额}\times 100\%$$

(4) 项目实际投资利润率变化率。项目实际投资利润率变化率是指项目实际投资利润率减去项目计划投资利润率之差与项目计划投资利润率之比率。其计算公式为

$$项目实际投资利润率变化率=\frac{项目实际投资利润率-项目计划投资利润率}{项目计划投资利润率}\times 100\%$$

(5) 项目实际利税率变化率。项目实际利税率变化率是指项目实际利税率减去项目计划利税率的差与项目计划利税率之比率。其计算公式为

$$项目实际利税率变化率=\frac{项目实际利税率-项目计划利税率}{项目计划利税率}\times 100\%$$

(6) 项目实际投资回收期变化率。项目实际投资回收期变化率是指项目实际投资回收期减去项目计划投资回收期的差与项目计划投资回收期之比率。其计算公式为

$$项目实际投资回收期变化率=\frac{项目实际投资回收期-项目计划投资回收期}{项目计划投资回收期}\times 100\%$$

(7) 项目实际财务净现值变化率。项目实际财务净现值变化率是指项目实际财务净现值减去项目预期财务净现值的差与项目预期财务净现值之比率。其计算公式为

$$项目实际财务净现值变化率=\frac{项目实际财务净现值-项目预期财务净现值}{项目预期财务净现值}\times 100\%$$

(8) 项目实际财务内部收益率变化率。项目实际财务内部收益率变化率是指项目实际财务内部收益率减去项目预期财务内部收益率的差与项目预期内部收益率之比率。其计算公式为

$$\begin{array}{c}项目实际财务内部\\收益率变化率\end{array}=\frac{项目实际财务内部收益率-项目预期财务内部收益率}{项目预期财务内部收益率}\times 100\%$$

(9) 项目实际经济净现值变化率。项目实际经济净现值变化率是指项目实际经济净现值减去项目预期经济净现值的差与项目预期经济净现值之比率。其计算公式为

$$项目实际经济净现值变化率=\frac{项目实际经济净现值-项目预期经济净现值}{项目预期经济净现值}\times 100\%$$

(10) 项目实际经济内部收益率变化率。项目实际经济内部收益率变化率是指项目实际经济内部收益率减去项目预期经济内部收益率的差与项目预期经济内部收益率之比率。其计算公式为

$$\begin{array}{c}项目实际经济内部\\收益率变化率\end{array}=\frac{项目实际经济内部收益率-项目预期经济内部收益率}{项目预期经济内部收益率}\times 100\%$$

## 思考题

1. 项目后评价的含义是什么？它的特点和作用有哪些？
2. 我国投资项目后评价的基本内容有哪些？
3. 投资项目后评价有哪些方法？
4. 投资项目后评价的实际效益指标有哪些？

# 附录Ⅰ　复　利

附表一　　　　一次支付复利系数

| n \ i | 0.75% | 1% | 1.5% | 2% | 2.5% | 3% | 4% | 5% | 6% |
|---|---|---|---|---|---|---|---|---|---|
| 1 | 1.0075 | 1.0100 | 1.0150 | 1.0200 | 1.0250 | 1.0300 | 1.0400 | 1.0500 | 1.0600 |
| 2 | 1.0151 | 1.0201 | 1.0302 | 1.0404 | 1.0506 | 1.0609 | 1.0816 | 1.1025 | 1.1236 |
| 3 | 1.0227 | 1.0303 | 1.0457 | 1.0612 | 1.0769 | 1.0927 | 1.1249 | 1.1576 | 1.1910 |
| 4 | 1.0303 | 1.0406 | 1.0614 | 1.0824 | 1.1038 | 1.1255 | 1.1699 | 1.2155 | 1.2625 |
| 5 | 1.0381 | 1.0510 | 1.0773 | 1.1041 | 1.1314 | 1.1593 | 1.2167 | 1.2763 | 1.3382 |
| 6 | 1.0459 | 1.0615 | 1.0934 | 1.1262 | 1.1597 | 1.1941 | 1.2653 | 1.3401 | 1.4185 |
| 7 | 1.0537 | 1.0721 | 1.1098 | 1.1487 | 1.1887 | 1.2299 | 1.3159 | 1.4071 | 1.5036 |
| 8 | 1.0616 | 1.0829 | 1.1265 | 1.1717 | 1.2184 | 1.2668 | 1.3686 | 1.4775 | 1.5938 |
| 9 | 1.0696 | 1.0937 | 1.1434 | 1.1951 | 1.2489 | 1.3048 | 1.4233 | 1.5513 | 1.6895 |
| 10 | 1.0776 | 1.1046 | 1.1605 | 1.2190 | 1.2801 | 1.3439 | 1.4802 | 1.6289 | 1.7908 |
| 11 | 1.0857 | 1.1157 | 1.1779 | 1.2434 | 1.3121 | 1.3842 | 1.5395 | 1.7103 | 1.8983 |
| 12 | 1.0938 | 1.1268 | 1.1956 | 1.2682 | 1.3449 | 1.4258 | 1.6010 | 1.7959 | 2.0122 |
| 13 | 1.1020 | 1.1381 | 1.2136 | 1.2936 | 1.3785 | 1.4685 | 1.6651 | 1.8856 | 2.1329 |
| 14 | 1.1103 | 1.1495 | 1.2318 | 1.3195 | 1.4130 | 1.5126 | 1.7317 | 1.9799 | 2.2609 |
| 15 | 1.1186 | 1.1610 | 1.2502 | 1.3459 | 1.4483 | 1.5580 | 1.8009 | 2.0789 | 2.3966 |
| 16 | 1.1270 | 1.1720 | 1.2690 | 1.3728 | 1.4845 | 1.6047 | 1.8730 | 2.1829 | 2.5404 |
| 17 | 1.1354 | 1.1843 | 1.2880 | 1.4002 | 1.5216 | 1.6528 | 1.9479 | 2.2920 | 2.6928 |
| 18 | 1.1440 | 1.1961 | 1.3073 | 1.4282 | 1.5597 | 1.7024 | 2.0258 | 2.4066 | 2.8543 |
| 19 | 1.1525 | 1.2081 | 1.3270 | 1.4568 | 1.5987 | 1.7535 | 2.1068 | 2.5270 | 3.0256 |
| 20 | 1.1612 | 1.2202 | 1.3469 | 1.4859 | 1.6386 | 1.8061 | 2.1911 | 2.6533 | 3.2071 |
| 21 | 1.1699 | 1.2324 | 1.3671 | 1.5157 | 1.6796 | 1.8603 | 2.2788 | 2.7860 | 3.3996 |
| 22 | 1.1787 | 1.2447 | 1.3876 | 1.5460 | 1.7216 | 1.9161 | 2.3699 | 2.9253 | 3.6035 |
| 23 | 1.1875 | 1.2572 | 1.4084 | 1.5769 | 1.7646 | 1.9736 | 2.4647 | 3.0715 | 3.8197 |
| 24 | 1.1964 | 1.2697 | 1.4295 | 1.6084 | 1.8087 | 2.0328 | 2.5633 | 3.2251 | 4.0489 |
| 25 | 1.2054 | 1.2824 | 1.4509 | 1.6406 | 1.8539 | 2.0938 | 2.6658 | 3.3864 | 4.2919 |
| 26 | 1.2144 | 1.2953 | 1.4727 | 1.6734 | 1.9003 | 2.1566 | 2.7725 | 3.5557 | 4.5494 |
| 27 | 1.2235 | 1.3082 | 1.4948 | 1.7069 | 1.9478 | 2.2213 | 2.8834 | 3.7335 | 4.8223 |
| 28 | 1.2327 | 1.3213 | 1.5172 | 1.7410 | 1.9965 | 2.2879 | 2.9987 | 3.9201 | 5.1117 |
| 29 | 1.2420 | 1.3345 | 1.5400 | 1.7758 | 2.0464 | 2.3566 | 3.1187 | 4.1161 | 5.4184 |
| 30 | 1.2513 | 1.3478 | 1.5631 | 1.8114 | 2.0976 | 2.4273 | 3.2434 | 4.3219 | 5.7435 |
| 31 | 1.2607 | 1.3613 | 1.5865 | 1.8476 | 2.1500 | 2.5001 | 3.3731 | 4.5380 | 6.0881 |
| 32 | 1.2701 | 1.3749 | 1.6103 | 1.8845 | 2.2038 | 2.5751 | 3.5081 | 4.7649 | 6.4534 |
| 33 | 1.2796 | 1.3887 | 1.6345 | 1.9222 | 2.2589 | 2.6523 | 3.6484 | 5.0032 | 6.8406 |
| 34 | 1.2892 | 1.4026 | 1.6590 | 1.9607 | 2.3153 | 2.7319 | 3.7943 | 5.2533 | 7.2510 |
| 35 | 1.2989 | 1.4166 | 1.6839 | 1.9999 | 2.3732 | 2.8139 | 3.9461 | 5.5160 | 7.6861 |
| 40 | 1.3483 | 1.4889 | 1.8140 | 2.2080 | 2.6851 | 3.2620 | 4.8010 | 7.0400 | 10.2857 |
| 45 | 1.3997 | 1.5648 | 1.9542 | 2.4379 | 3.0379 | 3.7816 | 5.8412 | 8.9850 | 13.7646 |
| 50 | 1.4530 | 1.6446 | 2.1052 | 2.6916 | 3.4371 | 4.3839 | 7.1067 | 11.4674 | 18.4202 |
| 55 | 1.5083 | 1.7285 | 2.2679 | 2.9717 | 3.8888 | 5.0821 | 8.6464 | 14.6356 | 24.6503 |
| 60 | 1.5657 | 1.8167 | 2.4432 | 3.2810 | 4.3998 | 5.8916 | 10.5196 | 18.6792 | 32.9877 |
| 65 | 1.6253 | 1.9094 | 2.6320 | 3.6225 | 4.9780 | 6.8300 | 12.7987 | 23.8399 | 44.1450 |
| 70 | 1.6872 | 2.0068 | 2.8355 | 3.9996 | 5.6321 | 7.9178 | 15.5716 | 30.4264 | 59.0759 |
| 75 | 1.7514 | 2.1091 | 3.0546 | 4.4158 | 6.3722 | 9.1789 | 18.9453 | 38.8327 | 79.0569 |
| 80 | 1.8180 | 2.2167 | 3.2907 | 4.8754 | 7.2096 | 10.6409 | 23.0498 | 49.5614 | 105.7960 |
| 85 | 1.8873 | 2.3298 | 3.5450 | 5.3829 | 8.1570 | 12.3357 | 28.0436 | 63.2544 | 141.5789 |
| 90 | 1.9591 | 2.4486 | 3.8189 | 5.9431 | 9.2289 | 14.3005 | 34.1193 | 80.7304 | 189.4645 |
| 95 | 2.0337 | 2.5735 | 4.1141 | 6.5617 | 10.4416 | 16.5782 | 41.5114 | 103.0347 | 253.5463 |
| 100 | 2.1111 | 2.7048 | 4.4320 | 7.2446 | 11.8137 | 19.2186 | 50.5049 | 131.5013 | 339.3021 |

# 系 数 表

(*F*/*P*, *i*, *n*) 表

| 7% | 8% | 9% | 10% | 12% | 15% | 20% | 25% | 30% |
|---|---|---|---|---|---|---|---|---|
| 1.0700 | 1.0800 | 1.0900 | 1.1000 | 1.1200 | 1.1500 | 1.2000 | 1.2500 | 1.3000 |
| 1.1449 | 1.1664 | 1.1881 | 1.2100 | 1.2544 | 1.3225 | 1.4400 | 1.5625 | 1.6900 |
| 1.2250 | 1.2597 | 1.2950 | 1.3310 | 1.4049 | 1.5209 | 1.7280 | 1.9531 | 2.1970 |
| 1.3108 | 1.3605 | 1.4116 | 1.4641 | 1.5735 | 1.7490 | 2.0736 | 2.4414 | 2.8561 |
| 1.4026 | 1.4693 | 1.5386 | 1.6105 | 1.7623 | 2.0114 | 2.4883 | 3.0518 | 3.7129 |
| 1.5007 | 1.5869 | 1.6771 | 1.7716 | 1.9738 | 2.3131 | 2.9860 | 3.8147 | 4.8268 |
| 1.6058 | 1.7138 | 1.8280 | 1.9487 | 2.2107 | 2.6600 | 3.5832 | 4.7684 | 6.2749 |
| 1.7182 | 1.8509 | 1.9926 | 2.1436 | 2.4760 | 3.0590 | 4.2998 | 5.9605 | 8.1573 |
| 1.8385 | 1.9990 | 2.1719 | 2.3579 | 2.7731 | 3.5179 | 5.1598 | 7.4506 | 10.6045 |
| 1.9672 | 2.1589 | 2.3674 | 2.5937 | 3.1058 | 4.0456 | 6.1917 | 9.3132 | 13.7858 |
| 2.1049 | 2.3316 | 2.5804 | 2.8531 | 3.4785 | 4.6524 | 7.4301 | 11.6415 | 17.9216 |
| 2.2522 | 2.5182 | 2.8127 | 3.1384 | 3.8960 | 5.3503 | 8.9161 | 14.5519 | 23.2981 |
| 2.4098 | 2.7196 | 3.0658 | 3.4523 | 4.3635 | 6.1528 | 10.6993 | 18.1899 | 30.2875 |
| 2.5785 | 2.9372 | 3.3417 | 3.7975 | 4.8871 | 7.0757 | 12.8392 | 22.7374 | 39.3738 |
| 2.7590 | 3.1722 | 3.6425 | 4.1772 | 5.4736 | 8.1371 | 15.4070 | 28.4217 | 51.1859 |
| 2.9522 | 3.4259 | 3.9703 | 4.5950 | 6.1304 | 9.3576 | 18.4884 | 35.5271 | 66.5417 |
| 3.1588 | 3.7000 | 4.3276 | 5.0545 | 6.8660 | 10.7613 | 22.1861 | 44.4089 | 86.5042 |
| 3.3799 | 3.9960 | 4.7171 | 5.5599 | 7.6900 | 12.3755 | 26.6233 | 55.5112 | 112.4554 |
| 3.6165 | 4.3157 | 5.1417 | 6.1159 | 8.6128 | 14.2318 | 31.9480 | 69.3889 | 146.1920 |
| 3.8697 | 4.6610 | 5.6044 | 6.7275 | 9.6463 | 16.3665 | 38.3376 | 86.7362 | 190.0496 |
| 4.1406 | 5.0338 | 6.1088 | 7.4002 | 10.8038 | 18.8215 | 46.0051 | 108.4202 | 247.0645 |
| 4.4304 | 5.4365 | 6.6586 | 8.1403 | 12.1003 | 21.6447 | 55.2061 | 135.5253 | 321.1839 |
| 4.7405 | 5.8715 | 7.2579 | 8.9543 | 13.5523 | 24.8915 | 66.2474 | 169.4066 | 417.5391 |
| 5.0724 | 6.3412 | 7.9111 | 9.8497 | 15.1786 | 28.6252 | 79.4968 | 211.7582 | 542.8008 |
| 5.4274 | 6.8485 | 8.6231 | 10.8347 | 17.0001 | 32.9190 | 95.3962 | 264.6978 | 705.6410 |
| 5.8074 | 7.3964 | 9.3992 | 11.9182 | 19.0401 | 37.8568 | 114.4755 | 330.8722 | 917.3333 |
| 6.2139 | 7.9881 | 10.2451 | 13.1100 | 21.3249 | 43.5353 | 137.3706 | 413.5903 | 1192.5333 |
| 6.6488 | 8.6271 | 11.1671 | 14.4210 | 23.8839 | 50.0656 | 164.8447 | 516.9879 | 1550.2933 |
| 7.1143 | 9.3173 | 12.1722 | 15.8631 | 26.7499 | 57.5755 | 197.8136 | 646.2349 | 2015.3813 |
| 7.6123 | 10.0627 | 13.2677 | 17.4494 | 29.9599 | 66.2118 | 237.3763 | 807.7936 | 2619.9956 |
| 8.1451 | 10.8677 | 14.4618 | 19.1943 | 33.5551 | 76.1435 | 284.8516 | 1009.7420 | 3405.9943 |
| 8.7153 | 11.7371 | 15.7633 | 21.1138 | 37.5817 | 87.5651 | 341.8219 | 1262.1774 | 4427.7926 |
| 9.3253 | 12.6760 | 17.1820 | 23.2252 | 42.0915 | 100.6998 | 410.1863 | 1577.7218 | 5756.1304 |
| 9.9781 | 13.6901 | 18.7284 | 25.5477 | 47.1425 | 115.8048 | 492.2235 | 1972.1523 | 7482.9696 |
| 10.6766 | 14.7853 | 20.4140 | 28.1024 | 52.7996 | 133.1755 | 590.6682 | 2465.1903 | 9727.8604 |
| 14.9745 | 21.7245 | 31.4094 | 45.2593 | 93.0510 | 267.8635 | 1469.7716 | | |
| 21.0025 | 31.9204 | 48.3273 | 72.8905 | 163.9876 | 538.7693 | 3657.2620 | | |
| 29.4570 | 46.9016 | 74.3575 | 117.3909 | 289.0022 | 1083.6574 | 9100.4382 | | |
| 41.3150 | 68.9139 | 114.4083 | 189.0591 | | | | | |
| 57.9464 | 101.2571 | 176.0313 | 304.4816 | | | | | |
| 81.2729 | 148.7798 | 270.8460 | 490.3707 | | | | | |
| 113.9894 | 218.6064 | 416.7301 | 789.7470 | | | | | |
| 159.8760 | 321.2045 | 641.1909 | 1271.8954 | | | | | |
| 224.2344 | 471.9548 | 986.5517 | 2048.4002 | | | | | |
| 314.5003 | 693.4565 | 1517.9320 | 3298.9690 | | | | | |
| 441.1030 | 1018.9151 | 2335.5266 | 5313.0226 | | | | | |
| 618.6697 | 1497.1205 | 3593.4971 | 8556.6760 | | | | | |
| 867.7163 | 2199.7613 | 5529.0408 | 13780.6123 | | | | | |

**附表二** **一次支付现值系数**

| n \ i | 0.75% | 1% | 1.5% | 2% | 2.5% | 3% | 4% | 5% | 6% |
|---|---|---|---|---|---|---|---|---|---|
| 1 | 0.9926 | 0.9901 | 0.9852 | 0.9804 | 0.9756 | 0.9709 | 0.9615 | 0.9524 | 0.9434 |
| 2 | 0.9852 | 0.9803 | 0.9707 | 0.9612 | 0.9518 | 0.9426 | 0.9246 | 0.9070 | 0.8900 |
| 3 | 0.9778 | 0.9706 | 0.9563 | 0.9423 | 0.9286 | 0.9151 | 0.8890 | 0.8638 | 0.8396 |
| 4 | 0.9706 | 0.9610 | 0.9422 | 0.9238 | 0.9060 | 0.8885 | 0.8548 | 0.8227 | 0.7921 |
| 5 | 0.9633 | 0.9515 | 0.9283 | 0.9057 | 0.8839 | 0.8626 | 0.8219 | 0.7835 | 0.7473 |
| 6 | 0.9562 | 0.9420 | 0.9145 | 0.8880 | 0.8623 | 0.8375 | 0.7903 | 0.7462 | 0.7050 |
| 7 | 0.9490 | 0.9327 | 0.9010 | 0.8706 | 0.8413 | 0.8131 | 0.7599 | 0.7107 | 0.6651 |
| 8 | 0.9420 | 0.9235 | 0.8877 | 0.8535 | 0.8207 | 0.7894 | 0.7307 | 0.6768 | 0.6274 |
| 9 | 0.9350 | 0.9143 | 0.8746 | 0.8368 | 0.8007 | 0.7664 | 0.7026 | 0.6446 | 0.5919 |
| 10 | 0.9280 | 0.9053 | 0.8617 | 0.8203 | 0.7812 | 0.7441 | 0.6756 | 0.6139 | 0.5584 |
| 11 | 0.9211 | 0.8963 | 0.8489 | 0.8043 | 0.7621 | 0.7224 | 0.6496 | 0.5847 | 0.5268 |
| 12 | 0.9142 | 0.8874 | 0.8364 | 0.7885 | 0.7436 | 0.7014 | 0.6246 | 0.5568 | 0.4970 |
| 13 | 0.9074 | 0.8787 | 0.8240 | 0.7730 | 0.7254 | 0.6810 | 0.6006 | 0.5303 | 0.4688 |
| 14 | 0.9007 | 0.8700 | 0.8118 | 0.7579 | 0.7077 | 0.6611 | 0.5775 | 0.5051 | 0.4423 |
| 15 | 0.8940 | 0.8613 | 0.7990 | 0.7430 | 0.6905 | 0.6419 | 0.5553 | 0.4810 | 0.4173 |
| 16 | 0.8873 | 0.8528 | 0.7880 | 0.7284 | 0.6736 | 0.6232 | 0.5339 | 0.4581 | 0.3936 |
| 17 | 0.8807 | 0.8444 | 0.7764 | 0.7142 | 0.6572 | 0.6050 | 0.5134 | 0.4363 | 0.3714 |
| 18 | 0.8742 | 0.8360 | 0.7649 | 0.7002 | 0.6412 | 0.5874 | 0.4936 | 0.4155 | 0.3503 |
| 19 | 0.8676 | 0.8277 | 0.7536 | 0.6864 | 0.6255 | 0.5703 | 0.4746 | 0.3957 | 0.3305 |
| 20 | 0.8612 | 0.8195 | 0.7425 | 0.6730 | 0.6103 | 0.5537 | 0.4564 | 0.3769 | 0.3118 |
| 21 | 0.8548 | 0.8114 | 0.7315 | 0.6598 | 0.5954 | 0.5375 | 0.4388 | 0.3589 | 0.2942 |
| 22 | 0.8484 | 0.8034 | 0.7207 | 0.6468 | 0.5809 | 0.5219 | 0.4220 | 0.3418 | 0.2775 |
| 23 | 0.8421 | 0.7954 | 0.7100 | 0.6342 | 0.5667 | 0.5067 | 0.4057 | 0.3256 | 0.2618 |
| 24 | 0.8358 | 0.7876 | 0.6995 | 0.6217 | 0.5529 | 0.4919 | 0.3901 | 0.3101 | 0.2470 |
| 25 | 0.8296 | 0.7798 | 0.6892 | 0.6095 | 0.5394 | 0.4776 | 0.3751 | 0.2953 | 0.2330 |
| 26 | 0.8234 | 0.7720 | 0.6790 | 0.5976 | 0.5262 | 0.4637 | 0.3607 | 0.2812 | 0.2198 |
| 27 | 0.8173 | 0.7644 | 0.6690 | 0.5859 | 0.5134 | 0.4502 | 0.3468 | 0.2678 | 0.2074 |
| 28 | 0.8112 | 0.7568 | 0.6591 | 0.5744 | 0.5009 | 0.4371 | 0.3335 | 0.2551 | 0.1956 |
| 29 | 0.8052 | 0.7493 | 0.6494 | 0.5631 | 0.4887 | 0.4243 | 0.3207 | 0.2429 | 0.1846 |
| 30 | 0.7992 | 0.7419 | 0.6398 | 0.5521 | 0.4767 | 0.4120 | 0.3083 | 0.2314 | 0.1741 |
| 31 | 0.7932 | 0.7346 | 0.6303 | 0.5412 | 0.4651 | 0.4000 | 0.2965 | 0.2204 | 0.1643 |
| 32 | 0.7873 | 0.7273 | 0.6210 | 0.5306 | 0.4538 | 0.3883 | 0.2851 | 0.2099 | 0.1550 |
| 33 | 0.7815 | 0.7201 | 0.6118 | 0.5202 | 0.4427 | 0.3770 | 0.2741 | 0.1999 | 0.1462 |
| 34 | 0.7757 | 0.7130 | 0.6028 | 0.5100 | 0.4319 | 0.3660 | 0.2636 | 0.1904 | 0.1379 |
| 35 | 0.7699 | 0.7059 | 0.5939 | 0.5000 | 0.4214 | 0.3554 | 0.2534 | 0.1813 | 0.1301 |
| 40 | 0.7416 | 0.6717 | 0.5513 | 0.4529 | 0.3724 | 0.3066 | 0.2083 | 0.1420 | 0.0972 |
| 45 | 0.7145 | 0.6391 | 0.5117 | 0.4102 | 0.3292 | 0.2644 | 0.1712 | 0.1113 | 0.0727 |
| 50 | 0.6883 | 0.6080 | 0.4750 | 0.3715 | 0.2909 | 0.2281 | 0.1407 | 0.0872 | 0.0543 |
| 55 | 0.6630 | 0.5785 | 0.4409 | 0.3365 | 0.2572 | 0.1968 | 0.1157 | 0.0683 | 0.0406 |
| 60 | 0.6387 | 0.5504 | 0.4093 | 0.3048 | 0.2273 | 0.1697 | 0.0951 | 0.0535 | 0.0303 |
| 65 | 0.6153 | 0.5237 | 0.3799 | 0.2761 | 0.2009 | 0.1464 | 0.0781 | 0.0419 | 0.0227 |
| 70 | 0.5927 | 0.4983 | 0.3527 | 0.2500 | 0.1776 | 0.1263 | 0.0642 | 0.0329 | 0.0169 |
| 75 | 0.5710 | 0.4741 | 0.3274 | 0.2265 | 0.1569 | 0.1089 | 0.0528 | 0.0258 | 0.0126 |
| 80 | 0.5500 | 0.4511 | 0.3039 | 0.2051 | 0.1387 | 0.0940 | 0.0434 | 0.0202 | 0.0095 |
| 85 | 0.5299 | 0.4292 | 0.2821 | 0.1858 | 0.1226 | 0.0811 | 0.0357 | 0.0158 | 0.0071 |
| 90 | 0.5104 | 0.4084 | 0.2619 | 0.1683 | 0.1084 | 0.0699 | 0.0293 | 0.0124 | 0.0053 |
| 95 | 0.4917 | 0.3886 | 0.2431 | 0.1524 | 0.0958 | 0.0603 | 0.0241 | 0.0097 | 0.0039 |
| 100 | 0.4737 | 0.3697 | 0.2256 | 0.1380 | 0.0846 | 0.0520 | 0.0198 | 0.0076 | 0.0029 |

**(*P*/*F*, *i*, *n*) 表**

| 7% | 8% | 9% | 10% | 12% | 15% | 20% | 25% | 30% |
|---|---|---|---|---|---|---|---|---|
| 0.9346 | 0.9259 | 0.9174 | 0.9091 | 0.8929 | 0.8696 | 0.8333 | 0.8000 | 0.7692 |
| 0.8734 | 0.8573 | 0.8417 | 0.8264 | 0.7972 | 0.7561 | 0.6944 | 0.6400 | 0.5917 |
| 0.8163 | 0.7938 | 0.7722 | 0.7513 | 0.7118 | 0.6575 | 0.5787 | 0.5120 | 0.4552 |
| 0.7629 | 0.7350 | 0.7084 | 0.6830 | 0.6355 | 0.5718 | 0.4823 | 0.4096 | 0.3501 |
| 0.7130 | 0.6806 | 0.6499 | 0.6209 | 0.5674 | 0.4972 | 0.4019 | 0.3277 | 0.2693 |
| 0.6663 | 0.6302 | 0.5963 | 0.5645 | 0.5066 | 0.4323 | 0.3349 | 0.2621 | 0.2072 |
| 0.6227 | 0.5835 | 0.5470 | 0.5132 | 0.4523 | 0.3759 | 0.2791 | 0.2097 | 0.1594 |
| 0.5820 | 0.5403 | 0.5019 | 0.4665 | 0.4039 | 0.3269 | 0.2326 | 0.1678 | 0.1226 |
| 0.5439 | 0.5002 | 0.4604 | 0.4241 | 0.3606 | 0.2843 | 0.1938 | 0.1342 | 0.0943 |
| 0.5083 | 0.4632 | 0.4224 | 0.3855 | 0.3220 | 0.2472 | 0.1615 | 0.1074 | 0.0725 |
| 0.4751 | 0.4289 | 0.3875 | 0.3505 | 0.2875 | 0.2149 | 0.1346 | 0.0859 | 0.0558 |
| 0.4440 | 0.3971 | 0.3555 | 0.3186 | 0.2567 | 0.1869 | 0.1122 | 0.0687 | 0.0429 |
| 0.4150 | 0.3677 | 0.3262 | 0.2897 | 0.2292 | 0.1625 | 0.0935 | 0.0550 | 0.0330 |
| 0.3878 | 0.3405 | 0.2992 | 0.2633 | 0.2046 | 0.1413 | 0.0779 | 0.0440 | 0.0254 |
| 0.3624 | 0.3152 | 0.2745 | 0.2394 | 0.1827 | 0.1229 | 0.0649 | 0.0352 | 0.0195 |
| 0.3387 | 0.2919 | 0.2519 | 0.2176 | 0.1631 | 0.1069 | 0.0541 | 0.0281 | 0.0150 |
| 0.3166 | 0.2703 | 0.2311 | 0.1978 | 0.1456 | 0.0929 | 0.0451 | 0.0225 | 0.0116 |
| 0.2959 | 0.2502 | 0.2120 | 0.1799 | 0.1300 | 0.0808 | 0.0376 | 0.0180 | 0.0089 |
| 0.2765 | 0.2317 | 0.1945 | 0.1635 | 0.1161 | 0.0703 | 0.0313 | 0.0144 | 0.0068 |
| 0.2584 | 0.2145 | 0.1784 | 0.1486 | 0.1037 | 0.0611 | 0.0261 | 0.0115 | 0.0053 |
| 0.2415 | 0.1987 | 0.1637 | 0.1351 | 0.0926 | 0.0531 | 0.0217 | 0.0092 | 0.0040 |
| 0.2257 | 0.1839 | 0.1502 | 0.1228 | 0.0826 | 0.0462 | 0.0181 | 0.0074 | 0.0031 |
| 0.2109 | 0.1703 | 0.1378 | 0.1117 | 0.0738 | 0.0402 | 0.0151 | 0.0059 | 0.0024 |
| 0.1971 | 0.1577 | 0.1264 | 0.1015 | 0.0659 | 0.0349 | 0.0126 | 0.0047 | 0.0018 |
| 0.1842 | 0.1460 | 0.1160 | 0.0923 | 0.0588 | 0.0304 | 0.0105 | 0.0038 | 0.0014 |
| 0.1722 | 0.1352 | 0.1064 | 0.0839 | 0.0525 | 0.0264 | 0.0087 | 0.0030 | 0.0011 |
| 0.1609 | 0.1252 | 0.0976 | 0.0763 | 0.0469 | 0.0230 | 0.0073 | 0.0024 | 0.0008 |
| 0.1504 | 0.1159 | 0.0895 | 0.0693 | 0.0419 | 0.0200 | 0.0061 | 0.0019 | 0.0006 |
| 0.1406 | 0.1073 | 0.0822 | 0.0630 | 0.0374 | 0.0174 | 0.0051 | 0.0015 | 0.0005 |
| 0.1314 | 0.0994 | 0.0754 | 0.0573 | 0.0334 | 0.0151 | 0.0042 | 0.0012 | 0.0004 |
| 0.1228 | 0.0920 | 0.0691 | 0.0521 | 0.0298 | 0.0131 | 0.0035 | 0.0010 | 0.0003 |
| 0.1147 | 0.0852 | 0.0634 | 0.0474 | 0.0266 | 0.0114 | 0.0029 | 0.0008 | 0.0002 |
| 0.1072 | 0.0789 | 0.0582 | 0.0431 | 0.0238 | 0.0099 | 0.0024 | 0.0006 | 0.0002 |
| 0.1002 | 0.0730 | 0.0534 | 0.0391 | 0.0212 | 0.0086 | 0.0020 | 0.0005 | 0.0001 |
| 0.0937 | 0.0676 | 0.0490 | 0.0356 | 0.0189 | 0.0075 | 0.0017 | 0.0004 | 0.0001 |
| 0.0668 | 0.0460 | 0.0318 | 0.0221 | 0.0107 | 0.0037 | 0.0007 | | |
| 0.0476 | 0.0313 | 0.0207 | 0.0137 | 0.0061 | 0.0019 | 0.0003 | | |
| 0.0339 | 0.0213 | 0.0134 | 0.0085 | 0.0035 | 0.0009 | 0.0001 | | |
| 0.0242 | 0.0145 | 0.0087 | 0.0053 | | | | | |
| 0.0173 | 0.0099 | 0.0057 | 0.0033 | | | | | |
| 0.0123 | 0.0067 | 0.0037 | 0.0020 | | | | | |
| 0.0088 | 0.0046 | 0.0024 | 0.0013 | | | | | |
| 0.0063 | 0.0031 | 0.0016 | 0.0008 | | | | | |
| 0.0045 | 0.0021 | 0.0010 | 0.0005 | | | | | |
| 0.0032 | 0.0014 | 0.0007 | 0.0003 | | | | | |
| 0.0023 | 0.0010 | 0.0004 | 0.0002 | | | | | |
| 0.0016 | 0.0007 | 0.0003 | 0.0001 | | | | | |
| 0.0012 | 0.0005 | 0.0002 | 0.0001 | | | | | |

**附表三** **等额支付系列复利系数**

| n \ i | 0.75% | 1% | 1.5% | 2% | 2.5% | 3% | 4% | 5% | 6% |
|---|---|---|---|---|---|---|---|---|---|
| 1 | 1.0000 | 1.0000 | 1.0000 | 1.0000 | 1.0000 | 1.0000 | 1.0000 | 1.0000 | 1.0000 |
| 2 | 2.0075 | 2.0100 | 2.0150 | 2.0200 | 2.0250 | 2.0300 | 2.0400 | 2.0500 | 2.0600 |
| 3 | 3.0226 | 3.0301 | 3.0452 | 3.0604 | 3.0756 | 3.0909 | 3.1216 | 3.1525 | 3.1836 |
| 4 | 4.0452 | 4.0604 | 4.0909 | 4.1216 | 4.1525 | 4.1836 | 4.2465 | 4.3101 | 4.3746 |
| 5 | 5.0756 | 5.1010 | 5.1523 | 5.2040 | 5.2563 | 5.3091 | 5.4163 | 5.5256 | 5.6371 |
| 6 | 6.1136 | 6.1520 | 6.2296 | 6.3081 | 6.3877 | 6.4684 | 6.6330 | 6.8019 | 6.9753 |
| 7 | 7.1595 | 7.2135 | 7.3230 | 7.4343 | 7.5474 | 7.6625 | 7.8983 | 8.1420 | 8.3938 |
| 8 | 8.2132 | 8.2857 | 8.4328 | 8.5830 | 8.7361 | 8.8923 | 9.2142 | 9.5491 | 9.8975 |
| 9 | 9.2748 | 9.3685 | 9.5593 | 9.7546 | 9.9545 | 10.1591 | 10.5828 | 11.0266 | 11.4913 |
| 10 | 10.3443 | 10.4622 | 10.7027 | 10.9497 | 11.2034 | 11.4639 | 12.0061 | 12.5779 | 13.1808 |
| 11 | 11.4219 | 11.5668 | 11.8633 | 12.1687 | 12.4835 | 12.8078 | 13.4864 | 14.2068 | 14.9716 |
| 12 | 12.5076 | 12.6825 | 13.0412 | 13.4121 | 13.7956 | 14.1920 | 15.0258 | 15.9171 | 16.8699 |
| 13 | 13.6014 | 13.8093 | 14.2368 | 14.6803 | 15.1404 | 15.6178 | 16.6268 | 17.7130 | 18.8821 |
| 14 | 14.7034 | 14.9474 | 15.4504 | 15.9739 | 16.5190 | 17.0863 | 18.2919 | 19.5986 | 21.0151 |
| 15 | 15.8137 | 16.0969 | 16.6821 | 17.2934 | 17.9319 | 18.5989 | 20.0236 | 21.5786 | 23.2760 |
| 16 | 16.9323 | 17.2579 | 17.9324 | 18.6393 | 19.3802 | 20.1569 | 21.8245 | 23.6575 | 25.6725 |
| 17 | 18.0593 | 18.4304 | 19.2014 | 20.0121 | 20.8647 | 21.7616 | 23.6975 | 25.8404 | 28.2129 |
| 18 | 19.1947 | 19.6147 | 20.4894 | 21.4123 | 22.3863 | 23.4144 | 25.6454 | 28.1324 | 30.9057 |
| 19 | 20.3387 | 20.8109 | 21.7967 | 22.8406 | 23.9460 | 25.1169 | 27.6712 | 30.5390 | 33.7600 |
| 20 | 21.4912 | 22.0190 | 23.1237 | 24.2974 | 25.5447 | 26.8704 | 29.7781 | 33.0660 | 36.7856 |
| 21 | 22.6524 | 23.2392 | 24.4705 | 25.7833 | 27.1833 | 28.6765 | 31.9692 | 35.7193 | 39.9927 |
| 22 | 23.8223 | 24.4716 | 25.8376 | 27.2990 | 28.8629 | 30.5368 | 34.2480 | 38.5052 | 43.3923 |
| 23 | 25.0010 | 25.7163 | 27.2251 | 28.8450 | 30.5844 | 32.4529 | 36.6179 | 41.4305 | 46.9958 |
| 24 | 26.1885 | 26.9735 | 28.6335 | 30.4219 | 32.3490 | 34.4265 | 39.0826 | 44.5020 | 50.8156 |
| 25 | 27.3849 | 28.2432 | 30.0630 | 32.0303 | 34.1578 | 36.4593 | 41.6459 | 47.7271 | 54.8645 |
| 26 | 28.5903 | 29.5256 | 31.5140 | 33.6709 | 36.0117 | 38.5530 | 44.3117 | 51.1135 | 59.1564 |
| 27 | 29.8047 | 30.8209 | 32.9867 | 35.3443 | 37.9120 | 40.7096 | 47.0842 | 54.6691 | 63.7058 |
| 28 | 31.0282 | 32.1291 | 34.4815 | 37.0512 | 39.8598 | 42.9309 | 49.9676 | 58.4026 | 68.5281 |
| 29 | 32.2609 | 33.4504 | 35.9987 | 38.7922 | 41.8563 | 45.2189 | 52.9663 | 62.3227 | 73.6398 |
| 30 | 33.5029 | 34.7849 | 37.5387 | 40.5681 | 43.9027 | 47.5754 | 56.0849 | 66.4388 | 79.0582 |
| 31 | 34.7542 | 36.1327 | 39.1018 | 42.3794 | 46.0003 | 50.0027 | 59.3283 | 70.7608 | 84.8017 |
| 32 | 36.0148 | 37.4941 | 40.6883 | 44.2270 | 48.1503 | 52.5028 | 62.7015 | 75.2988 | 90.8898 |
| 33 | 37.2849 | 38.8690 | 42.2986 | 46.1116 | 50.3540 | 55.0778 | 66.2095 | 80.0638 | 97.3432 |
| 34 | 38.5646 | 40.2577 | 43.9331 | 48.0338 | 52.6129 | 57.7302 | 69.8579 | 85.0670 | 104.1838 |
| 35 | 39.8538 | 41.6603 | 45.5921 | 49.9945 | 54.9282 | 60.4621 | 73.6522 | 90.3203 | 111.4348 |
| 40 | 46.4465 | 48.8864 | 54.2679 | 60.4020 | 67.4026 | 75.4013 | 95.0255 | 120.7998 | 154.7620 |
| 45 | 53.2901 | 56.4811 | 63.6142 | 71.8927 | 81.5161 | 92.7199 | 121.0294 | 159.7002 | 212.7435 |
| 50 | 60.3943 | 64.4632 | 73.6828 | 84.5794 | 97.4843 | 112.7969 | 152.6671 | 209.3480 | 290.3359 |
| 55 | 67.7688 | 72.8525 | 84.5296 | 98.5865 | 115.5509 | 136.0716 | 191.1592 | 272.7126 | 394.1720 |
| 60 | 75.4241 | 81.6697 | 96.2147 | 114.0515 | 135.9916 | 163.0534 | 237.9907 | 353.5837 | 533.1282 |
| 65 | 83.3709 | 90.9366 | 108.8028 | 131.1262 | 159.1183 | 194.3328 | 294.9684 | 456.7980 | 719.0829 |
| 70 | 91.6201 | 100.6763 | 122.3638 | 149.9779 | 185.2841 | 230.5941 | 364.2905 | 588.5285 | 967.9322 |
| 75 | 100.1833 | 110.9128 | 136.9728 | 170.7918 | 214.8883 | 272.6309 | 448.6314 | 756.6537 | 1300.9487 |
| 80 | 109.0725 | 121.6715 | 152.7109 | 193.7720 | 248.3827 | 321.3630 | 551.2450 | 971.2288 | 1746.5999 |
| 85 | 118.3001 | 132.9790 | 169.6652 | 219.1439 | 286.2786 | 377.8570 | 676.0901 | 1245.0871 | 2342.9817 |
| 90 | 127.8790 | 144.8633 | 187.9299 | 247.1567 | 329.1543 | 443.3489 | 827.9833 | 1594.6073 | 3141.0752 |
| 95 | 137.8225 | 157.3538 | 207.6061 | 278.0850 | 377.6642 | 519.2720 | 1012.7846 | 2040.6935 | 4209.1042 |
| 100 | 148.1445 | 170.4814 | 228.8030 | 312.2323 | 432.5487 | 607.2877 | 1237.6237 | 2610.0252 | 5638.3681 |

**(F/A, i, n) 表**

| 7% | 8% | 9% | 10% | 12% | 15% | 20% | 25% | 30% |
|---|---|---|---|---|---|---|---|---|
| 1.0000 | 1.0000 | 1.0000 | 1.0000 | 1.0000 | 1.0000 | 1.0000 | 1.0000 | 1.0000 |
| 2.0700 | 2.0800 | 2.0900 | 2.1000 | 2.1200 | 2.1500 | 2.2000 | 2.2500 | 2.3000 |
| 3.2149 | 3.2464 | 3.2781 | 3.3100 | 3.3744 | 3.4725 | 3.6400 | 3.8125 | 3.9900 |
| 4.4399 | 4.5061 | 4.5731 | 4.6410 | 4.7793 | 4.9934 | 5.3680 | 5.7656 | 6.1870 |
| 5.7507 | 5.8666 | 5.9847 | 6.1051 | 6.3528 | 6.7424 | 7.4416 | 8.2070 | 9.0431 |
| 7.1533 | 7.3359 | 7.5233 | 7.7156 | 8.1152 | 8.7537 | 9.9299 | 11.2588 | 12.7560 |
| 8.6540 | 8.9228 | 9.2004 | 9.4872 | 10.0890 | 11.0668 | 12.9159 | 15.0735 | 17.5828 |
| 10.2598 | 10.6366 | 11.0285 | 11.4359 | 12.2997 | 13.7268 | 16.4991 | 19.8419 | 23.8577 |
| 11.9780 | 12.4876 | 13.0210 | 13.5795 | 14.7757 | 16.7858 | 20.7989 | 25.8023 | 32.0150 |
| 13.8164 | 14.4866 | 15.1929 | 15.9374 | 17.5487 | 20.3037 | 25.9587 | 33.2529 | 42.6195 |
| 15.7836 | 16.6455 | 17.5603 | 18.5312 | 20.6546 | 24.3493 | 32.1504 | 42.5661 | 56.4053 |
| 17.8885 | 18.9771 | 20.1407 | 21.3843 | 24.1331 | 29.0017 | 39.5805 | 54.2077 | 74.3270 |
| 20.1406 | 21.4953 | 22.9534 | 24.5227 | 28.0291 | 34.3519 | 48.4966 | 68.7596 | 97.6250 |
| 22.5505 | 24.2149 | 26.0192 | 27.9750 | 32.3926 | 40.5047 | 59.1959 | 86.9495 | 127.9125 |
| 25.1290 | 27.1521 | 29.3609 | 31.7725 | 37.2797 | 47.5804 | 72.0351 | 109.6868 | 167.2863 |
| 27.8881 | 30.3243 | 33.0034 | 35.9497 | 42.7533 | 55.7175 | 87.4421 | 138.1085 | 218.4722 |
| 30.8402 | 33.7502 | 36.9737 | 40.5447 | 48.8837 | 65.0751 | 105.9306 | 173.6357 | 285.0139 |
| 33.9990 | 37.4502 | 41.3013 | 45.5992 | 55.7497 | 75.8364 | 128.1167 | 218.0446 | 371.5180 |
| 37.3790 | 41.4463 | 46.0185 | 51.1591 | 63.4397 | 88.2118 | 154.7400 | 273.5558 | 483.9734 |
| 40.9955 | 45.7620 | 51.1601 | 57.2750 | 72.0524 | 102.4436 | 186.6880 | 342.9447 | 630.1655 |
| 44.8652 | 50.4229 | 56.7645 | 64.0025 | 81.6987 | 118.8101 | 225.0256 | 429.6809 | 820.2151 |
| 49.0057 | 55.4568 | 62.8733 | 71.4027 | 92.5026 | 137.6316 | 271.0307 | 538.1011 | 1067.2796 |
| 53.4361 | 60.8933 | 69.5319 | 79.5430 | 104.6029 | 159.2764 | 326.2369 | 673.6264 | 1388.4635 |
| 58.1767 | 66.7648 | 76.7898 | 88.4973 | 118.1552 | 184.1678 | 392.4842 | 843.0329 | 1806.0026 |
| 63.2490 | 73.1059 | 84.7009 | 98.3471 | 133.3339 | 212.7930 | 471.9811 | 1054.7912 | 2348.8033 |
| 68.6765 | 79.9544 | 93.324 | 109.1818 | 150.3339 | 245.7120 | 567.3773 | 1319.4890 | 3054.4443 |
| 74.4838 | 87.3508 | 102.7231 | 121.0999 | 169.3740 | 283.5688 | 681.8528 | 1650.3612 | 3971.7776 |
| 80.6977 | 95.3388 | 112.9682 | 134.2099 | 190.6989 | 327.1041 | 819.2233 | 2063.9515 | 5164.3109 |
| 87.3465 | 103.9659 | 124.1354 | 148.6309 | 214.5828 | 377.1697 | 984.0680 | 2580.9394 | 6714.6042 |
| 94.4608 | 113.2832 | 136.3075 | 164.4940 | 241.3327 | 434.7451 | 1181.8816 | 3227.1743 | 8729.9855 |
| 102.0730 | 123.3459 | 149.5752 | 181.9434 | 271.2926 | 500.9569 | 1419.2579 | 4034.9678 | 11349.9811 |
| 110.2182 | 134.2135 | 164.0370 | 201.1378 | 304.8477 | 577.1005 | 1704.1095 | 5044.7098 | 14755.9755 |
| 118.9334 | 145.9506 | 179.8003 | 222.2515 | 342.4294 | 664.6655 | 2045.9314 | 6306.8872 | 19183.7681 |
| 128.2588 | 158.6267 | 196.9823 | 245.4767 | 384.5210 | 765.3654 | 2456.1176 | 7884.6091 | 24939.8985 |
| 138.2369 | 172.3168 | 215.7108 | 271.0244 | 431.6635 | 881.1702 | 2948.3411 | 9856.7613 | 32422.8681 |
| 199.6351 | 259.0565 | 337.8824 | 442.5926 | 767.0914 | 1779.0903 | 7343.8578 | | |
| 285.7493 | 386.5056 | 525.8587 | 718.9048 | 1358.2300 | 3585.1285 | 18281.3099 | | |
| 406.5289 | 573.7702 | 815.0836 | 1163.9085 | 2400.0182 | 7217.7163 | 45497.1908 | | |
| 575.9286 | 848.9232 | 1260.0918 | 1880.5914 | | | | | |
| 813.5204 | 1253.2133 | 1944.7921 | 3034.8164 | | | | | |
| 1146.7552 | 1847.2481 | 2998.2885 | 4893.7073 | | | | | |
| 1614.1342 | 2720.0801 | 4619.2232 | 7887.4696 | | | | | |
| 2269.6574 | 4002.5566 | 7113.2321 | 12708.9537 | | | | | |
| 3189.0627 | 5886.9354 | 10950.5741 | 20474.0021 | | | | | |
| 4478.5761 | 8655.7061 | 16854.8003 | 32979.6903 | | | | | |
| 6287.1854 | 12723.9386 | 25939.1842 | 53120.2261 | | | | | |
| 8823.8535 | 18701.5069 | 39916.6350 | 85556.7605 | | | | | |
| 12381.6618 | 27484.5157 | 61422.6755 | 137796.1234 | | | | | |

**附表四** **偿债基金系数**

| n \ i | 0.75% | 1% | 1.5% | 2% | 2.5% | 3% | 4% | 5% | 6% |
|---|---|---|---|---|---|---|---|---|---|
| 1 | 1.0000 | 1.0000 | 1.0000 | 1.0000 | 1.0000 | 1.0000 | 1.0000 | 1.0000 | 1.0000 |
| 2 | 0.4981 | 0.4975 | 0.4963 | 0.4950 | 0.4938 | 0.4926 | 0.4902 | 0.4878 | 0.4854 |
| 3 | 0.3308 | 0.3300 | 0.3284 | 0.3268 | 0.3251 | 0.3235 | 0.3203 | 0.3172 | 0.3141 |
| 4 | 0.2472 | 0.2463 | 0.2444 | 0.2426 | 0.2408 | 0.2390 | 0.2355 | 0.2320 | 0.2286 |
| 5 | 0.1970 | 0.1960 | 0.1941 | 0.1922 | 0.1902 | 0.1884 | 0.1846 | 0.1810 | 0.1774 |
| 6 | 0.1636 | 0.1625 | 0.1605 | 0.1585 | 0.1565 | 0.1546 | 0.1508 | 0.1470 | 0.1434 |
| 7 | 0.1397 | 0.1386 | 0.1366 | 0.1345 | 0.1325 | 0.1305 | 0.1266 | 0.1228 | 0.1191 |
| 8 | 0.1218 | 0.1207 | 0.1186 | 0.1165 | 0.1145 | 0.1125 | 0.1085 | 0.1047 | 0.1010 |
| 9 | 0.1078 | 0.1067 | 0.1046 | 0.1025 | 0.1005 | 0.0984 | 0.0945 | 0.0907 | 0.0870 |
| 10 | 0.0967 | 0.0956 | 0.0934 | 0.0913 | 0.0893 | 0.0872 | 0.0833 | 0.0795 | 0.0759 |
| 11 | 0.0876 | 0.0865 | 0.0843 | 0.0822 | 0.0801 | 0.0781 | 0.0741 | 0.0704 | 0.0668 |
| 12 | 0.0800 | 0.0788 | 0.0767 | 0.0746 | 0.0725 | 0.0705 | 0.0666 | 0.0628 | 0.0593 |
| 13 | 0.0735 | 0.0724 | 0.0702 | 0.0681 | 0.0660 | 0.0640 | 0.0601 | 0.0565 | 0.0530 |
| 14 | 0.0680 | 0.0669 | 0.0647 | 0.0626 | 0.0605 | 0.0585 | 0.0547 | 0.0510 | 0.0476 |
| 15 | 0.0632 | 0.0621 | 0.0599 | 0.0578 | 0.0558 | 0.0538 | 0.0499 | 0.0463 | 0.0430 |
| 16 | 0.0591 | 0.0579 | 0.0558 | 0.0537 | 0.0516 | 0.0496 | 0.0458 | 0.0423 | 0.0390 |
| 17 | 0.0554 | 0.0543 | 0.0521 | 0.0500 | 0.0479 | 0.0460 | 0.0422 | 0.0387 | 0.0354 |
| 18 | 0.0521 | 0.0510 | 0.0488 | 0.0467 | 0.0447 | 0.0427 | 0.0390 | 0.0355 | 0.0324 |
| 19 | 0.0492 | 0.0481 | 0.0459 | 0.0438 | 0.0418 | 0.0398 | 0.0361 | 0.0327 | 0.0296 |
| 20 | 0.0465 | 0.0454 | 0.0432 | 0.0412 | 0.0391 | 0.0372 | 0.0336 | 0.0302 | 0.0272 |
| 21 | 0.0441 | 0.0430 | 0.0409 | 0.0388 | 0.0368 | 0.0349 | 0.0313 | 0.0280 | 0.0250 |
| 22 | 0.0420 | 0.0409 | 0.0387 | 0.0366 | 0.0346 | 0.0327 | 0.0292 | 0.0260 | 0.0230 |
| 23 | 0.0400 | 0.0389 | 0.0367 | 0.0347 | 0.0327 | 0.0308 | 0.0273 | 0.0241 | 0.0213 |
| 24 | 0.0382 | 0.0371 | 0.0349 | 0.0329 | 0.0309 | 0.0290 | 0.0256 | 0.0225 | 0.0197 |
| 25 | 0.0365 | 0.0354 | 0.0333 | 0.0312 | 0.0293 | 0.0274 | 0.0240 | 0.0210 | 0.0182 |
| 26 | 0.0350 | 0.0339 | 0.0317 | 0.0297 | 0.0278 | 0.0259 | 0.0226 | 0.0196 | 0.0169 |
| 27 | 0.0336 | 0.0324 | 0.0303 | 0.0283 | 0.0264 | 0.0246 | 0.0212 | 0.0183 | 0.0157 |
| 28 | 0.0322 | 0.0311 | 0.0290 | 0.0270 | 0.0251 | 0.0233 | 0.0200 | 0.0171 | 0.0146 |
| 29 | 0.0310 | 0.0299 | 0.0278 | 0.0258 | 0.0239 | 0.0221 | 0.0189 | 0.0160 | 0.0136 |
| 30 | 0.0298 | 0.0287 | 0.0266 | 0.0246 | 0.0228 | 0.0210 | 0.0178 | 0.0151 | 0.0126 |
| 31 | 0.0288 | 0.0277 | 0.0256 | 0.0236 | 0.0217 | 0.0200 | 0.0169 | 0.0141 | 0.0118 |
| 32 | 0.0278 | 0.0267 | 0.0246 | 0.0226 | 0.0208 | 0.0190 | 0.0159 | 0.0133 | 0.0110 |
| 33 | 0.0268 | 0.0257 | 0.0236 | 0.0217 | 0.0199 | 0.0182 | 0.0151 | 0.0125 | 0.0103 |
| 34 | 0.0259 | 0.0248 | 0.0228 | 0.0208 | 0.0190 | 0.0173 | 0.0143 | 0.0118 | 0.0096 |
| 35 | 0.0251 | 0.0240 | 0.0219 | 0.0200 | 0.0182 | 0.0165 | 0.0136 | 0.0111 | 0.0090 |
| 40 | 0.0215 | 0.0205 | 0.0184 | 0.0166 | 0.0118 | 0.0133 | 0.0105 | 0.0083 | 0.0065 |
| 45 | 0.0188 | 0.0177 | 0.0157 | 0.0139 | 0.0123 | 0.0108 | 0.0083 | 0.0063 | 0.0047 |
| 50 | 0.0166 | 0.0155 | 0.0136 | 0.0118 | 0.0103 | 0.0089 | 0.0066 | 0.0048 | 0.0034 |
| 55 | 0.0148 | 0.0137 | 0.0118 | 0.0101 | 0.0087 | 0.0073 | 0.0052 | 0.0037 | 0.0025 |
| 60 | 0.0133 | 0.0122 | 0.0104 | 0.0088 | 0.0074 | 0.0061 | 0.0042 | 0.0028 | 0.0019 |
| 65 | 0.0120 | 0.0110 | 0.0092 | 0.0076 | 0.0063 | 0.0051 | 0.0034 | 0.0022 | 0.0014 |
| 70 | 0.0109 | 0.0099 | 0.0082 | 0.0067 | 0.0054 | 0.0043 | 0.0027 | 0.0017 | 0.0010 |
| 75 | 0.0100 | 0.0090 | 0.0073 | 0.0059 | 0.0047 | 0.0037 | 0.0022 | 0.0013 | 0.0008 |
| 80 | 0.0092 | 0.0082 | 0.0065 | 0.0052 | 0.0040 | 0.0031 | 0.0018 | 0.0010 | 0.0006 |
| 85 | 0.0085 | 0.0075 | 0.0059 | 0.0046 | 0.0035 | 0.0026 | 0.0015 | 0.0008 | 0.0004 |
| 90 | 0.0078 | 0.0069 | 0.0053 | 0.0040 | 0.0030 | 0.0023 | 0.0012 | 0.0006 | 0.0003 |
| 95 | 0.0073 | 0.0064 | 0.0048 | 0.0036 | 0.0026 | 0.0019 | 0.0010 | 0.0005 | 0.0002 |
| 100 | 0.0068 | 0.0059 | 0.0044 | 0.0032 | 0.0023 | 0.0016 | 0.0008 | 0.0004 | 0.0002 |

**(*A*/*F*, *i*, *n*) 表**

| 7% | 8% | 9% | 10% | 12% | 15% | 20% | 25% | 30% |
|---|---|---|---|---|---|---|---|---|
| 1.0000 | 1.0000 | 1.0000 | 1.0000 | 1.0000 | 1.0000 | 1.0000 | 1.0000 | 1.0000 |
| 0.4831 | 0.4808 | 0.4785 | 0.4762 | 0.4717 | 0.4651 | 0.4545 | 0.4444 | 0.4348 |
| 0.3111 | 0.3080 | 0.3051 | 0.3021 | 0.2963 | 0.2880 | 0.2747 | 0.2623 | 0.2506 |
| 0.2252 | 0.2219 | 0.2187 | 0.2155 | 0.2092 | 0.2003 | 0.1863 | 0.1734 | 0.1616 |
| 0.1739 | 0.1705 | 0.1671 | 0.1638 | 0.1574 | 0.1483 | 0.1344 | 0.1218 | 0.1106 |
| 0.1398 | 0.1363 | 0.1329 | 0.1296 | 0.1232 | 0.1142 | 0.1007 | 0.0888 | 0.0784 |
| 0.1156 | 0.1121 | 0.1087 | 0.1054 | 0.0991 | 0.0904 | 0.0774 | 0.0663 | 0.0569 |
| 0.0975 | 0.0940 | 0.0907 | 0.0874 | 0.0813 | 0.0729 | 0.0606 | 0.0504 | 0.0419 |
| 0.0835 | 0.0801 | 0.0768 | 0.0736 | 0.0677 | 0.0596 | 0.0481 | 0.0388 | 0.0312 |
| 0.0724 | 0.0690 | 0.0658 | 0.0627 | 0.0570 | 0.0493 | 0.0385 | 0.0301 | 0.0235 |
| 0.0634 | 0.0601 | 0.0569 | 0.0540 | 0.0484 | 0.0411 | 0.0311 | 0.0235 | 0.0177 |
| 0.0559 | 0.0527 | 0.0497 | 0.0468 | 0.0414 | 0.0345 | 0.0253 | 0.0184 | 0.0135 |
| 0.0497 | 0.0465 | 0.0436 | 0.0408 | 0.0357 | 0.0291 | 0.0206 | 0.0145 | 0.0102 |
| 0.0443 | 0.0413 | 0.0384 | 0.0357 | 0.0309 | 0.0247 | 0.0169 | 0.0115 | 0.0078 |
| 0.0398 | 0.0368 | 0.0341 | 0.0315 | 0.0268 | 0.0210 | 0.0139 | 0.0091 | 0.0060 |
| 0.0359 | 0.0330 | 0.0303 | 0.0278 | 0.0234 | 0.0179 | 0.0114 | 0.0072 | 0.0046 |
| 0.0324 | 0.0296 | 0.0270 | 0.0247 | 0.0205 | 0.0154 | 0.0094 | 0.0058 | 0.0035 |
| 0.0294 | 0.0267 | 0.0242 | 0.0219 | 0.0179 | 0.0132 | 0.0078 | 0.0046 | 0.0027 |
| 0.0268 | 0.0241 | 0.0217 | 0.0195 | 0.0158 | 0.0113 | 0.0065 | 0.0037 | 0.0021 |
| 0.0244 | 0.0219 | 0.0195 | 0.0175 | 0.0139 | 0.0098 | 0.0054 | 0.0029 | 0.0016 |
| 0.0223 | 0.0198 | 0.0176 | 0.0156 | 0.0122 | 0.0084 | 0.0044 | 0.0023 | 0.0012 |
| 0.0204 | 0.0180 | 0.0159 | 0.0140 | 0.0108 | 0.0073 | 0.0037 | 0.0019 | 0.0009 |
| 0.0187 | 0.0164 | 0.0144 | 0.0126 | 0.0096 | 0.0063 | 0.0031 | 0.0015 | 0.0007 |
| 0.0172 | 0.0150 | 0.0130 | 0.0113 | 0.0085 | 0.0054 | 0.0025 | 0.0012 | 0.0006 |
| 0.0158 | 0.0137 | 0.0118 | 0.0102 | 0.0075 | 0.0047 | 0.0021 | 0.0009 | 0.0004 |
| 0.0146 | 0.0125 | 0.0107 | 0.0092 | 0.0067 | 0.0041 | 0.0018 | 0.0008 | 0.0003 |
| 0.0134 | 0.0114 | 0.0097 | 0.0083 | 0.0059 | 0.0035 | 0.0015 | 0.0006 | 0.0003 |
| 0.0124 | 0.0105 | 0.0089 | 0.0075 | 0.0052 | 0.0031 | 0.0012 | 0.0005 | 0.0002 |
| 0.0114 | 0.0096 | 0.0081 | 0.0067 | 0.0047 | 0.0027 | 0.0010 | 0.0004 | 0.0001 |
| 0.0106 | 0.0088 | 0.0073 | 0.0061 | 0.0041 | 0.0023 | 0.0008 | 0.0003 | 0.0001 |
| 0.0098 | 0.0081 | 0.0067 | 0.0055 | 0.0037 | 0.0020 | 0.0007 | 0.0002 | 0.0001 |
| 0.0091 | 0.0075 | 0.0061 | 0.0050 | 0.0033 | 0.0017 | 0.0006 | 0.0002 | 0.0001 |
| 0.0084 | 0.0069 | 0.0056 | 0.0045 | 0.0029 | 0.0015 | 0.0005 | 0.0002 | 0.0001 |
| 0.0078 | 0.0063 | 0.0051 | 0.0041 | 0.0026 | 0.0013 | 0.0004 | 0.0001 | 0.0000 |
| 0.0072 | 0.0058 | 0.0046 | 0.0037 | 0.0023 | 0.0011 | 0.0003 | 0.0001 | 0.0000 |
| 0.0050 | 0.0039 | 0.0030 | 0.0023 | 0.0013 | 0.0006 | 0.0001 | | |
| 0.0035 | 0.0026 | 0.0019 | 0.0014 | 0.0007 | 0.0003 | 0.0001 | | |
| 0.0025 | 0.0017 | 0.0012 | 0.0009 | 0.0004 | 0.0001 | 0.0000 | | |
| 0.0017 | 0.0012 | 0.0008 | 0.0005 | | | | | |
| 0.0012 | 0.0008 | 0.0005 | 0.0003 | | | | | |
| 0.0009 | 0.0005 | 0.0003 | 0.0002 | | | | | |
| 0.0006 | 0.0004 | 0.0002 | 0.0001 | | | | | |
| 0.0004 | 0.0002 | 0.0001 | 0.0001 | | | | | |
| 0.0003 | 0.0002 | 0.0001 | 0.0000 | | | | | |
| 0.0002 | 0.0001 | 0.0001 | 0.0000 | | | | | |
| 0.0002 | 0.0001 | 0.0000 | 0.0000 | | | | | |
| 0.0001 | 0.0001 | 0.0000 | 0.0000 | | | | | |
| 0.0001 | 0.0000 | 0.0000 | 0.0000 | | | | | |

**附表五** **资金回收系数**

| $n$ \ $i$ | 0.75% | 1% | 1.5% | 2% | 2.5% | 3% | 4% | 5% | 6% |
|---|---|---|---|---|---|---|---|---|---|
| 1 | 1.0075 | 1.0100 | 1.0150 | 1.0200 | 1.0250 | 1.0300 | 1.0400 | 1.0500 | 1.0600 |
| 2 | 0.5056 | 0.5075 | 0.5113 | 0.5150 | 0.5188 | 0.5226 | 0.5302 | 0.5378 | 0.5454 |
| 3 | 0.3383 | 0.3400 | 0.3434 | 0.3468 | 0.3501 | 0.3535 | 0.3603 | 0.3672 | 0.3741 |
| 4 | 0.2547 | 0.2563 | 0.2594 | 0.2626 | 0.2658 | 0.2690 | 0.2755 | 0.2820 | 0.2886 |
| 5 | 0.2045 | 0.2060 | 0.2091 | 0.2122 | 0.2152 | 0.2184 | 0.2246 | 0.2310 | 0.2374 |
| 6 | 0.1711 | 0.1725 | 0.1755 | 0.1785 | 0.1815 | 0.1846 | 0.1908 | 0.1970 | 0.2034 |
| 7 | 0.1472 | 0.1486 | 0.1516 | 0.1545 | 0.1575 | 0.1605 | 0.1666 | 0.1728 | 0.1791 |
| 8 | 0.1293 | 0.1307 | 0.1336 | 0.1365 | 0.1395 | 0.1425 | 0.1485 | 0.1547 | 0.1610 |
| 9 | 0.1153 | 0.1167 | 0.1196 | 0.1225 | 0.1255 | 0.1284 | 0.1345 | 0.1407 | 0.1470 |
| 10 | 0.1042 | 0.1056 | 0.1084 | 0.1113 | 0.1143 | 0.1172 | 0.1233 | 0.1295 | 0.1359 |
| 11 | 0.0951 | 0.0965 | 0.0993 | 0.1022 | 0.1051 | 0.1081 | 0.1141 | 0.1204 | 0.1268 |
| 12 | 0.0875 | 0.0888 | 0.0917 | 0.0946 | 0.0975 | 0.1005 | 0.1066 | 0.1128 | 0.1193 |
| 13 | 0.0810 | 0.0824 | 0.0852 | 0.0881 | 0.0910 | 0.0940 | 0.1001 | 0.1065 | 0.1130 |
| 14 | 0.0755 | 0.0769 | 0.0797 | 0.0826 | 0.0855 | 0.0885 | 0.0947 | 0.1010 | 0.1076 |
| 15 | 0.0707 | 0.0721 | 0.0749 | 0.0778 | 0.0808 | 0.0838 | 0.0899 | 0.0963 | 0.1030 |
| 16 | 0.0666 | 0.0679 | 0.0708 | 0.0737 | 0.0766 | 0.0796 | 0.0858 | 0.0923 | 0.0990 |
| 17 | 0.0629 | 0.0643 | 0.0671 | 0.0700 | 0.0729 | 0.0760 | 0.0822 | 0.0887 | 0.0954 |
| 18 | 0.0596 | 0.0610 | 0.0638 | 0.0667 | 0.0697 | 0.0727 | 0.0790 | 0.0855 | 0.0924 |
| 19 | 0.0567 | 0.0581 | 0.0609 | 0.0638 | 0.0668 | 0.0698 | 0.0761 | 0.0827 | 0.0896 |
| 20 | 0.0540 | 0.0554 | 0.0582 | 0.0612 | 0.0641 | 0.0672 | 0.0736 | 0.0802 | 0.0872 |
| 21 | 0.0516 | 0.0530 | 0.0559 | 0.0588 | 0.0618 | 0.0649 | 0.0713 | 0.0780 | 0.0850 |
| 22 | 0.0495 | 0.0509 | 0.0537 | 0.0566 | 0.0596 | 0.0627 | 0.0692 | 0.0760 | 0.0830 |
| 23 | 0.0475 | 0.0489 | 0.0517 | 0.0547 | 0.0577 | 0.0608 | 0.0673 | 0.0741 | 0.0813 |
| 24 | 0.0457 | 0.0471 | 0.0499 | 0.0529 | 0.0559 | 0.0590 | 0.0656 | 0.0725 | 0.0797 |
| 25 | 0.0440 | 0.0454 | 0.0483 | 0.0512 | 0.0543 | 0.0574 | 0.0640 | 0.0710 | 0.0782 |
| 26 | 0.0425 | 0.0439 | 0.0467 | 0.0497 | 0.0528 | 0.0559 | 0.0626 | 0.0696 | 0.0769 |
| 27 | 0.0411 | 0.0424 | 0.0453 | 0.0483 | 0.0514 | 0.0546 | 0.0612 | 0.0683 | 0.0757 |
| 28 | 0.0397 | 0.0411 | 0.0440 | 0.0470 | 0.0501 | 0.0533 | 0.0600 | 0.0671 | 0.0746 |
| 29 | 0.0385 | 0.0399 | 0.0428 | 0.0458 | 0.0489 | 0.0521 | 0.0589 | 0.0660 | 0.0736 |
| 30 | 0.0373 | 0.0387 | 0.0416 | 0.0446 | 0.0478 | 0.0510 | 0.0578 | 0.0651 | 0.0726 |
| 31 | 0.0363 | 0.0377 | 0.0406 | 0.0436 | 0.0467 | 0.0500 | 0.0569 | 0.0641 | 0.0718 |
| 32 | 0.0353 | 0.0367 | 0.0396 | 0.0426 | 0.0458 | 0.0490 | 0.0559 | 0.0633 | 0.0710 |
| 33 | 0.0343 | 0.0357 | 0.0386 | 0.0417 | 0.0449 | 0.0482 | 0.0551 | 0.0625 | 0.0703 |
| 34 | 0.0334 | 0.0348 | 0.0378 | 0.0408 | 0.0440 | 0.0473 | 0.0543 | 0.0618 | 0.0696 |
| 35 | 0.0326 | 0.0340 | 0.0369 | 0.0400 | 0.0432 | 0.0465 | 0.0536 | 0.0611 | 0.0690 |
| 40 | 0.0290 | 0.0305 | 0.0334 | 0.0366 | 0.0398 | 0.0433 | 0.0505 | 0.0583 | 0.0665 |
| 45 | 0.0263 | 0.0277 | 0.0307 | 0.0339 | 0.0373 | 0.0408 | 0.0483 | 0.0563 | 0.0647 |
| 50 | 0.0241 | 0.0255 | 0.0286 | 0.0318 | 0.0353 | 0.0389 | 0.0466 | 0.0548 | 0.0634 |
| 55 | 0.0223 | 0.0237 | 0.0268 | 0.0301 | 0.0337 | 0.0373 | 0.0452 | 0.0537 | 0.0625 |
| 60 | 0.0208 | 0.0222 | 0.0254 | 0.0288 | 0.0321 | 0.0361 | 0.0442 | 0.0528 | 0.0619 |
| 65 | 0.0195 | 0.0210 | 0.0242 | 0.0276 | 0.0313 | 0.0351 | 0.0434 | 0.0522 | 0.0614 |
| 70 | 0.0184 | 0.0199 | 0.0232 | 0.0267 | 0.0304 | 0.0343 | 0.0427 | 0.0517 | 0.0610 |
| 75 | 0.0175 | 0.0190 | 0.0223 | 0.0259 | 0.0297 | 0.0337 | 0.0422 | 0.0513 | 0.0608 |
| 80 | 0.0167 | 0.0182 | 0.0215 | 0.0252 | 0.0290 | 0.0331 | 0.0418 | 0.0510 | 0.0606 |
| 85 | 0.0160 | 0.0175 | 0.0209 | 0.0246 | 0.0285 | 0.0326 | 0.0415 | 0.0508 | 0.0604 |
| 90 | 0.0153 | 0.0169 | 0.0203 | 0.0240 | 0.0280 | 0.0323 | 0.0412 | 0.0506 | 0.0603 |
| 95 | 0.0148 | 0.0164 | 0.0198 | 0.0236 | 0.0276 | 0.0319 | 0.0410 | 0.0505 | 0.0602 |
| 100 | 0.0143 | 0.0159 | 0.0194 | 0.0232 | 0.0273 | 0.0316 | 0.0408 | 0.0504 | 0.0602 |

**(A/P, i, n) 表**

| 7% | 8% | 9% | 10% | 12% | 15% | 20% | 25% | 30% |
|---|---|---|---|---|---|---|---|---|
| 1.0700 | 1.0800 | 1.0900 | 1.1000 | 1.1200 | 1.1500 | 1.2000 | 1.2500 | 1.3000 |
| 0.5531 | 0.5608 | 0.5685 | 0.5762 | 0.5917 | 0.6151 | 0.6545 | 0.6944 | 0.7348 |
| 0.3811 | 0.3880 | 0.3951 | 0.4021 | 0.4163 | 0.4380 | 0.4747 | 0.5123 | 0.5506 |
| 0.2952 | 0.3019 | 0.3087 | 0.3155 | 0.3292 | 0.3503 | 0.3863 | 0.4234 | 0.4616 |
| 0.2439 | 0.2505 | 0.2571 | 0.2638 | 0.2774 | 0.2983 | 0.3344 | 0.3718 | 0.4106 |
| 0.2098 | 0.2163 | 0.2229 | 0.2296 | 0.2432 | 0.2642 | 0.3007 | 0.3388 | 0.3784 |
| 0.1856 | 0.1921 | 0.1987 | 0.2054 | 0.2191 | 0.2404 | 0.2774 | 0.3163 | 0.3569 |
| 0.1675 | 0.1740 | 0.1807 | 0.1874 | 0.2013 | 0.2229 | 0.2606 | 0.3004 | 0.3419 |
| 0.1535 | 0.1601 | 0.1668 | 0.1736 | 0.1877 | 0.2096 | 0.2481 | 0.2888 | 0.3312 |
| 0.1424 | 0.1490 | 0.1558 | 0.1627 | 0.1770 | 0.1993 | 0.2385 | 0.2801 | 0.3235 |
| 0.1334 | 0.1401 | 0.1469 | 0.1540 | 0.1684 | 0.1911 | 0.2311 | 0.2735 | 0.3177 |
| 0.1259 | 0.1327 | 0.1397 | 0.1468 | 0.1614 | 0.1845 | 0.2253 | 0.2684 | 0.3135 |
| 0.1197 | 0.1265 | 0.1336 | 0.1408 | 0.1557 | 0.1791 | 0.2206 | 0.2645 | 0.3102 |
| 0.1143 | 0.1213 | 0.1284 | 0.1357 | 0.1509 | 0.1747 | 0.2169 | 0.2615 | 0.3078 |
| 0.1098 | 0.1168 | 0.1241 | 0.1315 | 0.1468 | 0.1710 | 0.2139 | 0.2591 | 0.3060 |
| 0.1059 | 0.1130 | 0.1203 | 0.1278 | 0.1434 | 0.1679 | 0.2114 | 0.2572 | 0.3046 |
| 0.1024 | 0.1096 | 0.1170 | 0.1247 | 0.1405 | 0.1654 | 0.2094 | 0.2558 | 0.3035 |
| 0.0994 | 0.1067 | 0.1142 | 0.1219 | 0.1379 | 0.1632 | 0.2078 | 0.2546 | 0.3027 |
| 0.0968 | 0.1041 | 0.1117 | 0.1195 | 0.1358 | 0.1613 | 0.2065 | 0.2537 | 0.3021 |
| 0.0944 | 0.1019 | 0.1095 | 0.1175 | 0.1339 | 0.1598 | 0.2054 | 0.2529 | 0.3016 |
| 0.0923 | 0.0998 | 0.1076 | 0.1156 | 0.1322 | 0.1584 | 0.2044 | 0.2523 | 0.3012 |
| 0.0904 | 0.0980 | 0.1059 | 0.1140 | 0.1308 | 0.1573 | 0.2037 | 0.2519 | 0.3009 |
| 0.0887 | 0.0964 | 0.1044 | 0.1126 | 0.1296 | 0.1563 | 0.2031 | 0.2515 | 0.3007 |
| 0.0872 | 0.0950 | 0.1030 | 0.1113 | 0.1285 | 0.1554 | 0.2025 | 0.2512 | 0.3006 |
| 0.0858 | 0.0937 | 0.1018 | 0.1102 | 0.1275 | 0.1547 | 0.2021 | 0.2509 | 0.3004 |
| 0.0846 | 0.0925 | 0.1007 | 0.1092 | 0.1267 | 0.1541 | 0.2018 | 0.2508 | 0.3003 |
| 0.0834 | 0.0914 | 0.0997 | 0.1083 | 0.1259 | 0.1535 | 0.2015 | 0.2506 | 0.3003 |
| 0.0824 | 0.0905 | 0.0989 | 0.1075 | 0.1252 | 0.1531 | 0.2012 | 0.2505 | 0.3002 |
| 0.0814 | 0.0896 | 0.0981 | 0.1067 | 0.1247 | 0.1527 | 0.2010 | 0.2504 | 0.3001 |
| 0.0806 | 0.0888 | 0.0973 | 0.1061 | 0.1241 | 0.1523 | 0.2008 | 0.2503 | 0.3001 |
| 0.0798 | 0.0881 | 0.0967 | 0.1055 | 0.1237 | 0.1520 | 0.2007 | 0.2502 | 0.3001 |
| 0.0791 | 0.0875 | 0.0961 | 0.1050 | 0.1233 | 0.1517 | 0.2006 | 0.2502 | 0.3001 |
| 0.0784 | 0.0869 | 0.0956 | 0.1045 | 0.1229 | 0.1515 | 0.2005 | 0.2502 | 0.3001 |
| 0.0778 | 0.0863 | 0.0951 | 0.1041 | 0.1226 | 0.1513 | 0.2004 | 0.2501 | 0.3000 |
| 0.0772 | 0.0858 | 0.0946 | 0.1037 | 0.1223 | 0.1511 | 0.2003 | 0.2501 | 0.3000 |
| 0.0750 | 0.0839 | 0.0930 | 0.1023 | 0.1213 | 0.1506 | 0.2001 | | |
| 0.0735 | 0.0826 | 0.0919 | 0.1014 | 0.1207 | 0.1503 | 0.2001 | | |
| 0.0725 | 0.0817 | 0.0912 | 0.1009 | 0.1204 | 0.1501 | 0.2000 | | |
| 0.0717 | 0.0812 | 0.0908 | 0.1005 | | | | | |
| 0.0712 | 0.0808 | 0.0905 | 0.1003 | | | | | |
| 0.0709 | 0.0805 | 0.0903 | 0.1002 | | | | | |
| 0.0706 | 0.0804 | 0.0902 | 0.1001 | | | | | |
| 0.0704 | 0.0802 | 0.0901 | 0.1001 | | | | | |
| 0.0703 | 0.0802 | 0.0901 | 0.1000 | | | | | |
| 0.0702 | 0.0801 | 0.0901 | 0.1000 | | | | | |
| 0.0702 | 0.0801 | 0.0900 | 0.1000 | | | | | |
| 0.0701 | 0.0801 | 0.0900 | 0.1000 | | | | | |
| 0.0701 | 0.0800 | 0.0900 | 0.1000 | | | | | |

**附表六** **等额支付系列现值系数**

| n \ i | 0.75% | 1% | 1.5% | 2% | 2.5% | 3% | 4% | 5% | 6% |
|---|---|---|---|---|---|---|---|---|---|
| 1 | 0.9926 | 0.9901 | 0.9852 | 0.9804 | 0.9756 | 0.9709 | 0.9615 | 0.9524 | 0.9434 |
| 2 | 1.9777 | 1.9704 | 1.9559 | 1.9416 | 1.9274 | 1.9135 | 1.8861 | 1.8594 | 1.8334 |
| 3 | 2.9556 | 2.9410 | 2.9122 | 2.8839 | 2.8560 | 2.8286 | 2.7751 | 2.7232 | 2.6730 |
| 4 | 3.9261 | 3.9020 | 3.8544 | 3.8077 | 3.7620 | 3.7171 | 3.6299 | 3.5460 | 3.4651 |
| 5 | 4.8894 | 4.8534 | 4.7826 | 4.7135 | 4.6458 | 4.5797 | 4.4518 | 4.3295 | 4.2124 |
| 6 | 5.8456 | 5.7955 | 5.6972 | 5.6014 | 5.5081 | 5.4172 | 5.2421 | 5.0757 | 4.9173 |
| 7 | 6.7946 | 6.7282 | 6.5982 | 6.4720 | 6.3494 | 6.2303 | 6.0021 | 5.7864 | 5.5824 |
| 8 | 7.7366 | 7.6517 | 7.4859 | 7.3255 | 7.1701 | 7.0197 | 6.7327 | 6.4632 | 6.2098 |
| 9 | 8.6716 | 8.5660 | 8.3605 | 8.1622 | 7.9709 | 7.7861 | 7.4353 | 7.1078 | 6.8017 |
| 10 | 9.5996 | 9.4713 | 9.2222 | 8.9826 | 8.7521 | 8.5302 | 8.1109 | 7.7217 | 7.3601 |
| 11 | 10.5207 | 10.3676 | 10.0711 | 9.7868 | 9.5142 | 9.2526 | 8.7605 | 8.3064 | 7.8869 |
| 12 | 11.4349 | 11.2551 | 10.9075 | 10.5753 | 10.2578 | 9.9540 | 9.3851 | 8.8633 | 8.3838 |
| 13 | 12.3423 | 12.1337 | 11.7315 | 11.3484 | 10.9832 | 10.6350 | 9.9856 | 9.3936 | 8.8527 |
| 14 | 13.2430 | 13.0037 | 12.5434 | 12.1062 | 11.6909 | 11.2961 | 10.5631 | 9.8986 | 9.2950 |
| 15 | 14.1370 | 13.8651 | 13.3432 | 12.8493 | 12.3814 | 11.9379 | 11.1184 | 10.3797 | 9.7122 |
| 16 | 15.0243 | 14.7179 | 14.1313 | 13.5777 | 13.0550 | 12.5611 | 11.6523 | 10.8378 | 10.1059 |
| 17 | 15.9050 | 15.5623 | 14.9076 | 14.2919 | 13.7122 | 13.1661 | 12.1657 | 11.2741 | 10.4773 |
| 18 | 16.7792 | 16.3983 | 15.6726 | 14.9920 | 14.3534 | 13.7535 | 12.6593 | 11.6896 | 10.8276 |
| 19 | 17.6468 | 17.2260 | 16.4262 | 15.6785 | 14.9789 | 14.3238 | 13.1339 | 12.0853 | 11.1581 |
| 20 | 18.5080 | 18.0456 | 17.1686 | 16.3514 | 15.5892 | 14.8775 | 13.5903 | 12.4622 | 11.4699 |
| 21 | 19.3628 | 18.8570 | 17.9001 | 17.0112 | 16.1845 | 15.4150 | 14.0292 | 12.8212 | 11.7641 |
| 22 | 20.2112 | 19.6604 | 18.6208 | 17.6580 | 16.7654 | 15.9369 | 14.4511 | 13.1630 | 12.0416 |
| 23 | 21.0533 | 20.4558 | 19.3309 | 18.2922 | 17.3321 | 16.4436 | 14.8568 | 13.4886 | 12.3034 |
| 24 | 21.8891 | 21.2434 | 20.0304 | 18.9139 | 17.8850 | 16.9355 | 15.2470 | 13.7986 | 12.5504 |
| 25 | 22.7188 | 22.0232 | 20.7196 | 19.5235 | 18.4244 | 17.4131 | 15.6221 | 14.0939 | 12.7834 |
| 26 | 23.5422 | 22.7952 | 21.3986 | 20.1210 | 18.9506 | 17.8768 | 15.9828 | 14.3752 | 13.0032 |
| 27 | 24.3595 | 23.5596 | 22.0676 | 20.7069 | 19.4640 | 18.3270 | 16.3296 | 14.6430 | 13.2105 |
| 28 | 25.1707 | 24.3164 | 22.7267 | 21.2813 | 19.9649 | 18.7641 | 16.6631 | 14.8981 | 13.4062 |
| 29 | 25.9759 | 25.0658 | 23.3761 | 21.8444 | 20.4535 | 19.1885 | 16.9837 | 15.1411 | 13.5907 |
| 30 | 26.7751 | 25.8077 | 24.0158 | 22.3965 | 20.9303 | 19.6004 | 17.2920 | 15.3725 | 13.7648 |
| 31 | 27.5683 | 26.5423 | 24.6461 | 22.9377 | 21.3954 | 20.0004 | 17.5885 | 15.5928 | 13.9291 |
| 32 | 28.3557 | 27.2696 | 25.2671 | 23.4633 | 21.8492 | 20.3888 | 17.8736 | 15.8027 | 14.0840 |
| 33 | 29.1371 | 27.9897 | 25.8790 | 23.9886 | 22.2919 | 20.7658 | 18.1476 | 16.0025 | 14.2302 |
| 34 | 29.9128 | 28.7027 | 26.4817 | 24.4986 | 22.7238 | 21.1318 | 18.4112 | 16.1929 | 14.3681 |
| 35 | 30.6827 | 29.4086 | 27.0756 | 24.9986 | 23.1452 | 21.4872 | 18.6646 | 16.3742 | 14.4982 |
| 40 | 34.4469 | 32.8347 | 29.9158 | 27.3555 | 25.1028 | 23.1148 | 19.7928 | 17.1591 | 15.0463 |
| 45 | 38.0732 | 36.0945 | 32.5523 | 29.4902 | 26.8330 | 24.5187 | 20.7200 | 17.7741 | 15.4558 |
| 50 | 41.5664 | 39.1961 | 34.9997 | 31.4236 | 28.3623 | 25.7298 | 21.4822 | 18.2559 | 15.7619 |
| 55 | 44.9316 | 42.1472 | 37.2715 | 33.1748 | 29.7140 | 26.7744 | 22.1086 | 18.6335 | 15.9905 |
| 60 | 48.1734 | 44.9550 | 39.3803 | 34.7609 | 30.9087 | 27.6756 | 22.6235 | 18.9293 | 16.1614 |
| 65 | 51.2963 | 47.6266 | 41.3378 | 36.1975 | 31.9646 | 28.4529 | 23.0467 | 19.1611 | 16.2891 |
| 70 | 54.3046 | 50.1685 | 43.1549 | 37.4986 | 32.8979 | 29.1234 | 23.3945 | 19.3427 | 16.3845 |
| 75 | 57.2027 | 52.5871 | 44.8416 | 38.6771 | 33.7227 | 29.7018 | 23.6804 | 19.4850 | 16.4558 |
| 80 | 59.9944 | 54.8882 | 46.4073 | 39.7445 | 34.4518 | 30.2008 | 23.9154 | 19.5965 | 16.5091 |
| 85 | 62.6838 | 57.0777 | 47.8607 | 40.7113 | 35.0962 | 30.6312 | 24.1085 | 19.6838 | 16.5489 |
| 90 | 65.2746 | 59.1609 | 49.2099 | 41.5869 | 35.6658 | 31.0024 | 24.2673 | 19.7523 | 16.5787 |
| 95 | 67.7704 | 61.1430 | 50.4622 | 42.3800 | 36.1692 | 31.3227 | 24.3978 | 19.8059 | 16.6009 |
| 100 | 70.1746 | 63.0289 | 51.6247 | 43.0984 | 36.6141 | 31.5989 | 24.5050 | 19.8479 | 16.6175 |

(*P/A*, *i*, *n*) 表

| 7% | 8% | 9% | 10% | 12% | 15% | 20% | 25% | 30% |
|---|---|---|---|---|---|---|---|---|
| 0.9346 | 0.9259 | 0.9174 | 0.9091 | 0.8929 | 0.8696 | 0.8333 | 0.8000 | 0.7692 |
| 1.8080 | 1.7833 | 1.7591 | 1.7355 | 1.6901 | 1.6257 | 1.5278 | 1.4400 | 1.3609 |
| 2.6243 | 2.5771 | 2.5313 | 2.4869 | 2.4018 | 2.2832 | 2.1065 | 1.9520 | 1.8161 |
| 3.3872 | 3.3121 | 3.2397 | 3.1699 | 3.0373 | 2.8550 | 2.5887 | 2.3616 | 2.1662 |
| 4.1002 | 3.9927 | 3.8897 | 3.7908 | 3.6048 | 3.3522 | 2.9906 | 2.6893 | 2.4356 |
| 4.7665 | 4.6229 | 4.4859 | 4.3553 | 4.1114 | 3.7845 | 3.3255 | 2.9514 | 2.6427 |
| 5.3893 | 5.2064 | 5.0330 | 4.8684 | 4.5638 | 4.1604 | 3.6046 | 3.1611 | 2.8021 |
| 5.9713 | 5.7466 | 5.5348 | 5.3349 | 4.9676 | 4.4873 | 3.8372 | 3.3289 | 2.9247 |
| 6.5152 | 6.2469 | 5.9952 | 5.7590 | 5.3282 | 4.7716 | 4.0310 | 3.4631 | 3.0190 |
| 7.0236 | 6.7101 | 6.4177 | 6.1446 | 5.6502 | 5.0188 | 4.1925 | 3.5705 | 3.0915 |
| 7.4987 | 7.1390 | 6.8052 | 6.4951 | 5.9377 | 5.2337 | 4.3271 | 3.6564 | 3.1473 |
| 7.9427 | 7.5361 | 7.1607 | 6.8137 | 6.1944 | 5.4206 | 4.4392 | 3.7251 | 3.1903 |
| 8.3577 | 7.9038 | 7.4869 | 7.1034 | 6.4235 | 5.5831 | 4.5327 | 3.7801 | 3.2233 |
| 8.7455 | 8.2442 | 7.7862 | 7.3667 | 6.6282 | 5.7245 | 4.6106 | 3.8241 | 3.2487 |
| 9.1079 | 8.5595 | 8.0607 | 7.6061 | 6.8109 | 5.8474 | 4.6755 | 3.8593 | 3.2682 |
| 9.4466 | 8.8514 | 8.3126 | 7.8237 | 6.9740 | 5.9542 | 4.7296 | 3.8874 | 3.2832 |
| 9.7632 | 9.1216 | 8.5436 | 8.0216 | 7.1196 | 6.0472 | 4.7746 | 3.9099 | 3.2948 |
| 10.0591 | 9.3719 | 8.7556 | 8.2014 | 7.2497 | 6.1280 | 4.8122 | 3.9279 | 3.3037 |
| 10.3356 | 9.6036 | 8.9501 | 8.3649 | 7.3658 | 6.1982 | 4.8435 | 3.9424 | 3.3105 |
| 10.5940 | 9.8181 | 9.1285 | 8.5136 | 7.4694 | 6.2593 | 4.8696 | 3.9539 | 3.3158 |
| 10.8355 | 10.0168 | 9.2922 | 8.6487 | 7.5620 | 6.3125 | 4.8913 | 3.9631 | 3.3198 |
| 11.0612 | 10.2007 | 9.4424 | 8.7715 | 7.6446 | 6.3587 | 4.9094 | 3.9705 | 3.3230 |
| 11.2722 | 10.3711 | 9.5802 | 8.8832 | 7.7184 | 6.3988 | 4.9245 | 3.9764 | 3.3254 |
| 11.4693 | 10.5288 | 9.7066 | 8.9847 | 7.7843 | 6.4338 | 4.9371 | 3.9811 | 3.3272 |
| 11.6536 | 10.6748 | 9.8226 | 9.0770 | 7.8431 | 6.4641 | 4.9476 | 3.9849 | 3.3286 |
| 11.8258 | 10.8100 | 9.9290 | 9.1609 | 7.8957 | 6.4906 | 4.9563 | 3.9879 | 3.3297 |
| 11.9867 | 10.9352 | 10.0266 | 9.2372 | 7.9426 | 6.5135 | 4.9636 | 3.9903 | 3.3305 |
| 12.1371 | 11.0511 | 10.1161 | 9.3066 | 7.9844 | 6.5335 | 4.9697 | 3.9923 | 3.3312 |
| 12.2777 | 11.1584 | 10.1983 | 9.3696 | 8.0218 | 6.5509 | 4.9747 | 3.9938 | 3.3317 |
| 12.4090 | 11.2578 | 10.2737 | 9.4269 | 8.0552 | 6.5660 | 4.9789 | 3.9950 | 3.3321 |
| 12.5318 | 11.3498 | 10.3428 | 9.4790 | 8.0850 | 6.5791 | 4.9824 | 3.9960 | 3.3324 |
| 12.6466 | 11.4350 | 10.4062 | 9.5264 | 8.1116 | 6.5905 | 4.9854 | 3.9968 | 3.3326 |
| 12.7538 | 11.5139 | 10.4644 | 9.5694 | 8.1354 | 6.6005 | 4.9878 | 3.9975 | 3.3328 |
| 12.8540 | 11.5869 | 10.5178 | 9.6086 | 8.1566 | 6.6091 | 4.9898 | 3.9980 | 3.3329 |
| 12.9477 | 11.6546 | 10.5668 | 9.6442 | 8.1755 | 6.6166 | 4.9915 | 3.9984 | 3.3330 |
| 13.3317 | 11.9246 | 10.7574 | 9.7791 | 8.2438 | 6.6418 | 4.9966 | | |
| 13.6055 | 12.1084 | 10.8812 | 9.8628 | 8.2825 | 6.6543 | 4.9986 | | |
| 13.8007 | 12.2335 | 10.9617 | 9.9148 | 8.3045 | 6.6605 | 4.9995 | | |
| 13.9399 | 12.3186 | 11.0140 | 9.9471 | | | | | |
| 14.0392 | 12.3766 | 11.0480 | 9.9672 | | | | | |
| 14.1099 | 12.4160 | 11.0701 | 9.9796 | | | | | |
| 14.1604 | 12.4428 | 11.0844 | 9.9873 | | | | | |
| 14.1964 | 12.4611 | 11.0938 | 9.9921 | | | | | |
| 14.2220 | 12.4735 | 11.0998 | 9.9951 | | | | | |
| 14.2403 | 12.4820 | 11.1038 | 9.9970 | | | | | |
| 14.2533 | 12.4877 | 11.1064 | 9.9981 | | | | | |
| 14.2626 | 12.4917 | 11.1080 | 9.9988 | | | | | |
| 14.2693 | 12.4943 | 11.1091 | 9.9993 | | | | | |

# 附录 Ⅱ

## 累计正态分布（由 0 到 Z 曲线下单侧面积）表

$$Z=\frac{X-\mu}{\sigma}$$

| Z | 0.00 | 0.01 | 0.02 | 0.03 | 0.04 | 0.05 | 0.06 | 0.07 | 0.08 | 0.09 |
|---|---|---|---|---|---|---|---|---|---|---|
| 0.0 | 0.0000 | 0.0040 | 0.0080 | 0.0120 | 0.0160 | 0.0199 | 0.0239 | 0.0279 | 0.0319 | 0.0359 |
| 0.1 | .0398 | .0438 | .0478 | .0517 | .0557 | .0596 | .0636 | .0675 | .0714 | .753 |
| 0.2 | .0793 | .0832 | .0871 | .0910 | .0948 | .0987 | .1026 | .1064 | .1103 | .1141 |
| 0.3 | .1179 | .1217 | .1255 | .1293 | .1331 | .1368 | .1406 | .1443 | .1480 | .1517 |
| 0.4 | .1554 | .1591 | .1628 | .1664 | .1700 | .1736 | .1772 | .1808 | .1844 | .1879 |
| 0.5 | .1915 | .1950 | .1985 | .2019 | .2054 | .2088 | .2123 | .2157 | .2190 | .2224 |
| 0.6 | .2257 | .2291 | .2324 | .2357 | .2389 | .2422 | .2454 | .2486 | .2517 | .2549 |
| 0.7 | .2480 | .2661 | .2642 | .2673 | .2704 | .2734 | .2764 | .2794 | .2823 | .2852 |
| 0.8 | .2881 | .2910 | .2939 | .2967 | .2995 | .3023 | .3051 | .3078 | .3105 | .3133 |
| 0.9 | .3159 | .3186 | .3212 | .3238 | .3264 | .3289 | .3315 | .3340 | .3365 | .3389 |
| 1.0 | .3413 | .3438 | .3461 | .3485 | .3508 | .3531 | .3554 | .3577 | .3599 | .3621 |
| 1.1 | .3643 | .3665 | .3686 | .3708 | .3729 | .3749 | .3770 | .3790 | .3810 | .3830 |
| 1.2 | .3849 | .3869 | .3888 | .3907 | .3925 | .3944 | .3962 | .3980 | .3997 | .4015 |
| 1.3 | .4032 | .4049 | .4066 | .4082 | .4099 | .4115 | .4131 | .4147 | .4162 | .4177 |
| 1.4 | .4192 | .4207 | .4222 | .4236 | .4251 | .4265 | .4279 | .4292 | .4306 | .4319 |
| 1.5 | .4332 | .4345 | .4357 | .4370 | .4382 | .4394 | .4406 | .4418 | .4429 | .4441 |
| 1.6 | .4452 | .4463 | .4474 | .4484 | .4495 | .4505 | .4515 | .4525 | .4535 | .4545 |
| 1.7 | .4554 | .4564 | .4573 | .4582 | .4591 | .4599 | .4608 | .4616 | .4625 | .4633 |
| 1.8 | .4641 | .4649 | .4656 | .4664 | .4671 | .4678 | .4686 | .4693 | .4699 | .4706 |
| 1.9 | .4713 | .4719 | .4726 | .4732 | .4738 | .4744 | .4750 | .4756 | .4761 | .4767 |
| 2.0 | .4772 | .4778 | .4783 | .4788 | .4793 | .4698 | .4803 | .4818 | .4812 | .4817 |
| 2.1 | .4821 | .4826 | .4830 | .4834 | .4838 | .4842 | .4846 | .4850 | .4854 | .4857 |
| 2.2 | .4861 | .4864 | .4868 | .4871 | .4875 | .4878 | .4881 | .4884 | .4887 | .4890 |
| 2.3 | .4893 | .4896 | .4898 | .4901 | .4904 | .4906 | .4909 | .4911 | .4913 | .4916 |
| 2.4 | .4918 | .4920 | .4922 | .4925 | .4927 | .4929 | .4931 | .4932 | .4934 | .4936 |
| 2.5 | .4938 | .4940 | .4941 | .4943 | .4945 | .4946 | .4948 | .4949 | .4951 | .4952 |
| 2.6 | .4953 | .4955 | .4956 | .4957 | .4959 | .4960 | .4961 | .4962 | .4963 | .4964 |
| 2.7 | .4965 | .4966 | .4967 | .4968 | .4969 | .4970 | .4971 | .4972 | .4973 | .4974 |
| 2.8 | .4974 | .4975 | .4976 | .4977 | .4977 | .4978 | .4979 | .4979 | .4980 | .4981 |
| 2.9 | .4981 | .4982 | .4982 | .4983 | .4984 | .4984 | .4985 | .4985 | .4986 | .4986 |
| 3.0 | .4987 | .4987 | .4987 | .4988 | .4988 | .4989 | .4989 | .4989 | .4990 | .4990 |
| 3.1 | .4990 | .4991 | .4991 | .4991 | .4992 | .4992 | .4992 | .4992 | .4993 | .4993 |
| 3.2 | .4993 | .4993 | .4994 | .4994 | .4994 | .4994 | .4994 | .4995 | .4995 | .4995 |
| 3.3 | .4995 | .4995 | .4995 | .4996 | .4996 | .4996 | .4996 | .4996 | .4996 | .4997 |
| 3.4 | .4997 | .4997 | .4997 | .4997 | .4997 | .4997 | .4997 | .4997 | .4997 | .4998 |
| 3.6 | .4998 | .4998 | .4999 | .4999 | .4999 | .4999 | .4999 | .4999 | .4999 | .4999 |
| 3.9 | .5000 | | | | | | | | | |

# 参 考 文 献


[1] 国家发改委，建设部．建设项目经济评价方法与参数．3版．北京：中国计划出版社，2006.

[2] 陈宪．现代咨询方法与实务．北京：中国电力出版社，2007.

[3] 刘晓君．工程经济学．北京：中国建筑工业出版社，2003.

[4] Sullivan G. William，Wicks M. Elin，Luxhoj T. James．工程经济学．邵颖红，译．13版．北京：清华大学出版社，2007.

[5] 刘亚臣．工程经济学．2版．大连：大连理工大学出版社，2005.

[6] 傅家骥，仝允恒．工业技术经济学．北京：清华大学出版社，1997.

[7] 李振球，欧阳康．技术经济学．大连：东北财经大学出版社，2000.

[8] 武春友，张米尔．技术经济学．大连：大连理工大学出版社，2001.

[9] 朱康全．技术经济学．广州：暨南大学出版社，2001.

[10] 王立国，王红岩，宋维佳．可行性研究与项目评价．大连：东北财经大学出版社，2002.

[11] 简德三．项目管理．上海：上海财经大学出版社，2001.

[12] 刘新梅，孙卫等．工程经济学．西安：西安交通大学出版社，2003.